Storia e testi di
letteratura italiana
per stranieri

NUOVA EDIZIONE RIVEDUTA E CORRETTA

a cura di
PAOLO E. BALBONI e **MARIO CARDONA**

Elena Ballarin
Roberta Barazza
Paola Begotti
Celestina Beneforti
Marina Biral
Fabio Caon
Giancarlo Cappello
Mario Cardona
Cristina Gavagnin
Michela Gottardo
Maria Cecilia Luise
Francesca Malagnini

Guerra Edizioni

PROGETTO
CULTURA
ITALIANA

I edizione
© Copyright 2002 Guerra Edizioni - Perugia

II edizione
© Copyright 2004 Guerra Edizioni - Perugia

ISBN 88-7715-787-9

I vari moduli storico-critici e i relativi testi ed esercitazioni sono stati curati da:

Paolo E. Balboni:
Cinema italiano, Glossario
Elena Ballarin:
Primo Novecento, Pirandello, Ermetici, Altri scrittori del primo Novecento
Roberta Barazza:
Verismo, Scapigliatura, Carducci
Paola Begotti:
Romanticismo, Leopardi, Manzoni, Letteratura risorgimentale
Celestina Beneforti:
Dante, Petrarca, Boccaccio
Marina Biral:
Settecento, Letteratura Settecentesca, Parini, Alfieri, Goldoni
Fabio Caon:
Canzone d'autore
Giancarlo Cappello:
Entrando nel Duemila
Mario Cardona:
Melodramma, Secondo Novecento, Neorealismo, Pasolini, Calvino
Cristina Gavagnin:
Umanesimo e Rinascimento, Poema epico, Riflessione politica,
Altre forme letterarie del Rinascimento, Crisi religiosa, Tasso e la fine del secolo
Michela Gottardo:
Seicento, Letteratura Barocca, Nuova Scienza
Maria Cecilia Luise:
Neoclassicismo e Foscolo, Decadentismo e i Crepuscolari, Pascoli, D'Annunzio,
Futurismo, Montale
Francesca Malagnini:
Dal latino all'italiano, Medioevo in Italia, Inizi della letteratura italiana,
Duecento, Dolce Stil Novo

Caro studente di italiano,
il libro che hai tra le mani è una chiave: se impari ad usarla entrerai in tre casseforti,
una più preziosa, ricca e piacevole dell'altra:

La prima cassaforte contiene dei testi.
Sono testi letterari: quindi hanno delle caratteristiche formali che li differenziano dai testi della vita quotidiana:
rima, ritmo, "figure retoriche"... tutti strumenti usati da scrittori, poeti, cantautori, librettisti d'opera, "letterati"
che usavano la lingua italiana cercando di adattarla ad esprimere al meglio le cose importanti di sempre
(amore, odio, paura, senso del sacro, ecc.) o quelle significative di un certo periodo (la lotta contro la pena di
morte, quella contro i nazisti, la vita dei contadini siciliani dell'Ottocento, ecc.).
Trovi, in questo libro, ben 73 testi con delle attività che, un poco alla volta, ti aiutano ad imparare il mestiere di
"lettore di testi letterari". Siccome i testi letterari sono diversi da quelli della vita quotidiana, non si possono
leggere usando le stesse strategie!
Abbiamo sottolineato "un poco alla volta": non troverai mai analisi testuali approfondite, complete, esaurienti:
avrebbero fatto bene alla tua competenza di critico, ma avrebbero anche inquinato il piacere di leggere un bel
testo!
Avrai tempo per diventare uno studioso di letteratura italiana, quando ti sarai innamorato dei testi della nostra
letteratura!
Per questa ragione, per non farti "morire" sul dizionario, abbiamo anche messo delle note e, soprattutto, la
versione in italiano di oggi dei testi più difficili da comprendere.

Alla fine del volume, poi, trovi un piccolo vocabolario con i termini usati per parlare di letteratura:
termini che spesso non conosci, o conosci solo intuitivamente, o che possono portarti fuori strada; ad esempio
un "commediografo" italiano non scrive solo "commedie" a lieto fine, ma può anche scrivere tragedie...

La seconda cassaforte contiene la letteratura italiana.
Quella italiana è la letteratura europea più estesa nel tempo; è anche quella che ha cambiato di meno la
propria lingua: i testi del Duecento (il XIII secolo) sono ancora abbastanza comprensibili a un italiano medio.
La storia della letteratura italiana è un tesoro immenso che in queste pagine ti viene presentato con semplicità,
anche in questo caso senza voler approfondire: questo libro è una chiave, ricordalo, non è il tesoro: il tesoro
della letteratura, che qui impari ad apprezzare, potrai gustarlo in tutti gli anni futuri.

Nelle schede critiche, che sono di due pagine, trovi il profilo storico della letteratura di quel periodo e spesso ci
sono anche delle brevi schede con la vita dei principali autori, il loro ritratto (è bello parlare di persone che si
sono viste, che hanno un viso oltre che un nome!).
Alla fine di ogni capitolo trovi dei brani di critici famosi, sia per approfondire alcuni dei temi o degli autori trattati
nel capitolo, sia per imparare a leggere l'italiano della critica, che è spesso molto difficile...

La terza cassaforte: la civiltà italiana.
La letteratura è solo una parte della civiltà italiana: quindi trovi anche delle chiavi per assaggiare – e farti venir voglia di approfondire! – altri elementi della nostra storia culturale:
• ci sono schede e testi sull'opera lirica, uno dei grandi contributi italiani alla civiltà mondiale;
• ci sono schede anche sulla canzone d'autore, sul cinema, e così via...

In basso, in ogni pagina di storia letteraria, trovi uno spazio dedicato alla storia dell'arte, all'architettura, alla politica, alla società dei vari periodi: anche in questo caso non si tratta di testi esaurienti, ma solo di schede che servono come chiave per entrare nella nostra storia che, essendo lunga e complessa, può risultare un po' difficile da comprendere per chi nonè cresciuto in Italia...
Forse hai già capito alcune delle linee di forza di questo libro: abbiamo privilegiato la semplicità sulla complessità, cercando di introdurti alla letteratura italiana senza farti soffocare sotto il peso di tutte le cose che si sarebbero potute dire, ma che alla fine ti avrebbero fatto fuggire.

Abbiamo usato le immagini per cercare di aiutarti a entrare nella vita dei secoli scorsi attraverso i quadri e le architetture: il tuo insegnante saprà certo aprirti altre chiavi di lettura di queste foto.
Abbiamo inserito i ritratti degli scrittori – anche se a volte sono di qualità scadente perché si tratta di vecchi disegni odi ritratti di poco valore artistico: lo scopo è quello di trasformare i nomi in persone, di consentirti di immaginare questi scrittori famosi nella loro vita quotidiana.
E poi, fa piacere scoprire che i ritratti di Manzoni e di Foscolo a vent'anni mostrano dei ragazzi come oggi potresti trovarne ovunque...

Abbiamo dunque cercato di venire incontro ai tuoi bisogni, sia culturali sia di studente del 21° secolo; adesso sta a te venire incontro alle necessità della letteratura: devi avere pazienza quando, soprattutto all'inizio, le schede di storia della letteratura ti sembreranno difficili: dopo un poco la terminologia ti diventerà facile; devi avere pazienza quando trovi testi (che possono aiutarti a crescere, a pensare) in cui lo stile è lento o pieno di immagini retoriche o, comunque, lontano dalla lingua letteraria dei nostri anni: d'altra parte, questi testi sono così, e bisogna prenderli come sono, se si vuole fare funzionare questa splendida macchina del tempo che è la letteratura.
Se vuoi parlare d'amore con Petrarca e di politica con Machiavelli, di scienza con Galileo e del senso della vita con Leopardi, be', devi far anche tu un po' di sforzo per avvicinarti a loro, alla loro lingua, con pazienza ed umiltà: e allora ascolterai dalla loro voce delle cose belle, profonde, che ti renderanno più "uomo", che ti faranno sentire fortunatodi essere uno studente di italiano.

Paolo E. Balboni e Mario Cardona

Indice:

Dal latino all'italiano

1. Dal latino classico al latino volgare

La lingua latina nacque nel Lazio e si allargò successivamente su un territorio molto esteso che corrispondeva a quello occupato geograficamente dalle conquiste di Roma e dell'impero romano, in un arco di tempo di circa mille anni. Non si può datare la nascita di una lingua; si possono, però, individuare dei periodi storici certi in base a testimonianze scritte e ai documenti pervenutici. L'impiego del latino come lingua viva iniziò, probabilmente, nell'VIII secolo a.C. e terminò tra il 600 e l'800 d.C. Il latino è ampiamente documentato fin dal III secolo a.C. Come per tutte le lingue antiche e moderne, anche il latino ebbe diversità tra lo scritto e il parlato e dispose di differenti registri linguistici.

Per una lingua morta, cioè una lingua che non è più parlata, non è possibile conoscere l'uso orale ma, attraverso la documentazione rimasta, è possibile rintracciare le variazioni di registro nella scrittura. Quando si parla di latino si intende un'unica lingua che però ebbe diverse peculiarità riconoscibili nel latino classico, nel latino comune, cioè la lingua parlata a Roma, e nel latino parlato nei territori dell'impero. Il latino classico è, infatti, la lingua della letteratura canonizzata nei secoli dagli autori maggiori nei diversi generi letterari. La lingua parlata, invece, anche se si considerano i differenti registri comunicativi nelle relazioni tra i diversi strati sociali, non coincide con il latino classico: era una lingua viva, ricca di continue evoluzioni interne e arricchita anche da prestiti provenienti dalle lingue parlate nei territori conquistati. È dal latino parlato che si sviluppano le lingue derivate dal latino: le lingue neo-latine o romanze.

2. La nascita del volgare

Dal latino sono derivate delle lingue chiamate *volgari*. L'impiego del volgare italiano nella letteratura e negli usi pratici come quelli amministrativi, commerciali ed epistolari, ha richiesto un lungo periodo di preparazione.

Questa nuova lingua, infatti, per secoli è stata impiegata solo oralmente; il latino, invece, era la lingua ufficiale della scrittura. In latino il *vulgus* era il popolo inteso nel senso più ampio della parola. *Vulgaris* è l'aggettivo derivato da *vulgus*. Le lingue volgari indicavano quindi le lingue parlate dalla massa della popolazione in antitesi al latino, divenuto nel Medioevo patrimonio solo dei dotti.

🔍 Vita nuova nell'anno 1000

Finite le invasioni degli Ungari e degli Slavi, conclusa l'anarchia feudale e sostituita la grande feudalità laica con quella ecclesiastica, si aprì per l'Europa e per la penisola italiana un periodo di pace e prosperità. La ripresa della vita europea intorno all'anno 1000 si notò palesemente con la rinascita demografica ed economica. Vennero bonificate molte terre che erano state devastate dalle invasioni barbariche, e si costruirono borghi e castelli. Le antiche città romane erano sopravvissute alle invasioni dei barbari, anche se nell'Alto Medioevo non rappresentavano più il fulcro della vita economica. In questo periodo le città rinacquero e si ripopolarono. Esse, pur essendo nel secolo XI ancora legate fortemente alla curia vescovile, divennero sedi di nobili; di professionisti come i medici, i notai, gli scrivani; di artigiani e commercianti di armi, di tessuti, di gioielli. Il risveglio delle attività commerciali e artigianali portò alla crisi del mondo feudale. Parallelamente al risveglio delle attività economiche vi fu la rinascita della cultura, specie nelle scuole episcopali e nei monasteri benedettini. *(Qui a fianco trovi una riproduzione di miniature da "codici", cioè libri, realizzati nei monasteri.)*

3. La nascita delle lingue romanze

L'espansione territoriale dell'Impero Romano portò a un duplice scambio linguistico tra Roma, capitale della repubblica e poi dell'impero, e i territori da essa governati. Uno degli aspetti più significativi della colonizzazione romana fu l'organizzazione di scuole che consentirono una rapida diffusione della lingua latina nei territori conquistati. L'inserimento della popolazione nelle strutture sociali, amministrative, pubbliche, politiche e militari fece sì che anche la lingua parlata dalle popolazioni assoggettate si conservasse, anche se in misura limitata, nella lingua latina o marcandone la pronuncia, o allargando il lessico con vocaboli regionali. L'influenza delle lingue preesistenti al latino è definita dai linguisti come azione del *sostrato*.

La lunga decadenza dell'impero romano dovuta alla diffusione del cristianesimo e alla penetrazione delle popolazioni barbariche, determinò l'affermarsi, nei territori precedentemente conquistati da Roma, di ulteriori evoluzioni linguistiche. Come l'unità politica e territoriale dell'impero aveva garantito nei territori della Romània (l'area linguistica nella quale si parlano le lingue derivate) l'unità linguistica, così la frammentazione e la distruzione dello stesso comportò la dispersione dell'unità linguistica latina e l'affermarsi delle lingue volgari. Gli ultimi secoli dell'impero romano furono caratterizzati da altri fattori che incisero profondamente sulla lingua: il Cristianesimo e le invasioni barbariche.

4. Il Cristianesimo e le invasioni barbariche

Il Cristianesimo incise sulla lingua latina su due fronti paralleli e opposti: come fattore disgregante rispetto al latino classico, ma anche come fattore evolutivo che arricchì la lingua, resa così funzionale alla trasmissione di una nuova cultura e spiritualità.
Le invasioni dei popoli barbari, dei quali in questa pagina vediamo un oggetto d'arte, frantumarono l'unità territoriale delle zone settentrionali dell'impero: da ciò derivò l'integrazione tra i barbari e gli indigeni ed un'inevitabile frammentazione linguistica. Le lingue germaniche dettero luogo a un *superstrato* linguistico, cioè l'interferenza delle lingue dei popoli barbarici sul latino. Per un lungo periodo storico si ebbe, quindi, una situazione di *bilinguismo* o di convivenza delle lingue germaniche e dei volgari originati dal latino. La situazione più palese del bilingui-

smo si ha nella differenza tra lo scritto e il parlato: al latino, per quanto infarcito di volgarismi, era affidata la comunicazione scritta, ai volgari, l'oralità. Le sostanziali diversità linguistiche che si determinarono in tutti i territori della Romània furono motivate dalle condizioni di isolamento in cui le popolazioni si trovarono alla caduta dell'impero, e alla forte influenza delle lingue germaniche parlate dai barbari. Il latino, che per secoli aveva garantito l'unità territoriale, scomparve nei territori periferici dell'impero: dall'Africa, da alcune zone dell'Europa centro-settentrionale, dall'Inghilterra e da gran parte dei Balcani. Nelle altre parti dell'impero, invece, nelle quali l'unità linguistica si era maggiormente consolidata nel tempo e nell'uso, si ebbero delle evoluzioni linguistiche molto differenti tra loro che diedero origine alle lingue romanze. Sotto questo nome si annoverano lingue che sono, oggi, molto diverse, ma che conservano dei tratti linguistici, a volte molto marcati, dell'origine comune.

Le lingue romanze sono il portoghese, lo spagnolo, il catalano, il provenzale, il francese, il ladino, l'italiano, il rumeno e il dalmatico (ora estinto; questa lingua era parlata nella Dalmazia e nelle isole dell'Adriatico). Questa classificazione è in realtà più complessa: per questioni di chiarezza si sono volute indicare solamente le lingue principali e più conosciute; è necessario, però, tener presente che in ognuna di esse esistono infinite varietà dialettali che dipendono dalla variazione geografica, dalle influenze ricevute dalle altre lingue e dalla storia unica e decisiva di alcune città.

dalle Origini al Trecento

Il Medioevo in Italia

1. La nascita del Medioevo

Con Medioevo si indica convenzionalmente il periodo storico compreso tra la caduta dell'impero romano d'Occidente, nel 476 d.C., e la scoperta dell'America, nel 1492. Questo periodo storico che divide l'età antica da quella moderna è a sua volta suddiviso, negli studi italiani, in Alto e Basso Medioevo.

Alto e Basso indicano rispettivamente il periodo precedente e il periodo seguente l'anno Mille. La lingua volgare, come si accennava in apertura, ha necessitato di un lungo periodo di preparazione e di adattamento prima di affiancarsi e sostituirsi alla lingua latina. La diffusione dei volgari fu graduale e diversificata nei vari territori. La riforma del latino promossa da Carlo Magno accelerò e contribuì indirettamente alla diffusione dei volgari: Carlo Magno, di cui qui accanto vedi l'incoronazione, restituì dignità alla lingua latina, che fece scrivere in modi più vicini al latino classico. La riforma del latino determinò la consapevo-lezza della separazione fra latino e volgari. Proprio la rinascita della lingua latina sancì il distacco del latino scritto dagli usi romanzi. Incisivo fu nel Medioevo, inoltre, il ruolo della Chiesa e dei suoi insegnamenti, non solamente per la trasmissione dei dogmi cristiani, ma anche come veicolo di diffusione della lingua volgare e conservazione della lingua latina: *i chierici*, cioè i religiosi (sacerdoti, monaci benedettini) conoscevano il latino e garantivano la conservazione e la trasmissione delle opere della tradizione pagana e cristiana trascrivendole ma, allo stesso tempo, predicavano in volgare ai fedeli la dottrina cristiana.

Nell'813 a Tours (in Francia) i vescovi raccomandarono che i sacerdoti si rivolgessero ai fedeli nella loro lingua - romanza o germanica - così da garantire la comprensione e la diffusione del messaggio religioso tra gli *idioti*, tra coloro, cioè, che conoscevano solo la lingua materna. Il più antico documento romanzo pervenutoci risale al 14 febbraio dell'842: si tratta de *I Giuramenti di Strasburgo*, pronunciati nello stesso anno a Verdun fra Ludovico il Germanico e Carlo il Calvo (figli di Ludovico il Pio e nipoti di Carlo Magno). I due sovrani, rispettivamente l'uno della parte occidentale, l'altro della parte orientale dell'impero carolingio, pronunciarono il giuramento di alleanza sia in antico francese che in antico tedesco affinché il contenuto del giuramento fosse capito dai loro eserciti. La situazione linguistica della nostra penisola, invece, fu diversa e più complessa rispetto a quella dei territori germanici e franchi, sia perché non ci fu per un lungo periodo unità territoriale e politica, sia per una maggiore azione conservatrice del latino.

Storia dei Secoli XII-XIII

La storia di questi due secoli è fortemente caratterizzata da:
a. la nascita del Comune, cioè di città che raggiungono una sostanziale indipendenza, per cui l'Italia si presenta – soprattutto al Centro e al Nord – come un mosaico;
b. le prime università del mondo e dalle scuole, spesso legate ai monasteri;
c. il formarsi degli ordini religiosi; essi si diffondono in tutta la penisola ed è qui che viene salvata la gran parte dell'eredità scritta del mondo classico;
d. le crociate per liberare il Santo Sepolcro; si tratta di spedizioni alle quali partecipano quasi tutti gli Stati europei; per l'Italia sono fonte di ricchezza (soprattutto per la Serenissima Repubblica di Venezia, che trasporta uomini e materiali con le sue navi), ma anche di malattie e problemi;
e. la formazione dell'impero svevo, che unifica in parte il Sud, e delle grandi monarchie europee;
f. l'affermarsi del potere "teocratico" del Papa, cioè della dottrina secondo la quale egli ha il diritto assoluto su ogni potere terreno.

2. Il Medioevo in Italia

La prima testimonianza scritta è quella che si suole tramandare come *Indovinello veronese*: si tratta di quattro versetti della fine dell'VIII secolo e i primi anni del IX scritti da un copista veronese in una lingua fra il latino rustico e il volgare. La seconda testimonianza scritta in volgare italiano risale alla prima metà del IX secolo: si tratta di un'iscrizione tombale sita a Roma ed è ricordata come *Iscrizione della Catacomba di Commodilla*. Essa contiene un avvertimento in volgare sul modo di pregare.

Un altro documento nel quale il volgare appare ormai pressoché consolidato e vivo, è una sentenza giudiziale, registrata nel 960 a Cassino dal giudice Arechisi di Capua, che riguarda l'appartenenza di alcune terre dell'Abbazia occupate da laici: *Sao ko kelle terre, per kelle fini que ki contene, trenta anni le possette parte Sancti Benedicti.*
Altre testimonianze si trovano in scritture provenienti dai monasteri benedettini dell'Italia centromeridionale nei secoli XI-XII (ogni abbazia conservava documenti interni di ordine pratico e giuridico: compravendite, lasciti, donazioni, atti nei quali si sanciva la protezione data all'abbazia da personaggi politici, note delle spese e delle entrate, certificati matrimoniali, testamenti, ecc.). Lentamente il volgare italiano conquistò una dignità propria e si estese a tutti gli ambiti culturali. Al XII secolo risale il primo testo volgare toscano, il *Conto Navale Pisano*.
La nascita della letteratura coincide nell'Italia centrosettentrionale con l'affermazione e l'espansione dei comuni e nell'Italia meridionale e in Sicilia con la corte dell'imperatore **Federico II** di Svevia.

I centri dai quali si originò l'espansione economica, commerciale e politica furono le città; quelle che si organizzarono nella forma del Comune divennero autonome: si sottrassero, cioè, all'organizzazione feudale laica ed ecclesiastica pur riconoscendo l'autorità imperiale. Con il fiorire del commercio e delle industrie, in particolare di quella tessile e dell'abbigliamento, si formò una nuova classe sociale intermedia tra il popolo e gli aristocratici: la borghesia.
Nel Duecento ai nuovi ceti dirigenti e aristocratici si affiancarono i mercanti e i banchieri che occuparono posizioni di rilievo nel governo cittadino: una condizione espressa anche in letteratura; le nuove fortune economiche legate alle audaci imprese dei mercanti sono raccontate e spesso criticate da molti autori, tra i quali Dante e Boccaccio.

Il Duecento e il Trecento possono essere considerati un periodo unico: gli stessi fenomeni si svilupparono nel tempo, ma non cambiarono sostanzialmente nel corso dei due secoli. È quindi opportuno parlare globalmente di "letteratura delle origini".
Non si intende con quest'affermazione che non ci furono delle evoluzioni o dei cambiamenti significativi tra i due secoli, ma che in entrambi si delinearono le basi della letteratura futura.

In basso: monastero medievale.

A sinistra in alto: incoronazione di Carlo Magno.

A sinistra, in basso: monaci intenti allo studio delle opere della tradizione pagana e cristiana.

Gli inizi della letteratura italiana

1. Gli inizi della letteratura italiana

Nonostante si abbiano testimonianze di scritti in volgare fin dall'VIII secolo, si suole indicare con i secoli Duecento e Trecento l'inizio della letteratura italiana o delle origini, perché solo in questi secoli si produssero anche testi letterari. La nascita della letteratura italiana fu posteriore a quella degli altri paesi di lingua romanza (Francia, Provenza, Spagna) che si erano o che si stavano politicamente costituendo. Quali che siano i motivi di questo ritardo, un carattere costitutivo della tradizione letteraria italiana è il fatto che essa si sia formata attraverso il contributo di una pluralità di forze culturali e di centri cittadini, differenziati dialettalmente e culturalmente.

Ciò che caratterizza la cultura degli scrittori in volgare del periodo delle origini è una solida base culturale latina e mediolatina; gli autori, infatti, riproducono nelle loro opere in volgare i modelli, i generi letterari delle opere latine, adattando i loro scritti alla lingua nuova, al pubblico e alla diversa realtà politica. La letteratura italiana nacque, per tutti questi fattori, già adulta, con regole e modelli fissi: uno dei motivi, infatti, per cui la nostra lingua ha, o ha avuto, un carattere così diverso strutturalmente tra lo scritto e il parlato è da rintracciare anche in questa realtà storica dei primi secoli.

2. La letteratura popolare

Parallela alla grande letteratura delle origini esiste una letteratura popolare, scritta da autori non privi di cultura e diretta, sostanzialmente, al popolo. Quest'ultimo, di rado alfabetizzato, aveva grosse difficoltà a leggere i testi scritti dai poeti. La tradizione di questi componimenti è perciò principalmente orale, orecchiabile e facile da imparare a memoria ed era affidata ai giullari, ai cantastorie, i quali giravano di piazza in piazza e recitavano i loro componimenti o quelli dei poeti. Alcuni fra i giullari erano anche accolti nelle case signorili o nelle corti. Tra i componimenti dei giullari sono noti dei *ritmi*, degli *strambotti*, delle *pastorelle* e dei *contrasti*. Queste forme metriche nacquero come proprie della letteratura popolare, ma nel corso dei secoli furono impiegate anche nella poesia d'arte. Il contrasto era un genere noto sia in Francia sia in Provenza: riproduceva litigi, conflitti e schermaglie del corteggiamento, partenze e abbandoni. *Il contrasto* più famoso della nostra letteratura, *Rosa fresca aulentissima*, è di **Cielo d'Alcamo**, componimento nel quale un uomo chiede a una donna l'amore, che viene inizialmente rifiutato, e che è concesso in un secondo tempo.

3. La letteratura religiosa

Se il Comune e la laicizzazione della cultura sono fenomeni evidenti e determinanti in questi secoli, incise notevolmente anche la nascita di nuovi *ordini religiosi* che diedero una spinta maggiore alla diffusione delle tematiche religiose. Si ha così una cultura principalmente laica nelle università e una cultura religiosa che si esprime in due settori: di trasmissione e di produzione letteraria.

4. La prosa d'arte, la narrativa e la cronachistica

I testi francesi e provenzali circolavano ampiamente nella nostra penisola sia per la vicinanza geografica sia per i fitti rapporti commerciali e culturali tra i due paesi. Essi narravano imprese storiche precedenti di qualche secolo rispetto a quando furono scritte e raccontate: questa distanza cronologica ha favorito il racconto fantastico e l'esaltazione del valore degli eroi. La veridicità degli av-

---

⌕ Gli ordini religiosi

La nascita dei nuovi *ordini mendicanti* dei domenicani (predicatori) e dei francescani (frati minori), fondati rispettivamente da San Domenico e da San Francesco, si traduce in una nuova realtà della Chiesa più vicina al popolo e alle sue esigenze. Questi ordini si diffusero rapidamente; conventi francescani e domenicani sorsero in tutti i centri della penisola, spesso in forte competizione tra di loro.
La lotta contro le eresie (che spesso volevano solo riportare la Chiesa verso l'originale purezza dei primi secoli) e la nascita degli ordini religiosi contribuirono a interessare il popolo e a produrre una letteratura; il francescanesimo fu al centro di questa nuova e fiorente produzione letteraria che deve il suo inizio ad un testo scritto dal suo fondatore: *il Cantico delle creature*.

venimenti si fonde con la leggenda e con la spiritualità religiosa di questi secoli: i Cristiani contro i Saraceni, l'eroe contro il traditore. I testi furono trasmessi in francese o volgarizzati nei dialetti italiani. Carattere invece più specificatamente narrativo ebbero due testi: *Il libro dei sette savi di Roma* e *Il Novellino*. Il primo è un'opera influenzata dalla novellistica araba e orientale; si tratta di un volgarizzamento toscano della fine del Duecento di un'opera tradotta dall'arabo in latino e in francese. Il volgarizzamento toscano deriva dal testo tradotto in francese. Questo testo influenzerà *il Decameron* di **Giovanni Boccaccio**. *Il Novellino*, o *Cento novelle antiche*, o *Libro di Novelle*, comprende cento brevi novelle di carattere storico o ricavate dalla tradizione orale popolare, scritte, forse, da più autori e composte alla fine del Duecento. L'opera è importante perché getta le basi di un genere letterario nuovo: la novella.

Il testo si apre specificando i destinatari, coloro che hanno "cuore gentile e nobile". Per quanto riguarda la cronachistica, *la Cronica* di **Giovanni Villani** è sicuramente il testo più significativo, in quanto delinea degli spaccati di vita fiorentina che sarebbero altrimenti sconosciuti. L'attenta analisi e la descrizione degli avvenimenti della città fiorentina, narrati secondo lo schema medioevale dalle origini delle città, attraverso miti biblici e classici, fino alla nascita del Comune e della borghesia mercantile, tratteggiano e descrivono la società del tempo.

5. L'influenza della letteratura francese

L'influenza francese per la letteratura italiana fu duplice: dapprima gli scrittori italiani ereditarono i modelli della letteratura della Provenza scritta nella lingua d'*oc*, poi quelli della lingua della Francia centro-settentrionale, cioè la lingua d'*oil*. La lingua d'*oc* influenzò gli scrittori dell'Italia del Nord e gli scrittori del Regno di Sicilia. Questi compositori ereditarono i temi della poesia provenzale, ma scrissero nel loro volgare. La letteratura della lingua d'*oil*, invece, portò oltralpe la materia di Bretagna con le avventure di re Artù e dei cavalieri della Tavola Rotonda e la tradizione delle *chansons de geste*, con le avventure di Carlo Magno e dei suoi paladini. Dalla Francia venivano ancora racconti in verso o i *lais* di Maria di Francia, le narrazioni comiche, anch'esse in verso, alcuni *fabliaux*, e il *Roman de la Rose*, un poema ampio e fortunato. Tale ricchezza di generi letterari e stili diede modo ai rimatori italiani di poter attingere cospicuamente da una lingua e una letteratura volgare ormai consolidata.

Francesco d'Assisi

Francesco nacque nel 1182 da famiglia agiata e ricevette un'educazione letteraria. Il suo percorso mistico lo portò alla ricerca di Dio e del prossimo, tanto che decise di dedicare tutta la sua vita ai poveri e agli ammalati. Fondò un nuovo ordine religioso che ottenne l'approvazione definitiva nel 1223 da papa Onorio III. Le opere scritte dal santo si diffusero inizialmente soprattutto tra le classi povere, grazie anche all'uso del volgare nella predicazione, ma raggiunse con rapidità sorprendente tutte le classi sociali. Di lui ci sono pervenuti scritti in latino come la stesura della *Regula* e il *Testamentum*; è in volgare, invece, *Cantico delle creature* o *Cantico di frate Sole*.

Subito dopo la morte del santo si scrissero molte opere in sua lode. La spiritualità dei frati diede origine alla *lauda*, componimento religioso e poetico che riprendeva i temi religiosi tradizionali convertendoli al volgare.

Iacopone da Todi

Tra i maggiori autori di laudi vi fu Iacopone da Todi. Come per san Francesco, anche per Iacopone la meditazione e la riflessione sulla Passione di Gesù Cristo devono essere i due temi cardine per la vita di ogni uomo: Iacopone, però, si distaccò totalmente dall'ottimismo francescano verso la vita, l'uomo e il creato. La sua è una poesia sarcastica, ricca di polemiche verso le ricchezze e il potere temporale della Chiesa.

In alto: San Francesco d'Assisi.

Sotto: icona raffigurante Iacopone da Todi.

A sinistra: San Francesco e Innocenzo III approva la regola dei Frati minori.

T1 San Francesco: Cantico delle creature

Altissimu, onnipotente, bon Signore,
Tue so' le laude, la gloria e l'honore et onne
    benedictione.

Ad Te solo, Altissimo, se konfàno.
5 et nullo homo ène dignu Te mentovare.

Laudato sie, mi' Signore, cum tucte le Tue creature,
spezialmente messor lo frate Sole,
lo qual è jorno, et allumini noi per lui.
Et ellu è bellu e radiànte cum grande splendore:
10 de Te, Altissimo, porta significazione.

Laudato si', mi' Signore, per sora Luna e le stelle:
in celu l'ài formate clarìte et pretiose et belle.

Laudatu si', mi' Signore, per frate Vento
et per aere et nubilo et sereno et onne tempo,
15 per lo quale a le Tue creature dài sustentamento.

Laudati si', mi' Signore, per sor'Aqua,
la quale è multo utile et humile et pretiosa et casta.

Laudato si', mi' Signore, per frate Focu,
per lo quale ennallùmini la nocte:
20 ed ello è bello et jocundo et robustoso et forte.

Laudato si', mi' Signore, per sora nostra madre Terra,
la quale ne sustenta e governa,
et produce diversi fructi con coloriti flori et herba.

Laudato si', mi' Signore, per quelli ke perdonano
25   per lo Tuo amore
e sostengo infirmitate et tribulazione.

Beati quelli ke 'l sosterranno in pace,
ka da Te, Altissimo, sirano incoronati.

Laudato si', mi' Signore, per sora nostra Morte
      corporale,
35 da la quale nullu homo vivente pò skappare:
guai a·cquelli ke morranno ne le peccata mortali;
beati quelli ke trova ne le Tue sanctissime voluntati,
ka la morte secunda no 'l farrà male.

Laudate et benedicete mi' Signore et rengratiate
e serviateli cum grande humilitate.

Altissimo, onnipotente e buon Signore,
tue sono le [lodi,] la gloria, e l'onore *praise*
e ogni [benedizione.] *blessing*

A te solo, o Altissimo, si addicono e nessun uomo
è degno di ricordarti. *worthy (not)*

Che tu sia lodato, o mio Signore, con tutte le creature,
specialmente il fratello sole, il quale
ci illumina e tu ci illumini attraverso lui,
e il sole è bello e raggiànte e di grande splendore *radiant*
e porta di Te, o Altissimo, il simbolo.

Che tu sia lodato, o mio Signore, per nostra sorella luna
e le stelle, nel cielo le hai create splendenti, preziose e belle.

Che tu sia lodato, o mio Signore, per fratello vento, e per
l'aria e le nubi e il sereno e qualsiasi variazione del tempo
e per mezzo del quale dai sostentamento alle tue creature.

Che tu sia lodato, o mio Signore, per nostra sorella acqua,
la quale è molto utile e [umile] e preziosa e casta. *humble*

Che tu sia lodato, o mio Signore, per fratello fuoco,
per mezzo del quale illumini la notte: e egli è bello e
giocondo e robusto e forte.

Che tu sia lodato, o mio Signore, per nostra sorella madre
terra, la quale ci sostenta e governa, e produce molti frutti
e i colori dei fiori e dell'erba.

Che tu sia lodato, o mio Signore,
per quelli che perdonano per il tuo amore,
e sopportano infermità e tribolazioni.

[Beati] quelli che [sopporteranno] in pace, *Lucky, stand up to*
perché da te Altissimo, saranno incoronati.

Che tu sia lodato, o mio Signore, per nostra sorella morte
del corpo, dalla quale nessun uomo può scampare.
Guai a coloro che morranno nei peccati mortali,
beati coloro che morranno secondo la tua volontà,
perché la seconda morte non farà
loro alcun male.

Lodate e benedite il mio Signore e ringraziatelo e servitelo
con grande [umiltà.] *humility, humble*

e **1. Comprensione**

Queste affermazioni sono vere o false?

	vero	falso
a. San Francesco loda le creature e si rivolge a loro	○	○
b. Tra gli elementi citati da san Francesco il sole è più importante degli altri	○	○
c. Nel congedo San Francesco si rivolge agli uomini	○	○
d. Tra le creature sono incluse le piante	○	○
e. San Francesco loda tutti gli uomini	○	○

e **2. Analisi**

Il *Cantico* è una delle prime testimonianze della lingua "volgare" perché:

○ **a.** non è in latino
○ **b.** è un testo religioso
○ **c.** parla della natura

Il *Cantico* è una preghiera, ma anche una poesia. Da cosa si capisce?

○ **a.** Dalla metrica
○ **b.** Dai contenuti

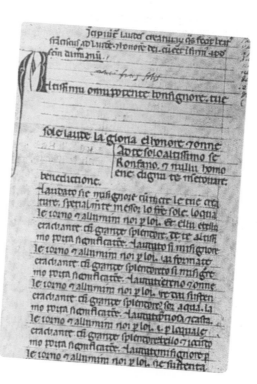

Nella colonna di sinistra ci sono alcuni aggettivi che San Francesco usa nel *Cantico* per descrivere le creature. Nella colonna di destra cerca e sottolinea un sinonimo che si adatti al significato del testo.

degno	stimabile	meritevole	capace
raggiante	lucido	contento	luminoso
umile	misero	povero	semplice
casto	puro	onesto	sobrio
giocondo	allegro	piacevole	giulivo

e **3. Riflessione**

Secondo te dalla lettura del Cantico di San Francesco che tipo di rapporto emerge tra l'uomo e la natura? Discutine con i tuoi compagni.

In basso: Il *Cantico di Frate Sole*, in un codice duecentesco. Assisi, Sacro Convento.

In alto: *San Francesco predica agli uccelli*, Giotto, Assisi Chiesa Superiore.

Il XIII secolo

1. La scuola siciliana

Per capire quanto l'organizzazione politica di un popolo incida sulla letteratura, appare esemplare la costituzione dell'impero svevo con **Federico II**, nato a Jesi, nelle Marche, il 26 dicembre 1194 e morto in Puglia nel 1250. Nella prima metà del Duecento nell'Italia meridionale e in Sicilia si sviluppò quello che fu considerato il primo Stato moderno dell'Europa per gli statuti e per l'organizzazione della burocrazia. Federico II era figlio di padre tedesco e di madre normanna. Fu chiamato *stupor mundi* per le qualità del suo carattere e l'eclettismo che lo distingueva: conosceva infatti il tedesco, il francese, il latino, il greco, l'arabo; oltre ai suoi interessi letterari, Federico II si dilettò anche di filosofia, astronomia e scienza. Egli amava essere circondato da intellettuali e da poeti, così la sua corte divenne rifugio sicuro per gli stessi. All'imperatore si deve il merito di aver trasferito i modelli dei trovatori provenzali in Sicilia. La corte era aperta agli scambi commerciali con l'Oriente e con gli arabi; è infatti in questo periodo che avviene la rinascita meridionale e si trascrivono e si traducono codici arabi, greci e latini. In questo sfondo si deve collocare la produzione poetica della magna curia, che fonde i contenuti culturali con l'attività intrinseca dell'amministrazione politica. I poeti siciliani sono infatti tutti funzionari di corte che scrivono per loro diletto di argomenti amorosi e si tengono lontano dai contenuti politici. La poesia siciliana, celebrata anche da Dante nel *De vulgari eloquentia* come il miglior esempio di poesia, perché rimase il più esente possibile da elementi locali o municipali, assorbì e ripropose, modificandoli nel contenuto e nella forma, i modelli trovadorici. Alla lirica provenzale i siciliani dovettero soprattutto il tema del loro canto: l'amore visto secondo la prospettiva feudale. Tuttavia, nella poesia dei siciliani l'amore diventò più astratto. Alla base, infatti, dell'amore cortese vi era la realtà feudale: una donna, in genere la moglie del signore, era amata e ossequiata dal poeta innamorato che chiedeva pietà per il suo servigio e, spesso inutilmente, sperava nel guiderdone, ossia nella ricompensa amorosa. Questo amore era cantato nella corte tra i cortigiani. Questo "fin'amore" (amore perfetto) nelle liriche dei siciliani diviene meno ricco di pathos: lo scambio comunicativo tra il poeta e la donna avviene attraverso gli occhi e il vedere; le immagini che si formano nella mente del poeta esprimono le gioie d'amore e le pene. I poeti siciliani non furono né giullari né mestieranti né verseggiatori, ma funzionari dello stato svevo che trovarono nella poesia e nell'arte poetica il piacere e la distensione che da essa si ricava.

Pur recuperando i temi amorosi dalla poesia provenzale e le sue forme stilistiche, essi celebrarono l'amore come esperienza irripetibile dell'animo. I poeti siciliani ebbero successo in Toscana dove le loro poesie furono adattate al volgare del luogo, molto diverso dal volgare meridionale nel quale erano state scritte originariamente. L'unico componimento giunto privo di contaminazioni toscane è la canzone *Pir meu cori alligrari* di **Stefano Protonotaro**.

🔍 L'architettura romanica

Verso l'inizio del nuovo millennio, anche ad opera degli ordini monastici e della rinascente economia, si ricomincia a costruire - e tra i primi edifici che si costruiscono ci sono le chiese, spesso accompagnate da un monastero, costituito intorno a un grande chiostro. Lo stile di queste chiese è detto "romanico" perché riprende la logica dei grandi archi semicircolari dell'architettura romana: i muri sono fatti di grandi blocchi di pietra, le finestre sono piccole, la struttura è semplice (una grande navata centrale che ne incrocia una più piccola, creando quella che vista dall'alto è una forma a croce); le statue sono spesso tozze e robuste, usate per sostenere pulpiti da cui parlano i predicatori, ma in genere l'ornamentazione è molto ridotta, lasciando vedere in tal modo le linee costruttive. Le superfici sono talvolta - dove c'è influsso bizantino - ricoperte da mosaici su fondo dorato, privi di spazio, tempo, prospettiva. Entrare in queste chiese, diffuse da nord a sud, e ascoltare un coro di monaci che cantano la musica di questi secoli, quella gregoriana, può farci tornare indietro di mille anni in un attimo.

2. La nascita del sonetto

La nascita del sonetto risale probabilmente a **Giacomo da Lentini**. Esso è costituito da due quartine e da due terzine e, probabilmente, deriva dalla divisione in *fronte* e *sirma* divise in due *piedi* e due *volte* della canzone.
Il sonetto è una forma metrica costituita nel suo schema di base da quattordici versi tutti endecasillabi (cioè composti da undici sillabe); è diviso in una prima parte di otto (fronte) e una seconda di sei (sirma).
Il nome deriva dal provenzale *sonet*, cioè suono, melodia.
Lo schema metrico di base è ABABABAB per le due quartine e CDCDCD per le due terzine.
È probabile, inoltre, che il sonetto derivi dalla stanza solitaria di canzone che serviva ai provenzali per la corrispondenza letteraria.

3. La scuola toscana

La produzione letteraria di questo periodo è caratterizzata principalmente dalle opere di autori appartenenti ad una regione: la Toscana.
In precedenza si è visto che l'eredità letteraria siciliana passò in Toscana alla fine della dinastia sveva, dopo la morte di Federico II e di Manfredi. La lingua e le produzioni poetiche in volgare erano ormai collaudate e pronte per formare una scuola o una corrente letteraria. Esercitarono la lirica poeti di molte città toscane: **Bonagiunta Orbicciani** di Lucca; **Guittone d'Arezzo**; **Chiaro Davanzati** e **Dante da Maiano** di Firenze.
Fra tutti emerse **Guittone d'Arezzo** che divenne il caposcuola di quella maniera. Le loro liriche si ispirarono ai modelli provenzali e trovadorici contestualizzandoli nella città in cui vissero e adattandoli alla realtà politica, il Comune. Era infatti difficile conciliare la tradizione cortese dell'amore e del servizio amoroso con il matrimonio e la realtà comunale. La concezione dell'amore divenne più spirituale, così da poter unire le tematiche letterarie e la realtà cittadina. La lingua si arricchì sul piano lessicale e stilistico come, in precedenza, era avvenuto con i siciliani, che avevano rielaborato la lirica provenzale.

A destra in alto e a lato: miniature tratte da opere di Guittone D'Arezzo e Giacomo da Lentini.

A sinistra in alto: sigillo di Federico II

A sinistra in basso: esempio di architettura romanica di un monastero.

Guittone d'Arezzo

Nato ad Arezzo, in Toscana nel 1230 - 35 ed esiliato nel 1256; morì nel 1293 - 94. Poche sono le notizie biografiche: di famiglia agiata, aderì alla parte guelfa e andò in esilio fuori della Toscana nel 1257. Nel 1265 entrò nel nuovo ordine dei Milites Beatae Virginis Mariae, detto dei Frati Godenti, che si proponevano una vita religiosa dedicata al culto mariano. Guittone compose alcune Laudi. Di lui rimangono circa trecento componimenti tra sonetti e canzoni. La sua opera poetica è divisa in due gruppi: la prima è dedicata alla poesia amorosa, la seconda a quella sacra e religiosa. Nella seconda parte delle sue liriche è espressa la vocazione dell'autore: quella cioè di essere un maestro, correttore dei costumi, amante e sollecitatore della virtù. Guittone si propone, inoltre, come mediatore alle lotte interne della sua città, come portavoce della coscienza del Comune.

Giacomo da Lentini

Giacomo è il vero e proprio caposcuola dei siciliani per l'invenzione del sonetto e per aver scritto canzoni nel volgare meridionale. Si conosce, inoltre, un carteggio poetico di sonetti scambiati con Pier della Vigna e Jacopo Mostacci del 1240. In un documento del 1240 il messinese si firmava "Jacobus de Lentino domini imperatoris notarius"; anche Dante lo chiamava "il Notaro".
L'attività poetica di Giacomo è attestata dalle numerose copie toscane dei suoi scritti e dalla esplicita affermazione dantesca nella Commedia (Purgatorio XXIV) che lo definisce, per bocca del poeta toscano Bonagiunta Orbicciani, il caposcuola della lirica pre-stilnovistica. Giacomo da Lentini accettò l'invito di Federico II a trasportare i contenuti trovadorici, dopo averli selezionati, nel siciliano illustre, creando così una poesia tutta nuova, ricca di immagini fantastiche.

T2 Giacomo da Lentini: Io m'aggio posto in core

Io m'aggio posto in core a Dio servire,
com'io potesse gire in paradiso,
al santo loco ch'aggio audito dire,
u' si mantien sollazzo, gioco e riso.

5 Sanza mia donna non vi voria gire,
quella c'ha blonda testa e claro viso,
ché sanza lei non poteria gaudere,
estando da la mia donna diviso.

Ma no lo dico a tale intendimento,
10 perch'io peccato ci volesse fare;
se non veder lo suo bel portamento

e lo bel viso e'l morbido sguardare:
ché lo mi teria in gran consolamento,
15 veggendo la mia donna in ghiora stare.

Io mi sono proposto nel cuore di servire Dio,
affinché io possa andare in Paradiso,
il luogo santo dove ho udito dire
che durano ininterrottamente gioia, gioco e allegria.

Non ci vorrei andare senza la mia donna,
quella che ha i capelli biondi e il viso luminoso,
perché senza di lei non potrei godere,
rimanendo separato dalla mia donna.

Ma non lo dico con l'intenzione
di voler peccare con lei:
bensì solo vedere i suoi costumi onesti,

il suo bel viso e il suo dolce sguardo,
perché mi darebbe grande serenità
vedere la mia donna stare nella gloria del Paradiso.

---

e 1. Comprensione
Di' se le seguenti affermazioni sono vere o false.

	vero	falso
a. La donna amata attende il poeta in Paradiso	○	○
b. Il poeta si separerebbe dalla sua donna per andare in Paradiso	○	○
c. Senza la donna amata il poeta sarebbe sempre infelice	○	○
d. Il poeta è stanco di non poter riabbracciare la sua donna	○	○
e. Il poeta vuole morire per la donna amata	○	○

e 2. Analisi
Quali caratteristiche della donna emergono dal testo?

○ **a.** La purezza del suo animo
○ **b.** La sensualità
○ **c.** La simpatia

Per Lentini il Paradiso è un luogo:

○ **a.** di preghiera solitaria
○ **b.** di eterna felicità
○ **c.** di serenità

e 3. Riflessione

Secondo te questo testo di Lentini è un sonetto, una lauda o una canzone? ....

In base a quali caratteristiche hai risposto? ....

e 4. Un'osservazione linguistica
Il verso 7 presenta una rima imperfetta perché *gaudere* non è in rima con: *servire, dire, gire*.
La rima era perfetta nell'originale siciliano, che aveva *gaudire*; poiché, come si è detto, i testi dei siciliani
sono stati copiati in Toscana, *gaudire* fu modificato nel toscano *gaudere*.
Si notino le forme meridionali: *aggio* versi 1 e 3; a *Dio servire* verso 1; *voria* 5, *poteria* 7 e *teria* 13.

T3 Giacomo da Lentini: Madonna dir vo voglio

Madonna dir vo voglio
como l'amor m'ha priso
inver' lo grande orgoglio[1]
che voi, bella, mostrate, e no m'aita,
5   oi lasso, lo meo core,
che 'n tante pene è miso
che vive quando more
per bene amare, e tèneselo a vita.
10 Donqua mor'u viv'eo?
No; ma lo core meo
more più spesso e forte
che no faria di morte – naturale,
15 per voi, donna, cui ama,
più che se stesso brama,
e voi pur lo sdegnate:
amor, vostr'amistate – vidi male.

20 Lo meo 'namoramento
no pò parire in detto,
ma sì com'eo lo sento
cor no lo penseria né diria lingua;
25 e zo ch'eo dico è nente
inver' ch'eo son distretto
tanto coralemente.
Foc'aio al cor, non credo mai si stingua,
30 anzi si pur alluma:
perché non mi consuma?
La salamandra[2] audivi
che 'nfra lo foco vivi – stando sana;
35 eo sì fo per long'uso:
vivo 'n foc'amoroso,
e non saccio ch'eo dica:
lo meo lavoro spica – e non ingrana. [...]

Madonna, vi voglio dire come l'amore mi ha preso,
di contro al grande orgoglio che voi, bella, mostrate,
e non mi aiuta, oh, povero me, il mio cuore si è messo
in tante pene, che vive quando muore per amare bene,
e anzi ritiene che la morte dell'amore sia vita.

Dunque io muoio o vivo?
Né questo né quello, ma il mio cuore muore
più spesso e dolorosamente di quanto non morirebbe
di morte naturale, per voi, donna, che ama
e desidera più di se stesso, mentre voi continuate
a rifiutarlo: «Amore, ho incontrato per mio danno
la mia amicizia per voi».

Il mio innamoramento non può essere espresso
in parole ma così come io lo sento il cuore non
lo penserebbe e la lingua non riuscirebbe;
e ciò che io dico è niente in confronto
al fatto che sono così intimamente preso.

Ho il fuoco nel cuore e non credo
che mai si spenga, anzi continua a bruciare:
perché non mi consuma?
Ho sentito che la salamandra vive
nel fuoco restando intatta; così faccio io
per lunga abitudine: vivo nel fuoco dell'amore
e non so che cosa dico: il mio lavoro
è come il grano in erba che non matura.

---

1 Orgoglio è termine tecnico della lingua cortese,
a indicare l'atteggiamento della persona amata che non corrisponde.

2 Si credeva che la salamandra potesse vivere nel fuoco e spegnere
le fiamme. Nel Medioevo diviene simbolo del fuoco.

---

e 1. Comprensione
Di' se queste affermazioni sono vere o false.

	vero	falso
a. Il comportamento della donna aiuta il poeta	○	○
b. Il poeta vorrebbe morire di morte naturale	○	○
c. La morte del cuore per amore è peggiore di quella naturale	○	○
d. Il poeta crede che la fiamma dell'amore non si spegnerà	○	○
e. La poesia non riesce ad esprimere totalmente ciò che il poeta prova	○	○

e 2. Analisi
Il poeta negli ultimi cinque versi del poema descrive la sua vita con due paragoni. Cerca di individuarli e spiegane il significato con parole tue.

e 3. Riflessione
I due testi di Lentini esprimono l'amore per la donna amata. Pensi che l'uomo di oggi, nel duemila, si innamori e soffra per amore nello stesso modo? Se no, che cosa è cambiato? Nella realtà di oggi quale ti sembra l'espressione artistica più comune attraverso la quale si potrebbero esprimere temi simili a quelli di *Madonna dir vo voglio?*

Il "dolce Stil Novo"

Con quest'espressione si delinea una corrente letteraria formata da un gruppo di poeti che operarono a cavallo tra il XIII e il XIV secolo. Il fondatore del movimento fu **Guido Guinizelli**.

I poeti che aderirono a questa corrente furono: **Guido Cavalcanti**, **Cino da Pistoia**, **Lapo Gianni**, **Gianni Alfani**, **Dino Frescobaldi** e **Dante Alighieri** in un periodo della sua giovinezza. È proprio da una felice espressione dantesca che la corrente prende il nome di "dolce stil novo" o, semplicemente, "stil nuovo". Il nome della corrente è inserito all'interno del canto XXIV del *Purgatorio* nelle parole del poeta Bonagiunta Orbicciani, che con modestia ed intelligenza riconosce, nel mondo dell'aldilà, che il suo poetare non fu così incisivo e nuovo come quello degli stilnovisti. Ecco i versi danteschi:

"O frate, issa vegg'io", diss'elli, "il nodo
che 'l Notaro e Guittone e me ritenne
di qua dal dolce stil novo ch'i' odo!
Io veggio ben come le vostre penne
di retro al dittator sen vanno strette,
che delle nostre certo non avvenne;
e qual più a gradire oltre si mette,
non vede più da l'uno e a l'altro stilo".
(Purgatorio XXIV, vv. 55-62)

[Disse allora Bonagiunta: "Fratello, ora vedo bene l'ostacolo, l'impedimento, che ha tenuto il notaio Jacopo da Lentini, Guittone d'Arezzo e me al di qua del dolce stil nuovo che sento da te. Io comprendo bene come le penne di voi stilnovisti scrivono con assoluta fedeltà il "dettato" di amore, cosa che non fecero certamente le nostre; e chiunque indaghi oltre, non vede altra differenza tra l'uno e l'altro stile"].

Guido Cavalcanti

Nacque intorno al 1260 da una delle nobili famiglie guelfe fiorentine.
Fu il "primo amico" di Dante, il quale gli dedicherà la *Vita Nuova*. Fin dalla giovinezza si occupò della poesia volgare e dedicò i suoi studi alla filosofia. Partecipò attivamente alla vita politica del Comune e fu esiliato con gli altri capi Guelfi Bianchi nel 1300.

Al centro del canzoniere cavalcantiano sta l'amore inteso come profondo turbamento dell'animo: l'amore non è però, come per Guinizelli e Dante, esperienza dolorosa e poi salvifica, ma solo motivo di sofferenza.
L'amore per Cavalcanti è passione, che aggredisce la parte sensitiva dell'animo, è sentimento violento e distruttivo che può portare alla rovina dell'anima razionale.
La donna non porta che una gioia intensa e fittizia, breve, che causerà dolori e sofferenze irreparabili.
Nelle sue liriche i personaggi sono le personificazioni delle potenze dell'animo e i dialoghi sono avvolti in un'atmosfera irreale, quasi da incubo. La donna che domina e distrugge il poeta è l'immagine interiorizzata dalla fantasia, padrona del suo animo.

In alto: ritratto di Guido Cavalcanti.

In basso: Particolare da *Il buon governo*, di Ambrogio Lorenzetti.

🔍 L'arte del Trecento

Sebbene l'Italia del Trecento sia un mosaico di Comuni, città e Signorie indipendenti, l'arte di questo secolo dà vera unitarietà alla penisola, e presenta aspetti comuni dalla Pianura Padana al Sud: la comparsa di soggetti non più solo religiosi, come in precedenza; il tentativo di essere originali, di non continuare a ripetere i modelli della tradizione; il concetto di artista come professionista, che vuole vivere della sua arte; l'abitudine di creare delle "botteghe" che erano delle vere e proprie accademie d'arte in cui i giovani entravano come apprendisti e, se avevano qualità, emergevano come allievi e continuatori dei maggiori artisti del periodo. Il maggior pittore del secolo è senza dubbio **Giotto** i cui capolavori sono la Cappella degli Scrovegni a Padova, dipinta nei primi vent'anni del secolo e la basilica francescana di Assisi. L'altro grande pittore del secolo è **Ambrogio Lorenzetti**, autore dell'affresco "Il Buon Governo" a Siena, una dei primi esempi di arte essenzialmente politica e non religiosa.

L'espressione è quindi antica, ma fu adottata per definire la corrente letteraria solo da Francesco De Sanctis e dai critici ottocenteschi. Gli stilnovisti si contrappongono alla poesia precedente per la diversità di stile e la differente concezione dell'amore. L'oggetto delle liriche degli stilnovisti è l'amore: la donna è l'unica creatura in grado di dare beatitudine all'uomo con il solo saluto o con la contemplazione. Infatti, la donna celebrata dagli stilnovisti non è la moglie del signore di corte dei provenzali né la donna idealizzata e astratta dei siciliani, ma una "madonna" nobile che si può incontrare per strada, una donna aristocratica ma viva, inserita nella vita sociale del Comune, che esce in compagnia delle amiche sulle quali irradia la sua bellezza.

L'incontro del poeta con la donna amata produce degli effetti profondi sul poeta: la "malattia" d'amore, già ben espressa nel trattato sull'amore (*De Amore*) di Andrea Cappellano, si esprime con grande rigore nella poesia stilnovista. La donna viene vista dal poeta e gli "spiritelli" dell'amore si introducono, attraverso gli occhi, nel cuore del poeta, che ne subirà gli effetti e dovrà essere consolato dagli amici-poeti, i soli in grado di condividere l'esperienza d'amore.

Il *valore* (parola chiave ricorrente in queste liriche) del poeta si dimostra con la capacità di superare la crisi psico-fisica che l'amore produce sullo stesso.

A destra: le torri degli Asinelli e della Garisenda, nel cuore della Bologna medievale.

In alto: studenti in un'Università medievale.

Guido Guinizzelli

Guido Guinizelli fu giudice bolognese del quale si hanno notizie dal 1266. Fu esiliato nel 1274 e morì nel 1276. Definito da Dante il padre dello "stil novo", di lui rimane un canzoniere di circa una ventina di liriche divise in sonetti e canzoni. Nelle liriche più esemplari come *Al cor gentil rempaíra sempre amore* il poeta canta il "valore" della donna: il solo manifestarsi crea effetti benefici nel poeta che l'ammira ed è colpito dalla sua bellezza. Il binomio saluto - salute [salvezza] tipico delle sue liriche influenzerà notevolmente la poesia dantesca sia della Vita Nuova sia della Commedia. Nella canzone citata sopra e definita il "manifesto" dello stilnovo, si esprimono le condizioni necessarie per poter provare l'esperienza d'amore: amore e gentilezza sono due condizioni indivisibili. La gentilezza ha un significato più ampio di quello odierno: per gli stilnovisti gentile era colui che possedeva "savere e cortesia", cioè la conoscenza e la cortesia. La gentilezza indica, quindi, concretamente il possesso del cuore nobile, l'unico cuore che si può innamorare, ed è opposta alla nobiltà di sangue. L'amore autentico è, infatti, riservato aristocraticamente solo ai cuori gentili e nobili; la nobiltà non è espressa dalla condizione sociale, ma dalla gentilezza dell'animo. Tutti coloro che non possiedono il "coraggio", cioè il cuore e il valore, non potranno godere dell'amore.

T4 Guido Guinizzelli: Lo vostro bel saluto

Lo vostro bel saluto e 'l gentil sguardo
che fate quando v'encontro, m'ancide:
Amor m'assale e già non ha reguardo
s'elli face peccato over merzede,

5 ché per mezzo lo cor me lanciò un dardo
ched oltre 'n parte lo taglia e divide;
parlar non posso, che 'n pene io ardo
sì come quelli che sua morte vede.

Per li occhi passa come fa lo trono,
10 che fer' per la finestra de la torre
e ciò che dentro trova spezza e fende:

remagno come statüa d'ottono,
ove vita né spirto non ricorre,
se non che la figura d'omo rende.

Il vostro saluto e lo sguardo
gentile che avete quando vi incontro mi uccidono:
Amore mi assale e non si preoccupa
se mi fa danno o mi concede qualcosa,

perché mi lanciò una freccia nel cuore
che lo tagliò e lo divise da parte a parte;
non posso parlare poiché soffro un dolore
come quello di coloro che vedono la loro morte.

Amore passa per gli occhi come fa il fulmine
che colpisce attraverso la finestra della torre
e spezza e distrugge ciò che trova.

Rimango come una statua di ottone
che non ha in sé né spirito né vita
e produce solo la figura esterna dell'uomo.

---

e **1. Guida alla lettura**
La contemplazione della donna amata si realizza in Guinizelli in un'alternanza tra le gioie e le pene d'amore.
La potenza distruttrice dell'amore è espressa nell'immagine del fulmine impetuoso che distrugge ciò che incontra.
La bellezza della donna produce nell'animo del poeta un turbamento profondo che lo fa rimanere paralizzato
e insensibile come una statua di bronzo.

2. Analisi
Quali sono secondo te le parole chiave della poesia stilnovistica che si trovano in questo sonetto? Puoi scegliere tra queste:

finestra - salvezza - torre - gentilezza - cuore - pena - statua - morte - fulmine - sguardo - saluto

Secondo i poeti stilnovisti l'innamoramento avviene quando:

	vero	falso
a. Amore colpisce con le frecce il cuore dell'innamorato	○	○
b. il poeta è colpito dalla gentilezza della donna	○	○
c. la donna corteggia per lungo tempo il suo innamorato	○	○
d. la donna ha doti morali oltre alla bellezza fisica	○	○
e. il poeta compone le sue opere	○	○
f. la donna ha uno sguardo e un saluto che turbano il poeta	○	○

In questo sonetto l'amore è paragonato ad un fulmine. Nella lingua italiana si usa anche oggi, per indicare un certo modo di innamorarsi, l'espressione "è stato un colpo di fulmine". Prova a spiegare il significato di questa frase con parole tue.

e **3. Collegamenti**
Rileggi il poema di Lentini *Madonna dir vo voglio* e confrontalo con il sonetto di Guinizelli. Trova analogie e differenze nella descrizione dello stato d'animo del poeta e della donna amata. Discutine con i tuoi compagni.

e **4. Guida alla lettura**
Questo sonetto dimostra la forza distruttrice dell'amore: l'immagine della donna si stampa nell'anima del poeta e produce su di lui effetti devastanti e mortali. Lo struggimento del poeta è dato dall'amore, che è la sua stessa morte. Le figure fantasiose sono le allucinazioni della mente del poeta che vede nell'amore solo la distruzione di sé stesso.

T5 Guido Cavalcanti: Voi che per gli occhi

Voi che per gli occhi mi passaste 'l core
e destaste la mente che dormia,
guardate a l'angosciosa vita mia,
che sospirando la distrugge Amore.

5 E' vèn tagliando di sì gran valore,
che' deboletti spiriti van via:
riman figura sol en segnoria
e voce alquanta, che parla dolore.

Questa vertù d'amor che m'ha disfatto
10 da' vostr'occhi gentil' presta si mosse:
un dardo mi gittò dentro dal fianco.

Sì giunse ritto 'l colpo al primo tratto,
che l'anima tremando si riscosse
veggendo morto 'l cor nel lato manco.

*Voi che, servendovi degli sguardi, mi spezzaste il cuore
e risvegliaste la mia mente assopita, guardate
l'angoscia che distingue la mia vita, che Amore
distrugge con i sospiri.*

*Amore ferisce con tanta forza che i miei deboli spiriti
vitali se ne vanno via: rimane solo l'immagine del mio
corpo, della persona e un po' di voce che parla con
parole di dolore.*

*Questa potenza dell'amore che mi ha distrutto, è venuta
rapida dai vostri occhi gentili e mi ha tirato una freccia
nel fianco.*

*Il colpo giunse così preciso al primo lancio
che l'anima tremante si risvegliò
vedendo il cuore morto nel lato sinistro.*

---

e 1. Comprensione

Lo sguardo dell'amata distrugge il poeta perché:

	vero	falso
a. non è ricambiato	○	○
b. è molto penetrante	○	○
c. l'amore ha una forza devastante	○	○
d. l'ha guardato troppo a lungo	○	○

Di' se queste affermazioni sono vere o false

	vero	falso
a. La donna rifiuta il corteggiamento del poeta	○	○
b. Il poeta cerca la compassione dell'amata	○	○
c. La donna ha un arco e uccide il poeta con una freccia	○	○
d. L'amore dà energia alla voce del poeta	○	○

2. Analisi
Nel sonetto compare la parola *amore*, ma non ha sempre lo stesso significato. In un caso il poeta si riferisce al dio dell'amore, in un altro si riferisce al sentimento che lo tormenta. Da cosa si può riconoscere l'uno o l'altro? In questa poesia l'amore è sinonimo di morte. Cerca e sottolinea nel testo i passaggi che mettono in evidenza questo concetto.

3. Riflessione
Confronta i poemi di Giacomo da Lentini, di Guido Guinizelli e di Guido Cavalcanti. Quali differenze noti nello schema metrico? Dalla lettura dei testi stilnovisti quale immagine emerge della donna? Discutine con i tuoi compagni.

4. Collegamenti
Per molti secoli la pittura ha simboleggiato Amore come un putto con arco e frecce, simile a come è descritto dagli stilnovisti. Nella lingua corrente si usa spesso l'immagine metaforica del cuore spezzato per indicare una pena d'amore. Secondo te ci sono altre immagini o simboli che hai incontrato nei poemi di questo capitolo che sono rimasti nella cultura contemporanea? Anche nella tua cultura si esprimono nello stesso modo?

Dante Alighieri (1)

Dante è considerato il più grande poeta non solo italiano, ma del Medioevo europeo.

La sua personalità di uomo e di poeta è eccezionale per l'attività civile, letteraria e poetica, la profondità e la ricchezza di interessi e di esperienze, la straordinaria capacità espressiva.

Dante, soprattutto nella sua opera maggiore, la *Commedia*, appare l'interprete della civiltà medievale e riassume tutte le ideologie e le conoscenze del Medioevo. Tuttavia, ha anche coscienza di una realtà e di una società che stanno cambiando e della necessità di un profondo rinnovamento.

Malgrado le radici medievali del suo pensiero filosofico e delle sue idee politiche, Dante per la rappresentazione di grandi valori umani e di forti caratteri e le innovazioni nel campo linguistico e letterario segna anche il passaggio dal Medioevo alla civiltà umanistica.

La figura di Dante lascerà un segno decisivo sullo sviluppo della letteratura italiana e avrà grande influenza anche su molti aspetti della cultura e della civiltà italiane.

1. Formazione culturale

Non è facile seguire le tappe della formazione di Dante.

Si può certamente affermare che essa avviene a Firenze e che prima dell'esilio ha raggiunto un livello artistico-filosofico non comune.

Incontro con l'ambiente fiorentino: dopo i primi studi giovanili (forse frequentò per qualche tempo anche l'Università di Bologna), i primi contatti con l'ambiente culturale fiorentino e l'amicizia con **Guido Cavalcanti** (cfr. p. 20), già poeta di grande rilievo, favoriscono la sua naturale inclinazione alla poesia. Importante fu anche l'incontro con **Brunetto Latini** (che ricorda affettuosamente nel Canto XV dell'*Inferno*), grande maestro di retorica che gli insegnò anche, come dice lo stesso Dante, "come l'uomo lascia duratura traccia di sé attraverso le sue opere letterarie".

Studi filosofici: dopo la morte di Beatrice inizia un periodo di studi severi e frequenta le "scuole de li religiosi" dei Francescani e dei Domenicani. Qui approfondisce la sua cultura filosofica e teologica attraverso la lettura degli "autori" fondamentali del pensiero medievale: Aristotele attraverso i commenti di S. Tommaso, le opere dello stesso S. Tommaso e di S. Bonaventura.

Dante segue questi studi non per accumulare aride conoscenze, ma spinto da un profondo interesse per gli aspetti morali e pratici della filosofia. Questa, per lui, è la guida alla ricerca della verità, il mezzo per il miglioramento di se stesso e della società.

🔍 Ravenna e l'arte bizantina in Italia

Ravenna, città della Romagna a pochi chilometri dal mare Adriatico, fu importante politicamente nella tarda romanità, nell'epoca barbarica e della dominazione di Giustiniano, imperatore di Bisanzio. Fu anche un grande centro d'arte.

I suoi splendidi monumenti, (il Mausoleo di Galla Placidia, la basilica di S. Apollinare, la chiesa di San Vitale, Sant'Apollinare in Classe), costituiscono un vero e proprio ponte culturale fra romanità e Oriente.

L'arte bizantina si afferma decisamente nei mosaici della chiesa di San Vitale, a pianta centrale, dove sono raffigurati i due cortei di Giustiniano e Teodora, dalle figure stilizzate e raffinatissime, e nei ricchi mosaici di S. Apollinare in Classe con le solenni processioni di Martiri e di Vergini che vanno verso l'abside.

L'arte ravennate conclude un'epoca. L'influsso bizantino, ricco di senso decorativo e di colore è evidente in alcune città del Sud, a Milano (Sant'Aquilino) e a Grado, ma la vera erede è Venezia, nuovo ponte verso l'Oriente.

A Ravenna fu anche sepolto Dante.

I classici: Dante è anche un buon conoscitore di classici latini, anche se interpretati alla maniera medievale. Gli autori più rilevanti per la sua formazione sono Cicerone, Ovidio e soprattutto Virgilio, l'autore del poema *Eneide*, che sceglierà come guida, "suo maestro e suo autore" nella *Commedia*.

Nel campo della lirica: Dante dimostra anche una buona conoscenza dei poeti dell'epoca della lirica e della lingua provenzale e francese.

Periodo dell'esilio: nelle varie peregrinazioni dell'esilio conosce altri centri culturali, altri luoghi, altre società. Nello stesso tempo approfondisce la riflessione su questioni filosofiche, sulla retorica, sulla lingua.

Da qui nascono la concezione politica e morale del mondo e i nuovi mezzi espressivi della *Commedia*.

2. Dante "politico"

Verso la fine del sec. XIII la società comunale si avvia ad una trasformazione sociale e politica, spesso causa di scontri violenti all'interno delle città. Firenze è un esempio significativo: dopo la sconfitta dei Ghibellini, i Guelfi fiorentini si dividono in Bianchi, più graditi al popolo, e Neri, la parte più aristocratica e favorita dal Papa. In questo contrasto si mescolano interessi economici, odi privati, avidità di potere e la politica di espansione del Papa.

In questa situazione Dante inizia la sua attività politica nelle file dei Bianchi ed è un deciso difensore delle libertà comunali contro le mire papali. Inoltre mostra la volontà di essere al di sopra delle parti, al di là di ogni interesse particolare, per riportare la pace nella sua città: la sua politica e il suo rigore morale guardano solo al benessere comune.

La condanna all'esilio del 1303 segna la fine dell'"uomo politico". Dante perde la speranza di rientrare a Firenze; perde anche la speranza di un ritorno dell'autorità imperiale, apportatrice di pace e giustizia in terra. Egli vive l'esilio con sofferenza e coraggio, come vittima di un'ingiustizia, ma orgoglioso della sua superiorità morale. Nello stesso tempo l'esilio lo porta oltre l'esperienza comunale e gli permette di conoscere altre situazioni italiane ed europee, lo fa divenire "cittadino del mondo". Da ciò deriva una revisione del suo pensiero politico ed una nuova considerazione sui compiti dell'autorità imperiale e della Chiesa per guidare l'uomo alla felicità terrena e alla salvezza spirituale: un sogno impossibile in un momento in cui le due autorità sono ormai in crisi.

DANTE ALIGHIERI

Dante Alighieri nacque nel 1265 a Firenze da una famiglia di piccola nobiltà. Compiuti gli studi a Firenze e a Bologna, si unì ai giovani poeti stilnovisti e s'innamorò di Beatrice (Bice Portinari) che eleggerà come ispiratrice per tutta la sua opera poetica. Dopo la morte di Beatrice, nel 1290, si diede alla vita politica e perciò dovette iscriversi ad una delle Arti Maggiori, quella dei Medici e degli Speziali. In quegli anni Firenze era turbata dalle lotte fra i Guelfi di parte Nera, appoggiati dal Papa, e quelli di parte Bianca, più autonomi.

Nel 1300 Dante, anche se Guelfo Bianco, con altri Priori, che formavano il governo cittadino, decise, al di sopra delle parti, di allontanare da Firenze i capi Neri e Bianchi, fra questi anche l'amico Guido Cavalcanti. Tuttavia, mentre Dante si trovava in ambasceria a Roma, Carlo di Valois, mandato dal papa Bonifacio VIII, portò i Neri al potere. Dante fu condannato a morte e prese la via dell'esilio, un lungo esilio sopportato sempre con fermezza e dignità.

Dopo aver abbandonato i compagni di partito, "compagnia scempia e malvagia", povero e solo cercò rifugio presso varie corti, in Lunigiana (cioè nella Toscana del nord), a Treviso, a Verona, presso Cangrande della Scala, e infine a Ravenna, presso Guido da Polenta, dove morì, ed è sepolto, nel 1321.

Qui sopra: il mausoleo di Dante a Ravenna.

Nella pagina a fianco: mosaico bizantino a Ravenna.

Dante Alighieri (2)

3. Dante e la lingua italiana

Dante ha portato un contributo fondamentale alla formazione della lingua italiana. Ha dato inizio alla "questione della lingua italiana unitaria", questione che sarà oggetto di discussione nei secoli successivi.
Ha creato modelli letterari sia per la prosa lirico-narrativa sia per la prosa di carattere saggistico. Dante è stato comunemente chiamato "il padre della lingua italiana" e giustamente almeno per tre buoni motivi:

1. E' il primo vero teorico della lingua che esamina in modo razionale i problemi della lingua volgare di comunicazione e della lingua volgare letteraria. Dà norme per gli stili e i temi del volgare letterario. Tratta di storia letteraria, di linguistica e di critica letteraria.

2. In un'epoca in cui gli argomenti di alta cultura, filosofia, scienza, religione, ecc. sono trattati solo in latino, Dante volutamente usa il volgare anche nelle opere più importanti e ricche di dottrina, come ad esempio la Commedia.

3. Il plurilinguismo. Nel suo cammino poetico Dante rende sempre più ricca la lingua letteraria. Usa termini toscani o di altri dialetti, presi spesso dal volgare parlato; forma nuovi termini dal latino, dal francese e dal provenzale. A seconda delle situazioni può passare da una lingua "alta" a quella parlata, anche popolare: una varietà di lingua legata ad una varietà di toni.

4. Dante e il Dolce Stil Novo

Verso la fine del Duecento a Firenze nasce il Dolce Stil Novo (come fu definito da Dante), un movimento poetico di un ristretto gruppo di intellettuali, fra i quali Guido Cavalcanti, Lapo Gianni e lo stesso Dante.

Le "novità" sono:
• il tema dell'amore unito alla nobiltà del cuore, una nobiltà spirituale e non data dalla nascita;
• il tema della donna-angelo, strumento di elevazione a Dio;
• la ricerca di un linguaggio raffinato adatto ad un'atmosfera "dolce", di sogno: da qui parole chiave come salute (salvezza) e salutare, gentilezza, lode, ecc.

🔍 Papato e Impero

Nel Medioevo europeo le maggiori autorità furono per lungo tempo due: il Papato (che al potere spirituale univa il potere temporale nello Stato della Chiesa) e l'Impero (l'impero di Germania erede del Sacro Romano Impero), più volte in contrasto per la supremazia e il potere universale. Tre sono le fasi più importanti della lotta, che coinvolse anche gran parte dell'Italia nominalmente parte dell'Impero:

1. Nel 1075 l'energico papa **Gregorio VII** in un documento proclama solennemente la supremazia della Chiesa sull'Impero e vince l'opposizione dell'imperatore Enrico IV, da lui scomunicato.

2. **Federico di Svevia**, detto il Barbarossa, divenuto imperatore nel 1152, vuole riaffermare il potere sulla Chiesa e sui Comuni lombardi che avevano autonomia di governo. Dopo alcune vittorie Federico viene sconfitto nella battaglia di Legnano dalla Lega Lombarda appoggiata dal Papa.

3. **Federico II**, erede della corona normanna (regno dell'Italia meridionale) e di Germania, che ha la corte in Sicilia, riprende la politica imperiale. I Comuni, anche al loro interno, si dividono in due partiti: quello Guelfo, filo-papale, e il Ghibellino, filo-imperiale. Morto Federico nel 1250, il figlio Manfredi riprende la lotta, ma il francese **Carlo d'Angiò**, chiamato in aiuto dal Papa, lo sconfigge nella battaglia di Benevento, che segna anche la fine del partito ghibellino.

Il giovane Dante è uno dei più brillanti poeti stilnovisti. La *Vita Nuova* (1294), mista di prosa e poesia, è la storia dell'amore di Dante per Beatrice dal primo incontro fino alla morte di lei. L'opera si conclude con la "mirabile visione" di Beatrice in cielo, dopo la quale Dante si propone di parlare di lei solo quando potrà "più degnamente trattare di lei": e Beatrice infatti sarà scelta come la guida spirituale nella *Commedia*. I temi stilnovisti, l'apparizione della donna, la sua bellezza spirituale, l'elevazione dell'animo grazie all'amore sono espressi in un linguaggio delicato e musicale.

Nelle *Rime* invece sono raccolte altre poesie di vario genere e di varia ispirazione, come ad esempio le "rime petrose" dove ricerca un linguaggio aspro ("Così nel mio parlar voglio esser aspro") che esprimono amore e odio verso una donna dal cuore duro come la pietra.

5. Gli anni dell'esilio

Proprio nell'esilio Dante scrive le opere maggiori dove raccoglie tutto il suo pensiero:

De Monarchia, in latino.
Dante espone il suo pensiero politico, maturato nell'esilio e ispirato a ideali di libertà e di pace: l'Impero deve essere la guida dei popoli per la felicità terrena; il Papato deve essere solo guida spirituale per la salvezza delle anime;

De vulgari eloquentia scritta per i letterati in latino, lingua usata allora per argomenti culturali. Dante analizza i problemi del linguaggio e afferma la pari dignità del volgare e del latino. Inoltre fissa i principi di una lingua letteraria italiana, il volgare illustre, per la prosa e la poesia;

Il *Convivio*, trattato in volgare di contenuto filosofico rivolto al pubblico più ampio di chi non ha potuto dedicarsi agli studi.

Infine il grandioso poema che riassume tutto il mondo del suo tempo, La *Commedia*, scritta forse tra il 1304 e il 1321.

A destra: la statua di Dante Alighieri a Venezia.

Nella pagina a fianco in alto: Dante e Brunetto Latini nell'inferno.

In basso: Enrico IV in ginocchio a Canossa dal Papa Gregorio VII.

6. La Divina Commedia

La *Commedia* (chiamata *divina* dai posteri) è l'espressione di tutto il pensiero politico e morale e della esperienza umana di esule del poeta; è anche la sintesi del sapere medievale. Ecco alcuni aspetti chiave:

Titolo:
Dante intitola il poema Commedia perché, come egli stesso dice, è una narrazione che ha un inizio tragico e un lieto fine. Inoltre viene usato uno stile "medio" accessibile a tutti. Al di là di queste definizioni, la *Commedia* rappresenta non solo figure nobili, ma anche personaggi di diverse condizioni sociali e aspetti di vita quotidiana.

Struttura del poema:
la struttura ha come base la perfezione del numero tre (il numero della Trinità): è divisa in tre Cantiche, Inferno, il mondo dei dannati, Purgatorio, il mondo dei penitenti, Paradiso, il mondo dei beati; ogni Cantica è composta di 33 canti più uno di introduzione ed è scritta in terzine.

Struttura del mondo:
il sistema tolemaico sta alla base dell'ordinamento fisico del poema. La Terra è al centro dell'universo; intorno ad essa ruotano nove sfere celesti contenute da una decima, l'Empireo, che è immobile.
Solo l'emisfero settentrionale della terra è abitato; all'interno si apre la cavità dell'Inferno, provocata dalla caduta di Lucifero, l'angelo ribelle a Dio. L'emisfero meridionale è occupato dall'Oceano, dove emerge la montagna del Purgatorio.

Ordinamento morale:
Dante segue il pensiero di S. Tommaso: l'uomo per sua natura tende al bene; Dio è il Bene supremo; l'uomo, dotato di libero arbitrio, può peccare per un esagerato amore per le cose terrene.

Dante Alighieri (3)

L'*argomento* è un viaggio-visione, pieno di situazioni drammatiche o di incontri affettuosi, di Dante nel mondo dell'oltretomba: Dante, smarritosi nella selva del peccato, viene guidato alla salvezza attraverso i tre regni da Virgilio e poi, nel Paradiso, da Beatrice. Allegoricamente rappresenta il faticoso cammino di un'anima, cammino esemplare per tutta l'umanità. Inoltre Dante se ne serve per condannare la corruzione della Chiesa e l'incapacità dell'Impero ad assolvere il suo compito.

La grandezza dell'opera sta nell'intreccio tra gli aspetti dottrinali e religiosi e i caratteri, la personalità dei personaggi. Ma il poema è soprattutto opera di alta poesia: Dante sa esprimere tutta la gamma dei sentimenti e delle passioni umane e unisce alla potenza della fantasia una straordinaria ricchezza espressiva, una varietà di linguaggio adatto alla varietà delle situazioni e alle singole atmosfere dei tre mondi.

Inferno

Dante, nel 1300 (anno del giubileo), caduto nella "selva del peccato", incontra Virgilio, simbolo della ragione, inviato da Beatrice e inizia il viaggio nei regni dell'oltretomba, anzitutto nell'Inferno. Qui i dannati sono divisi in nove cerchi secondo tre categorie: peccati di incontinenza, di bestialità, di malizia. Al di fuori vi sono gli "ignavi", i vili, tanto disprezzati da Dante, e gli eretici. La pena fisica varia a seconda della colpa, secondo la legge del "contrappasso" cioè per contrasto o per somiglianza. Ma la vera pena, uguale per tutti, è l'eternità della condanna:

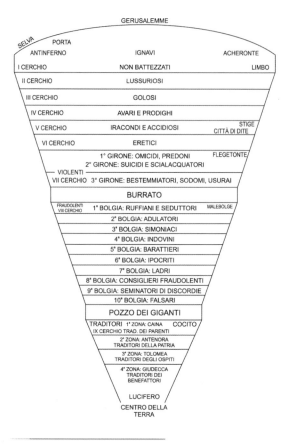

In basso: il Palazzo dei Papi ad Avignone.

A destra: Dante e Virgilio tra i suicidi trasformati in arbusto.

🔍 Storia del XIV secolo

Il Trecento, secolo di transizione, segna il tramonto del Papato e dell'Impero. Fallisce, nel 1312, il tentativo di restaurazione imperiale in Italia dell'imperatore Arrigo VII di Lussemburgo, mentre in Inghilterra e in Francia si stanno formando le monarchie nazionali. In Italia in vari Comuni si forma la Signoria, il governo cioè di potenti famiglie, come i Visconti a Milano e gli Scaligeri a Verona. Il regno di Napoli (Italia meridionale) rimane sotto la Casa d'Angiò, mentre gli Aragonesi occupano la Sicilia. Dopo la morte di Bonifacio, la sede del Papato è trasferita ad Avignone, in Provenza, sotto il controllo dei re francesi. Il ritorno della Santa Sede a Roma, nel 1377, provoca lo scisma d'Occidente con una serie di papi ed antipapi. Avvengono inoltre gravi crisi socio-economiche: l'epidemia della peste nera in tutta Europa, nel 1348, porta ad una crisi demografica ed economica che provocherà varie sommosse contadine. Il declino del Papato inizia con lo scontro tra il papa Bonifacio VIII, ultimo dei papi teocratici, e il re di Francia Filippo il Bello.

l'Inferno è dominato dal buio eterno, simbolo della mancanza della luce divina. La Cantica presenta le figure più drammatiche ancorate alle loro colpe e alle passioni e sentimenti terreni: ad es. il tragico amore di Paolo e Francesca, la passione politica di Farinata degli Uberti, il dolore di padre di Ugolino. Nel canto di introduzione sono già presenti elementi importanti dell'arte dantesca: l'uso della profezia, dell'allegoria, il paesaggio che riflette le varie situazioni, le similitudini.

Purgatorio

Dante, uscito dal fondo dell'Inferno, giunge alla montagna del Purgatorio, luogo di purificazione, che dovrà salire per giungere alla redenzione. La montagna del Purgatorio, opposta alla cavità dell'Inferno, è divisa in tre zone: Antipurgatorio, Purgatorio diviso in sette cornici (come i sette peccati capitali), il Paradiso terrestre. Le anime sono distribuite nelle cornici sulla base della teoria dell'amore: per "malo obietto"; per "poco vigore"; per "troppo vigore". I penitenti subiscono una pena, ma sono accomunati dalla speranza di salire il monte e poi alla salvezza eterna: Dante stesso è partecipe di questa speranza. Perciò l'atmosfera è malinconica e dolce, fatta di albe e tramonti, che esprime la diversa condizione spirituale di attesa, di speranza, di nostalgia...

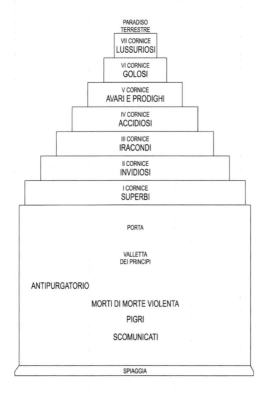

Anche in questa Cantica vi sono toni polemici contro la Chiesa, l'Impero, la Firenze matrigna. Tuttavia dominano la solidarietà di rapporti, la fraternità, l'amicizia, l'esaltazione dell'arte e della poesia, come dimostrano gli incontri affettuosi con tanti poeti e artisti.

Paradiso

Dante, grazie a Beatrice, giunge alla fine del viaggio al Paradiso, sede dei beati. Questi, che si trovano tutti nell'Empireo, per far comprendere i differenti gradi di beatitudine, appaiono a Dante nei cieli che hanno influito sulle loro virtù: Cielo della Luna, spiriti mancanti ai voti; Cielo di Mercurio, spiriti attivi; Cielo di Venere, spiriti amanti; Cielo del Sole, spiriti sapienti; Cielo di Marte, combattenti per la fede; Cielo di Giove, spiriti giusti; Cielo di Saturno, spiriti contemplativi.

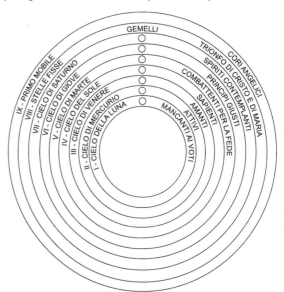

Nel cielo VIII si celebra il Trionfo di Cristo e di Maria; nell'Empireo Dante giunge alla contemplazione di Dio. Nel mondo della vera conoscenza, nella "città celeste", il poeta affronta argomenti filosofici e religiosi, ma acquistano un carattere solenne anche le esperienze personali e il tema politico-morale, chiariti dalla Verità divina. I beati si presentano solo sotto forme luminose: infatti la luce è l'elemento dominante. L'armonia universale e la gioia dei beati sono rappresentate con immagini piene di luce e di colore come ad esempio la splendente rappresentazione dell'Empireo.

T6 Dante Alighieri: Tanto gentile...

Tanto gentile[1] e tanto onesta pare[2]
la donna[3] mia quand'ella altrui saluta[4]
ch'ogne lingua deven tremando muta,
e li occhi no l'ardiscon di guardare.

5 Ella si va, sentendosi laudare,
benignamente d'umiltà vestuta;
e par che sia una cosa venuta
da cielo in terra a miracol mostrare.

Mostrasi sì piacente[5] a chi la mira,
10 che dà per li occhi una dolcezza al core,
che 'ntender no la può chi no la prova:

e par che de la sua labbia si mova
uno spirito soave pien d' amore,
che va dicendo a l'anima: Sospira[6].

Da *Vita Nuova*

*La signora del mio cuore appare tanto nobile e
piena di dignità quando saluta qualcuno,
che ogni lingua trema e diventa muta e
gli occhi non osano guardarla.*

*Essa avanza, mentre sente le parole di lode,
vestita in modo buono e modesto e sembra
una creatura venuta dal cielo in terra per mostrare
qualcosa di straordinario.*

*Questa vista appare così bella a chi la guarda che
attraverso gli occhi ispira nel cuore una tale dolcezza
che può comprenderla solo chi ne fa esperienza*

*e pare che dal suo volto si muova
un dolce spirito d'amore che suggerisce
all'anima di sospirare.*

---

1 Gentile: nobile; onesta: un latinismo che indica decoro esteriore: i due aggettivi si integrano e esprimono la bellezza dell'anima di Beatrice.

2 Pare: appare con evidenza, parola chiave che ricorre anche con il sinonimo "mostrasi".

3 Donna dal latino domina cioè signora.

4 Saluta: indica anche "porta salvezza spirituale".

5 Piacente: che suscita piacere, gioia nel linguaggio stilnovista.

6 Sospira: una dolce conclusione musicale che esprime stupore e trepidazione.

---

e 1. Comprensione

Che impressione fa Beatrice quando compare?

	vero	falso
a. Rispetto	○	○
b. Paura	○	○
c. Tenerezza	○	○

Cosa fa Beatrice sentendosi guardare?

	vero	falso
a. Avanza superba nella propria bellezza	○	○
b. Si comporta con dignità e umiltà	○	○
c. Sorride con dolcezza	○	○

e 2. Analisi

Manca nel testo una descrizione fisica di Beatrice, ma Dante usa degli aggettivi per rappresentare le sue virtù. Cercali nel testo e scrivili come nell'esempio.

a. *Gentile* ....   b. ....   c. ....   d. ....   e. ....

Di che natura sono gli effetti del saluto di Beatrice?

	vero	falso
a. Fisici	○	○
b. Psicologici	○	○
c. Spirituali	○	○

e 3. Riflessione

Questo sonetto è uno dei più intensi in lode della donna amata. Hai mai provato sensazioni o emozioni simili a quelle di Dante?
Oggi le descrizioni delle canzoni sono molto più fisiche. Che effetto farebbe una canzone con questo modo "spirituale" di vedere una donna, un'amica, un'amata.

T7 Dante Alighieri: Guido i' vorrei...

Guido, i' vorrei che tu e Lapo[1] ed io
fossimo presi per incantamento
e messi in un vasel ch'ad ogni vento
per mare andasse al voler vostro e mio,

5 sì che fortuna[2] od altro tempo rio
non ci potesse dare impedimento,
anzi, vivendo sempre in un talento[3],
di stare insieme crescesse 'l disio.

E monna[4] Vanna e monna Lagia poi
10 con quella ch' è sul numer delle trenta[5]
con noi ponesse il buon incantatore:

e quivi ragionar[6] sempre d'amore,
e ciascuna di lor fosse contenta,
sì come i' credo che saremmo noi

Dalle *Rime*

Guido, io vorrei che tu e Lapo ed io
fossimo posti con un incantesimo
in una barca leggera che navigasse
con qualunque vento secondo la vostra e la mia volontà,

così che un temporale o altro tempo cattivo
non potesse essere di ostacolo, anzi, vivendo
sempre in pieno accordo, crescesse il desiderio
di stare insieme.

E vorrei il bravo incantatore ponesse con noi
madonna Vanna e madonna Lagia e quella donna
che è fra le prime trenta;

vorrei che qui si potesse sempre conversare d'amore,
e ognuna di loro fosse contenta come io penso che
lo saremmo noi.

---

1 Guido Cavalcanti e Lapo Gianni, poeti amici di Dante.

2 Fortuna: fortunale, tempesta.

3 Talento: concordia di desideri e di sentimenti: è l'ideale della perfetta amicizia, uno dei temi del sonetto.

4 Monna: madonna, termine medievale che indica signora; Vanna e Lagia sono le donne amate da Guido e Lapo.

5 Indica forse una delle trenta belle donne elencate in un sirventese.

6 Ragionar dipende dal vorrei del primo verso.

---

e 1. Comprensione
Il sonetto descrive una situazione: ○ reale ○ immaginaria
Amicizia e amore sono i temi centrali del sonetto.
Indica i versi dove sono più evidenti:

a. ....   b. ....

e 2. Le parole dell'immaginario
Nel sonetto il viaggio presenta elementi fiabeschi:
elenca le parole con le quali sono rappresentati.

....

e 3. Analisi metrica
Confronta questo sonetto con il precedente
e osserva se ha lo stesso schema di

strofe ○sì ○no   versi ○sì ○no   rime ○sì ○no

e 4. Riflessione
Discuti con i tuoi compagni su cosa intende Dante
per amicizia e quale valore le attribuisce.

In alto: Dante e Beatrice in Paradiso
In basso: una scena medioevale di festa fra amici

T8 Dante Alighieri: Nel mezzo del cammin...

Nel mezzo del cammin di nostra vita[1]   A
mi ritrovai per una selva oscura[2],   B
ché la diritta via era smarrita.   A

5 Ahi quanto a dir qual era è cosa dura   B
esta selva selvaggia e aspra e forte[3]   C
che nel pensier rinova la paura!   B

Tant'è amara che poco è più morte;
ma per trattar del ben ch'i' vi trovai,
dirò de l'altre cose ch'i' v'ho scorte.

10 Io non so ben ridir com'i' v'intrai,
tant'era pien di sonno[4] a quel punto
che la verace via abbandonai.

Ma poi ch'i' fui al piè d'un colle giunto,
là dove terminava quella valle
15 che m'avea di paura il cor compunto,

guardai in alto, e vidi le sue spalle
vestite già dei raggi del pianeta[5]
che mena dritto altrui per ogne calle.

Allor fu la paura un poco queta,
20 che nel lago del cor m'era durata
la notte ch'i' passai con tanta pieta.

E come[6] quei che con lena affannata,
uscito fuor del pelago a la riva,
si volge a l'acqua perigliosa e guata,

25 così l'animo mio, ch'ancor fuggiva,
si volse a retro a rimirar lo passo[7]
che non lasciò già mai persona viva.

Poi ch'ei[8] posato un poco il corpo lasso,
ripresi via per la piaggia diserta,
30 sì che 'l piè fermo sempre era 'l più basso.

Inferno I, 1-30

A metà del cammino della mia vita mi trovai in un bosco
buio perché avevo perduto la via giusta.

Com'è difficile descrivere questo bosco selvaggio,
aspro e difficile tanto che il ricordo rinnova la paura!

È tanto amaro che la morte è di poco peggiore; ma per narrare il bene che vi ho trovato dirò le altre cose che ho visto.

Non so spiegare come vi entrai, perché ero addormentato
quando avevo lasciato la via giusta.

Ma quando arrivai ai piedi di un colle, dove finiva quella
valle che mi aveva impaurito, guardai in alto, e

vidi le sue spalle illuminate dal sole che guida tutti per
ogni strada.

Allora si calmò un poco la paura che era rimasta
nel cuore durante la notte passata con dolore.

E come quello che con respiro affannoso, uscito dal mare
alla riva, si volta a guardare l'acqua pericolosa,

così il mio animo, che ancora fuggiva, si voltò a guardare
il luogo dal quale nessuno è mai uscito vivo.

Dopo aver riposato un poco il corpo stanco, ripresi il cammino
per il pendio deserto, così che il piede che si appoggiava era
sempre il più basso.

---

1 A 35 anni (1300, anno del Giubileo), a metà della vita umana secondo Dante.

2 Selva oscura: simbolicamente la vita nel peccato.

3 La serie di aggettivi indica la difficoltà di uscire dal peccato.

4 Pien di sonno: incapace di ragionare.

5 Pianeta: il sole secondo la scienza del tempo; qui simbolo della luce divina.

6 Inizia qui la prima similitudine. Pelago, latinismo, indica il mare tempestoso.

7 Lo passo... il passaggio, la selva del peccato che conduce alla morte dell'anima.

8 Ebbi.

e **1. Comprensione**

La situazione iniziale del viaggio simbolicamente rappresenta anche:

la perdita del senso morale:	versi: ....
una condizione di pericolo e di paura:	versi: ....
una via di salvezza:	versi: ....
Dante indica anche la sua funzione di poeta:	versi: ....

Spesso Dante dà indicazioni di spazio, di percorsi, in maniera indiretta: ad esempio nell'ultimo verso, Dante cammina in modo tale che il piede su cui si appoggia il peso è più basso dell'altro che va in avanti. In questo modo indica:

○ **a.** che cammina in pianura?   ○ **b.** che va in salita?   ○ **c.** che va in discesa?

e **2. Analisi**

Il poema è scritto in terzine, cioè in strofe di .... versi.
Le terzine non sono indipendenti l'una dall'altra, perché sono legate dalla rima.

**Usando lettere uguali per rime uguali (ad esempio A per "vita" e "smarrita", B per "oscura" e "dura",
scrivi qui lo schema delle rime delle prime quattro terzine, così capirai come vengono legate tra di loro.**

....

Dante (come tutti gli autori del Medioevo in generale) usa molto spesso la metafora (cioè sostituisce un termine
figurato a quello reale) anche in queste terzine, come ad esempio ai versi: ....

Nei romanzi d'oggi, soprattutto in quelli di fantascienza che mettono in scena eventi impossibili (come appunto
un viaggio nell'aldilà...), gli autori cercano sempre di trovare una spiegazione razionale per le situazioni fantastiche
in cui si trovano i protagonisti. Fa lo stesso anche Dante?

Come spiega il modo in cui si è trovato nella selva oscura? Anzi: lo spiega?
....
....

**Il classico eroe di avventure fantastiche e sovrumane, nel Medioevo
come nei libri e nel cinema d'oggi, è forte, coraggioso, senza paura.
Come si dipinge Dante all'inizio del suo viaggio?**

○ **a.** Forte e senza paura   ○ **b.** Fragile e impaurito   ○ **c.** Indifferente

e **3. Riflessione**

**La foresta, il viaggio e le prove da affrontare:
sono temi insoliti o li hai già incontrati? Dove?**

○ **a.** Nella letteratura medievale del tuo paese
○ **b.** Nelle fiabe
○ **c.** In entrambe

In alto: Dante Virgilio e le tre fiere

Francesco Petrarca

1. Il nuovo intellettuale

Il Petrarca rappresenta un nuovo tipo di intellettuale, lontano dalla politica attiva e difensore della propria libertà di pensiero.

Egli tuttavia passa nelle varie corti onorato e rispettato - diversamente dall'esule Dante - e ha una posizione di prestigio grazie alla sua fama di letterato. Nelle sue Epistole, traccia il ritratto ideale del letterato rivolto solo al servizio della cultura. Tuttavia, sotto questa immagine nobile e dignitosa, sono presenti insoddisfazione, contrasto tra ambizioni, desiderio di gloria, amore terreno con un desiderio di elevazione.

Da qui la "modernità" della sua poesia: una continua analisi interiore delle inquietudini, dei dubbi, dei diversi stati del suo animo, espressi in forma perfetta.

2. Petrarca e l'Umanesimo

Petrarca può essere considerato il primo umanista, il primo cioè che affronta gli autori classici latini in modo nuovo, senza gli adattamenti e le interpretazioni medievali. Svolge un costante lavoro critico sui testi e sulla lingua latina, colleziona manoscritti, nei suoi viaggi li ricerca (e ne trova) nelle biblioteche religiose.

Ma l'umanesimo del Petrarca si manifesta principalmente nel profondo amore per i classici: autori come Cicerone e Seneca, con la loro conoscenza dell'uomo, sono per lui modelli attuali di umanità e di saggezza, che si possono armonizzare con la spiritualità cristiana. Comincia così il lungo colloquio ideale con gli autori latini, maestri di vita e di stile. Per questo bisogna anche imitarli nella loro stessa lingua, un latino classico, che egli stesso userà nelle sue opere latine.

3. Petrarca "politico"

Il Petrarca, tranne qualche incarico diplomatico, si tiene lontano dalla politica attiva. Tuttavia, nei suoi scritti esprime i suoi ideali politici. Si entusiasma per il tentativo (fallito) di Cola di Rienzo di restaurare la repubblica in Roma. Denuncia aspramente la corruzione della corte papale in Avignone. Influenzato anche dalla lettura dei classici, esalta la missione di Roma e dell'Italia, non più giardino dell'Impero.

È celebre la canzone "Italia mia, benché 'l parlar sia indarno", dove esorta i Signori d'Italia a porre fine alle guerre fratricide combattute per mezzo di barbare milizie mercenarie. Il poeta oppone l'Italia, erede della civiltà di Roma alla "barbarie" straniera: poesia in gran parte letteraria, ma che si conclude con un'appassionata invocazione alla pace.

○ Il "mito" di Venezia

Venezia è forse la più famosa città italiana per la sua particolare bellezza. Nata verso il IX secolo intorno all'isolotto di *Rivus Altus*, cioè Rialto, si estese quindi nella laguna. I suoi palazzi e le chiese, le calli (vie), i campi e campielli, i fonteghi (depositi di merci) sono in parte costruiti su palafitte, su isolotti collegati fra loro da ponti. L'antica capitale della Repubblica Serenissima ha una lunga storia gloriosa: fu il centro commerciale del Mediterraneo, almeno fino all'avanzata dei Turchi nel XV sec. e all'apertura delle nuove vie atlantiche. In terraferma estese il dominio fino al Friuli, alla Romagna, a Bergamo e Brescia. Spesso il governo offrì asilo e protezione a personaggi illustri come il Petrarca, Galileo e Giordano Bruno. Lavorarono a Venezia gli architetti Sansovino e Palladio, i grandi pittori della scuola veneta come Bellini, Tiziano, Tintoretto, Tiepolo, Guardi, ecc. Il fascino romantico di Venezia, che spesso fu anche lo sfondo per opere letterarie, attirò tanti musicisti e scrittori, da Wagner a George Sand, da Henry James a Thomas Mann, Hemingway, Brodsky, ecc.

4. Petrarca e il volgare

Come per la lingua latina, il Petrarca nella lirica in volgare compie un continuo lavoro di ricerca di perfezione di lingua e di stile per giungere ad una lingua raffinata ed elegante. Crea così per la poesia un modello linguistico totalmente nuovo.

5. Il Petrarchismo

L'ammirazione per la perfezione stilistica e linguistica della poesia del Petrarca diede origine, nel Cinquecento, ad un fenomeno di imitazione, spesso solo formale, detto "petrarchismo". Ma la sua poesia è anche divenuta fonte di ispirazione e modello ideale della poesia lirica europea per secoli.

6. Le opere

Vari scritti di Petrarca sono in latino, alcuni di carattere morale, altri invece di preciso intento letterario come il poema *Africa*, le *Epistole*, il *Secretum*, dialogo ideale tra Francesco e Sant'Agostino, è una confessione, un'analisi del dissidio interiore, dell'"accidia", lo stato di insoddisfazione e inquietudine del poeta. I *Trionfi* sono poesie in volgare degli ultimi anni, di grande impegno stilistico, ma di schema medievale. Il *Canzoniere* è l'opera più famosa, una raccolta di "frammenti dell'anima", la storia di un amore non corrisposto.

L'opera raccoglie 366 poesie divise in rime "in vita" e "in morte" di madonna Laura. Il sentimento del poeta è descritto nei vari aspetti; Laura è come una visione, una figura di sogno, il riferimento costante di tutta la poesia (tranne poche liriche "civili" e contro la corruzione della Curia Avignonese).

In realtà, tutta l'opera è un lungo colloquio del poeta con se stesso, un'analisi degli effetti dell'amore sul suo animo: attese e speranze, illusioni, delusioni, angosce, rimpianti, tutto rivissuto sul filo della memoria. E a questo si aggiunge la meditazione sulla fugacità delle cose umane, sulla solitudine, sul contrasto tra le cose terrene e l'ansia religiosa. La straordinaria abilità artistica e tecnica (talvolta forse eccessiva) riesce a dare unità alla varietà dei temi. La continua ricerca stilistica e la precisa scelta linguistica sono gli strumenti per una poesia musicale, ricca di immagini, metafore, antitesi, analogie, in un linguaggio limpido e raffinato.

Francesco Petrarca

Francesco Petrarca nacque nel 1304 ad Arezzo da un notaio fiorentino, esule perché guelfo bianco. Passò poi ad Avignone, allora sede della corte pontificia. Qui, nel 1327, incontrò, il Venerdì Santo, Laura (forse la contessa De Sade, morta nella peste del 1348), la donna che, pur non ricambiando il suo amore, rimase sempre al centro della sua esperienza poetica. Si dedicò presto all'attività letteraria ed ebbe l'appoggio e l'amicizia di intellettuali, fra cui Giovanni Boccaccio, e di uomini potenti. Viaggiò a lungo in Francia, nelle Fiandre, in Germania, in Italia; viaggi che furono alternati a soggiorni a Valchiusa, in Provenza, dove amava rifugiarsi in solitudine. Nel 1341 fu incoronato poeta a Roma in Campidoglio, da Roberto d'Angiò. Nel 1353 rientrò definitivamente in Italia, a Parma e Milano, poi a Venezia, accolto con grandi onori dal governo della Repubblica.

Nel 1370 si ritirò, con la figlia naturale, Francesca, in una casetta (meta ancora oggi di visitatori) sui colli Euganei, ad Arquà, dove morì nel 1374. Appassionato studioso dei classici latini, ritrovò a Liegi e a Verona testi di Cicerone che erano scomparsi.

In alto: ritratto di Petrarca, opera di Dürer.

Nella pagina a fianco e qui sopra: due particolari del Palazzo Ducale a piazza San Marco. La Serenissima regalò a Petrarca una casa lungo la riva degli Schiavoni, vicino alla Cattedrale.

- SONETO PETRARCA - (handwritten)

T11 Francesco Petrarca: Voi ch'ascoltate...

[scattered rhymes] (handwritten)

Voi[1] ch'ascoltate in rime sparse il suono
di quei sospiri ond'io nudriva 'l core
in sul mio primo giovenile errore,
quand'era in parte[2] altr'uom da quel ch'i' sono,

5 del vario stile[3] in ch'io piango et ragiono
fra le vane speranze e 'l van dolore,
ove sia chi per prova intende amore, [Tanto gentile...] (handwritten)
spero trovar pietà, nonché perdono.

Ma ben veggio or sì come al popol tutto[4]
10 favola fui gran tempo, onde sovente
di me medesmo [meco] mi vergogno; - 'I'm ashamed of myself (handwritten)
   < with myself   with myself' (handwritten)

et del mio vaneggiar[5] vergogna è 'l frutto,
e 'l pentersi, e 'l conoscer chiaramente
che quanto piace al mondo è breve sogno[6].

Voi che ascoltate in rime sparse il suono, l'eco dei sospiri
d'amore di cui io nutrivo il mio cuore al tempo del mio primo
errore giovanile (l'amore per Laura), quando ero almeno
in parte diverso da quello che sono oggi,

se c'è fra voi qualcuno che conosce l'amore per diretta
esperienza, spero di trovare compassione, oltre che perdono,
del vario stile con il quale piango e ragiono, tra le inutili
speranze e l'inutile dolore.

Ma vedo bene ora come per molto tempo fui argomento
di chiacchiere per la gente, e per questo spesso
io mi vergogno di me stesso,

e il frutto del mio seguire cose vane sono la vergogna,
il pentimento e il comprendere con chiarezza che tutto ciò
che piace in questa vita terrena è solo un breve sogno.

---

1 Voi: si rivolge ai lettori del Canzoniere.

2 In parte: perché non è ancora del tutto libero dall'amore terreno.

3 Vario stile: anche per la varietà dei sentimenti espressi.

4 Al popol tutto: tutti, anche chi non ha esperienza d'amore.

5 Vaneggiare: inseguire cose vane.

6 Breve sogno: definisce la fragilità delle cose umane, forse il tema di fondo del sonetto.

---

e **1. Comprensione**
Questo sonetto di introduzione al *Canzoniere* presenta:

il pubblico a cui il poeta si rivolge: verso ....
il tipo di poesia proposta: verso ....
i temi centrali della raccolta: verso ....

e **2. Le figure retoriche**
Gli strumenti usati per dare un ritmo maestoso e lento o esprimere
i vari stati d'animo sono soprattutto due figure retoriche: le "allitterazioni"
(cioè l'uso ripetuto delle stesse consonanti all'inizio delle parole) e
le "antitesi", cioè le contrapposizioni. Prova a sottolineare almeno
le più importanti, poi confronta le tue scelte con quelle dei tuoi compagni.

e **3. Riflessione**
"Che quanto piace al mondo è breve sogno":
in questo verso musicale quale tono puoi trovare?

○ **a.** Malinconia   ○ **b.** Rimpianto
○ **c.** Rassegnazione   ○ **d.** Calma accettazione

Discuti la tua scelta con la classe.

In alto: la casa di Arquà dove Francesco Petrarca morì nel 1374.

T12 Francesco Petrarca: Solo et pensoso...

Solo et pensoso i più diserti campi
vo mesurando[1] a passi tardi et lenti,
et gli occhi porto per fuggire intenti
ove vestigio human l'arena stampi.

5 Altro schermo non trovo che mi scampi
dal manifesto accorger de le genti,
perché negli atti d'alegrezza spenti
di fuor si legge com'io dentro avvampi

sì ch'io mi credo omai che monti e piagge
10 et fiumi et selve[2] sappian di che tempre
sia la mia vita, ch'è celata altrui.

Ma pur sì aspre vie né sì selvagge
cercar non so ch'Amor non venga sempre
ragionando con meco[3], et io collui.

*Solo e pensieroso vado percorrendo con passi
stanchi e lenti i luoghi più solitari e volgo gli occhi
attenti per evitare i luoghi dove
impronte umane segnino il terreno.*

*Non trovo altro riparo che mi salvi dal manifesto accorgersi
della gente (che impedisca alla gente di accorgersi)
della mia pena, perché dagli atti privi di gioia si comprende
quanto io dentro arda d'amore,*

*così che io credo ormai che monti e pianure,
fiumi e boschi sappiano di quale genere sia ormai la mia vita,
che è nascosta agli altri.*

*Ma non so cercare vie tanto aspre e selvagge
che Amore non venga sempre parlando con me,
e io con lui.*

---

1 Misurando: indica un camminare lento, senza una meta precisa.
Tardi e lenti: sono sinonimi.

2 Questa figura retorica è un "polisindeto" (unione di più parole
con la stessa congiunzione) e dà qui un carattere di indeterminatezza.

3 Meco: con me stesso; può dipendere da *venga* e da *ragionando*.
Ragionando: parlare, dialogare.

---

e 1. Comprensione

Ricerca della solitudine e forza del sentimento d'amore sono i due temi principale del sonetto: indica i versi dove sono più evidenti:

il motivo della ricerca: ....   il dominio del sentimento: ....

Il paesaggio del sonetto è il riflesso di uno stato d'animo. Quale secondo te?

○ **a.** Ansia di pace   ○ **b.** Inquietudine   ○ **c.** Malinconia

e 2. Analisi: figure retoriche

Coppie di aggettivi, metafore, antitesi, sono figure retoriche che rafforzano alcuni stati d'animo;
prova a sottolinearle e confronta la tua analisi con quella dei tuoi compagni.

e 3. Riflessione

La solitudine, per il Petrarca, è un momento necessario dell'esistenza. Per te che cosa può rappresentare?

○ **a.** Fuga, evasione dalla realtà
○ **b.** Senso di abbandono
○ **c.** Causa di sconforto
○ **d.** Ricerca di pace interiore
○ **e.** Momento di riflessione, di colloquio con te stesso

**Ti riconosci nella solitudine del poeta medievale o credi che quella dei ragazzi del XXI secolo sia diversa?
Oppure è diverso solo il modo di parlarne?**

Giovanni Boccaccio

Boccaccio è, con Dante e Petrarca, il terzo grande scrittore e narratore della letteratura italiana. Boccaccio, con l'opera *Decameron*, è il creatore del "genere" della novella ed è considerato un grande per lo sviluppo e la varietà delle situazioni, la caratterizzazione dei personaggi, per una prosa e una lingua che furono a lungo un modello letterario.

Il *Decamerone* trovò subito un ampio pubblico di lettori ed ebbe subito fortuna non solo in Italia, ma anche in tutta l'Europa: fu un punto di riferimento per molti narratori, come ad esempio l'inglese Chaucer.

1. Cultura e Umanesimo del Boccaccio

La prima formazione culturale del Boccaccio avviene alla vivace corte di Napoli dove frequenta gli ambienti intellettuali. Fondamentale è l'incontro a Firenze con il Petrarca, che divenne il suo "direttore" spirituale.

Sull'esempio dell'amico, si dedica agli studi umanistici ed alla ricerca di codici antichi. Vuole conoscere anche il mondo greco e perciò invita ed ospita il grecista calabrese Leonzio Pilato, sia per imparare il greco, sia per verificare la traduzione latina di Omero. La sua attività umanistica è stata importante nella storia della cultura italiana: per molti anni Boccaccio fu uno dei protagonisti del pre-umanesimo fiorentino e la sua casa fu un centro di runione dei nuovi intellettuali. Boccaccio ebbe sempre un grande amore per Dante, di cui seppe cogliere la grandezza artistica.

2. Opere minori

Boccaccio ha prodotto opere di vario genere, in prosa e in versi, soprattutto del periodo napoletano. Tra queste, il *Corbaccio*, satira violenta contro una donna, unica opera creativa dopo il *Decamerone*. Come Dante e Petrarca ha anche scritto opere umanistiche in latino, e poi *il Trattatello in lode di Dante*, una specie di biografia spirituale.

3. Il Decamerone

Il *Decamerone* (dal greco "dieci giornate"), composto tra il 1349 e il 1351, è una raccolta di cento novelle raccontate durante dieci giorni da sette donne e tre giovani che si sono rifugiati in campagna per sfuggire alla peste di Firenze. È un'opera di intrattenimento, come dichiara lo stesso autore, ma in realtà è un grandioso affresco della società a lui contemporanea, un quadro di tutte le classi sociali, dagli ambienti aristocratici al mondo dei mercanti, degli artigiani, di suore e frati, della malavita: come è stato detto, una "laica commedia umana". Il Boccaccio rappresenta con estremo realismo le situazioni, gli ambienti, i personaggi senza giudizi o scopi morali. Questo deriva dalla sua realistica visione della vita: il mondo è guidato dalla forza naturale dell'amore e dalla Fortuna; l'uomo grazie all'intelligenza può sfruttare le occasioni offerte dalla Fortuna.

Napoli e il Sud

Napoli (dal greco Neapolis: nuova città), antica colonia greca e poi romana, era vicina ad altre importanti città quali Paestum, Pompei ed Ercolano, le due città sepolte dall'eruzione del Vesuvio nel 70 d.C. e riscoperte nel Settecento. Nel Trecento, con gli Angioini, Napoli divenne capitale di un regno che includeva tutto il Sud d'Italia, per secoli fu l'unica Università del Sud, e fu a lungo un centro culturale di importanza europea. Rimase capitale attraverso le varie dominazioni fino ai Borboni e solo nel 1861, entrò a far parte del nuovo Regno d'Italia. Fin dall'antichità esercitò un grande fascino la bellezza luminosa dei golfi di Napoli e di Salerno (dove fra l'altro nel Medioevo sorse la prima scuola di medicina) e della costa amalfitana. Il Sud ebbe un grande momento durante il regno di Federico II e nei decenni successivi: fra le numerose testimonianze artistiche ricordiamo le cattedrali romaniche di Bari, Trani, Bitonto, e la perfetta architettura di Castel del Monte (nella foto).

4. Struttura e temi

Una delle più rilevanti scelte di Boccaccio è quella di inserire le novelle dentro una cosiddetta "cornice", costituita dalla fuga di fronte alla peste, causa di morte, sofferenze e di disordine morale; contrapposta a questa abbiamo la vita serena dei dieci giovani nelle loro ville in campagna…
La fuga dalla peste dura dieci giorni. Ogni giorno i giovani raccontano una novella su un tema fissato dalla regina o dal re di turno: soltanto il giovane Dioneo può scegliere una novella di argomento libero. Quanto ai temi, i più rilevanti sono:

• *l'intelligenza*, che è rappresentata in tutte le sue forme, dall'intelligenza più elevata all'astuzia. È spesso unita al gusto della beffa a danno degli sciocchi: uno dei personaggi più popolari è il fiorentino Calandrino, un povero sciocco che si crede furbo e subisce scherzi pesanti da parte dei due amici, Bruno e Buffalmacco.
• anche *l'amore* è rappresentato nelle sue possibili variazioni: l'amore puramente sensuale (cosa che procurò al Boccaccio la fama di oscenità), la passione, l'amore infelice, l'amore che ha un lieto fine. Ecco allora le grandi figure femminili: Lisabetta da Messina, vittima dell'avidità dei fratelli che le uccidono l'innamorato; la paziente Griselda che dopo tante pene ottiene l'amore e il rispetto del marito.
• la *fortuna* o meglio il caso che può modificare delle situazioni e può offrire delle opportunità è uno dei "protagonisti" della raccolta.
• la *"cortesia"*, cioè la nobiltà di sentimenti e dignità di comportamento, indipendenti dalle condizioni sociali: ne è un esempio Cisti, fornaio fiorentino, non inferiore in "gran cortesia" al nobile Geri Spina. Spesso questi temi si intrecciano nella stessa novella, come in "Andreuccio da Perugia" dove il giovane ingenuo e inesperto è ingannato e derubato, ma dopo varie avventure e colpi di scena nella Napoli notturna, grazie all'astuzia, ritorna ricco.

5. Caratteri della prosa di Boccaccio

Il Boccaccio nello sviluppo dei vari argomenti ha creato una "prosa d'arte", latineggiante nella sintassi e nel periodare ampio. È una prosa che rispecchia la realtà attraverso lo stile, che passa da quello elevato al comico, a seconda dei motivi e delle situazioni. Naturalmente anche il linguaggio è realistico, sempre adatto ai personaggi e agli ambienti rappresentati: parole ricercate e raffinate e parole prese dal linguaggio popolare, soprattutto per ottenere effetti comici.

Giovanni Boccaccio

Boccaccio nacque nel 1313 a Certaldo (o forse a Firenze) da un mercante, agente della potente banca dei Bardi. Da Firenze nel 1327 andò a Napoli per far pratica bancaria, ma presto l'abbandonò per gli studi letterari e partecipò alla vita della splendida corte angioina: un periodo importante per la sua formazione umana e culturale, per l'esperienza del mondo mercantile e quello aristocratico. Nel 1340, a seguito del fallimento della banca Bardi-Peruzzi, ritornò a Firenze dove ottenne pubblici incarichi che gli permisero di visitare varie corti. Nel 1348, a Firenze, visse la tremenda esperienza della peste che colpì tutta l'Europa e che poi descrisse nel *Decameron*.
Molto importante fu l'amicizia con il Petrarca, che lo indirizzò verso gli studi umanistici e che, con i suoi consigli, gli impedì più tardi di distruggere, per una crisi religiosa, le sue opere. Boccaccio, grande ammiratore di Dante, fu incaricato dal Comune di Firenze della lettura pubblica della *Commedia*: costretto per la cattiva salute ad interromperla, si ritirò a Certaldo, dove morì nel 1375.

In alto: ritratto di Giovanni Boccaccio.

In basso: la Storia di Nastagio degli Onesti, del Botticelli.

Nella pagina a fianco: particolare di una miniatura fiamminga attribuita a Guillebert de Mets, nel Decameron de Philippe le Bon.

T15 Giovanni Boccaccio: Federigo degli Alberighi

In Firenze fu già un giovane chiamato Federigo di messer Filippo degli Alberighi, in opera d'arme e in cortesia pregiato sopra ogni altro donzel di Toscana. Il quale, di una gentil donna chiamata monna[1] Giovanna s'innamorò, ne' suoi tem-
5 pi tenuta delle più belle donne che in Firenze fossero; e acciò che egli l'amor di lei acquistar potesse, giostrava[2], armeggiava, faceva feste e donava, e il suo senza alcun ritegno spendeva; ma ella, non meno onesta che bella, niente di queste cose per lei fatte né di colui si curava che le faceva.
10 Spendendo adunque Federigo oltre a ogni suo potere molto e niente acquistando, si come adiviene, le ricchezze mancarono e esso rimase povero, senza altra cosa che un suo poderetto piccolo essergli rimasto e oltre a questo un suo falcone[3] de' miglior del mondo. Per che, amando più che mai
15 né parendogli più poter essere cittadino come desiderava, a Campi, dove il suo poderetto era, se ne andò a stare. Quivi, quando poteva uccellando, pazientemente la sua povertà comportava.
Ora avvenne un dì che il marito di monna Giovanna infer-
20 mò, e veggendosi alla morte venire fece testamento, e essendo ricchissimo, in quello lasciò suo erede un suo figliuolo e appresso questo, avendo molto amata monna Giovanna, lei, se il figliuolo senza erede legittimo morisse, suo erede substituì e morissi.
25 Rimasta adunque vedova monna Giovanna, come è usanza delle nostre donne, l'anno di state, con questo suo figliuolo se n'andava in contado a una sua possessione assai vicina a quella di Federigo. Per che avvenne che questo garzoncello s'incominciò a dimesticare con Federigo e […] avendo
30 veduto molte volte il falcon di Federigo volare e stranamente piacendogli, forte desiderava d'averlo ma pure non si attentava di domandarlo, veggendolo a lui cotanto caro. E così stando la cosa, avvenne che il garzoncello infermò: di che la madre dolorosa molto spesse volte il domandava
35 se alcuna cosa era la quale egli desiderasse […] ché per certo procacerebbe come l'avesse.
Il giovanetto disse: "Madre mia, se voi fate che io abbia il falcone di Federigo, io mi credo prestamente guarire". La donna, udendo questo, cominciò a pensare a quello che
40 far dovesse. Ella sapeva che Federigo lungamente l'aveva amata, né mai da lei una sola guatatura aveva avuta, per che ella dicea: "Come manderò io o andrò a domandargli questo falcone, che è, per quel che io oda, il migliore che mai volasse e oltre a ciò il mantien nel mondo? […] "Ulti-
45 mamente tanto la vinse l'amor del figliuolo, che ella seco dispose, per contentarlo, di non mandare ma di andare ella medesma. La donna, la mattina seguente, presa un'altra donna in compagnia, per modo di diporto se ne andò alla piccola casetta di Federigo e fecelo addimandare […]:

A Firenze c'era un giovane, Federigo, figlio di Filippo Alberighi, stimato più di ogni giovane nobile toscano per l'abilità nell'uso delle armi e per la cortesia. Egli si innamorò di una nobile donna, Giovanna, stimata a quei tempi una delle più belle donne di Firenze; e per ottenere il suo amore, partecipava a tornei, dava feste e doni, e spendeva senza limite il suo denaro; ma lei, onesta quanto bella, non si curava né delle cose fatte per lei, né di chi le faceva.

Spendendo quindi Federigo oltre le sue possibilità senza guadagnare nulla, le ricchezze vennero meno ed egli rimase povero, soltanto con un piccolo podere e un falcone, il migliore del mondo. Perciò, amando più che mai e non potendo vivere in città dignitosamente, andò a Campi, dove era il suo podere. Qui sopportava con pazienza la povertà, andando a caccia con il falcone quando poteva.

Un giorno il marito di Giovanna si ammalò e, sentendo vicina la morte ed essendo ricchissimo, nel testamento lasciò erede il suo figliuolo e nel caso della morte di questo, la moglie, che amava molto, e poi morì.

Rimasta vedova, monna Giovanna, come è abitudine delle nostre donne, ogni anno d'estate, se ne andava con il figlio in campagna, in un suo possedimento vicino a quello di Federigo. Avvenne che il ragazzo prese a fare amicizia con Federigo, e avendo visto molte volte volare il suo falcone e piacendogli straordinariamente, desiderava molto di averlo ma non osava chiederlo, vedendo quanto era caro al padrone.

E avvenne che il ragazzo si ammalò: la madre molto addolorata spesso gli chiedeva se c'era qualcosa che egli desiderava perché avrebbe cercato di procurarla.
Il ragazzo disse: "Madre, se potete farmi avere il falcone di Federigo, sento che guarirò".

La donna, udendo questo, cominciò a pensare come fare. Lei sapeva che Federigo l'aveva amata lungamente e non aveva ricevuto da lei nemmeno uno sguardo, perciò diceva: "Come manderò o andrò io a chiedere quel falcone, che è il migliore del mondo e gli dà da vivere?".

Infine, per amore del figlio, decise di andare di persona e il mattino dopo, accompagnata da un'altra donna, come per una passeggiata, andò alla casetta di Federigo e lo fece chiamare.

50 il quale, udendo che monna Giovanna il domandava alla
porta, meravigliandosi forte, lieto là corse. La quale, veden-
dol venire, con una donnesca piacevolezza, levatoglisi incontro [...] disse: "Bene stea, Federigo! Io son venuta a ri-
storarti dei danni li quali tu hai già avuto per me...: e il ri-
55 storo è cotale che io intendo con questa mia compagna insieme desinar teco dimesticamente stamane".
Alla qual Federigo umilmente rispose: "Madonna, niun
danno mi ricorda mai avere ricevuto per voi [...]. E per certo questa vostra liberale venuta m'è troppo più cara che
60 non sarebbe se da capo mi fosse dato da spendere quanto
per adietro ho già speso, come che a povero oste siate venuto". [...]
Egli, [...] oltremodo angoscioso, seco stesso male-dicendo
la sua fortuna, [...] né denari né pegno trovandosi, essen-
70 do l'ora tarda e il disidero grande di pure onorar d'alcuna
cosa la gentil donna, gli corse agli occhi il suo buon falcone
per che, non avendo a che altro ricorrere, presolo e trovato-
lo grasso, pensò lui esser degna vivanda di cotal donna.
E però, senza più pensare, tiratogli il collo, a una sua fanti-
75 cella il fé prestamente arrostir diligentemente; e messa la
tavola con tovaglie bianchissime, con lieto viso ritornò alla
donna nel suo giardino e il desinare, che per lui far si potea, disse essere apparecchiato. Laonde la donna con la sua
compagna levatasi andarono a tavola e, senza saper che si
80 mangiassero, insieme con Federigo, il quale con somma fede le serviva, mangiarono il buon falcone. E levate da tavola e alquanto con piacevoli ragionamenti dimorate, la donna cominciò a parlare: "io non dubito punto che tu non ti
debbi meravigliare della mia presunzione sentendo quello
85 per che principalmente venuta sono; ma se figliuoli avessi,
mi parrebbe esser certa che in parte m'avresti per iscusata.

*Egli, udendo che monna Giovanna chiedeva di lui, con grande
meraviglia felice andò alla porta. Lei, nel vederlo venire, con
grazia femminile, gli andò incontro e disse: "Che tu stia bene,
Federigo!*

*Io sono venuta a ricompensarti dei danni avuti per causa mia:
e la ricompensa è questa, che io desidero con questa compagna rimanere a pranzo con te". Federigo umilmente rispose:
"Madonna, non ricordo di aver mai ricevuto danno da voi...
La vostra generosa venuta mi è tanto più cara che se avessi
la possibiltà di spendere come un tempo, poiché siete venuta
da un ospite povero".*

*Mentre angosciato malediceva fra sé la sua sfortuna non
avendo denaro né cose da impegnare, essendo già tardi e
grande il desiderio di onorare la donna vide il suo buon
falcone, lo prese e sentito che era grasso, lo diede a una sua
servetta per farlo arrostire con cura; e preparata la tavola con
tovaglie bianchissime disse alle donne che tutto era pronto.*

*Perciò le due donne andarono a tavola e, senza sapere che
cosa stavano mangiando, insieme a Federigo, che le serviva
con devozione, mangiarono il buon falcone.*

*E dopo essersi alzate da tavola e aver conversato piacevol-
mente, la donna cominciò a parlare: "Federigo, io sono sicura
che tu ti meraviglierai della mia presunzione, sentendo il motivo per cui sono venuta; ma se tu avessi dei figli, credo che
sicuramente mi potresti scusare.*

---

1 Madonna, termine di rispetto e di cortesia.

2 Giostre e tornei erano esercizi e gare dei cavalieri.

3 Uccello addestrato per la caccia; Federico II ne fu un grande esperto.

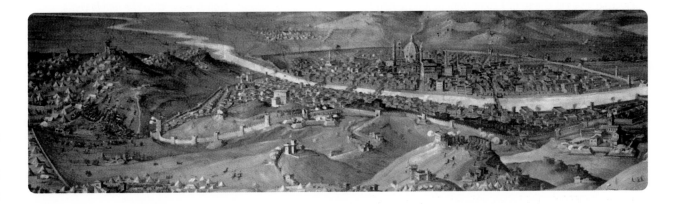

In alto: veduta di Firenze. La villa dove i ragazzi si sono riuniti per sfuggire alla peste è sulle colline che vedi fuori dalle mura

Giovanni Boccaccio: Federigo degli Alberighi

Ma io che n'ho uno mi conviene chiederti un dono il quale io so che sommamente t'è caro e questo dono è il falcon tuo del quale il fanciul mio è si forte invaghito […].
90 E perciò ti prego, non per l'amore che mi porti ma per la tua nobiltà […] che ti debba piacere di donarlomi, acciò che io per questo dono possa dire d'aver ritenuto in vita il mio figliuolo e per quello averloti sempre obbligato".
Federigo, udendo ciò che la donna adimandava e sentendo
95 che servir non ne la potea per ciò che mangiar glielo aveva dato, cominciò in presenza di lei a piangere anzi che alcuna parola risponder potesse.
La donna aspettò dopo il pianto la risposta di Federigo il quale così disse: "Madonna, voi qui alla mia povera casa
100 venuta siete, dove, mentre che ricca fu, venir non degnaste, e da me un picciol dono volete, e la fortuna ha fatto sì che io donar nol vi possa".
Come io udi' che voi meco desinar volevate, avendo riguardo alla vostra eccellenza e valore, reputai degna e conve-
105 nevole cosa. con più cara vivanda vi dovessi onorare, per che, ricordandomi del falcon che mi domandate, questa mattina arrostito l'avete avuto sul tagliere". […]
La qual cosa la donna udendo prima il biasimò d'aver per dar mangiare a una femina ucciso un tal falcone, e poi la
110 grandezza dell'animo suo seco commendò.
Poi, tutta malinconosa tornossi al figliuolo.
Il quale, o per malinconia o per la 'nfermità, non passar molti giorni che egli con grandissimo dolor della madre di questa vita passò.
115 La quale, poi che piena d'amaritudine fu stata alquanto, essendo rimasta ricchissima e ancora giovane, più volte fu da' fratelli costretta a rimaritarsi. La quale, ricordatasi del valore di Federigo e della sua magnificenza ultima... disse ai fratelli: "Io volentieri mi starei, ma se a voi pur piace che
120 io marito prenda, io non prenderò mai alcun altro, se non Federigo degli Alberighi". Alla quale i fratelli dissero: "Sciocca, che è ciò che tu di'? come vuoi tu lui che non ha cosa al mondo?". Ai quali ella rispose: "Fratelli miei, io so bene che così è come voi dite, ma io voglio avanti uomo
125 che abbia bisogno di ricchezza che ricchezza che abbia bisogno d'uomo". Li fratelli, conoscendo Federigo da molto, quantunque povero fosse, lei con tutte le sue ricchezze gli donarono. Il quale così fatta donna che cotanto amato avea per moglie vedendosi, e oltre a ciò ricchssimo, in leti-
130 zia con lei, miglior massaio fatto, terminò gli anni suoi.

Dal *Decamerone*, Giornata V, Novella 9.

Ma io che ne ho uno devo chiederti un dono, che so che ti è molto caro: e questo dono è il tuo falcone, che mio figlio desidera tanto. Perciò ti prego, non per il tuo amore, ma per la tua nobiltà d'animo, di accettare di donarmelo, in modo che io, grazie a questo, possa dire di aver mantenuto in vita mio figlio ed egli te ne sarà sempre grato".

Federigo, udendo ciò che la donna chiedeva e sentendo che non poteva darle il dono perché l'aveva dato da mangiare, cominciò a piangere davanti a lei senza poter rispondere. La donna aspettò dopo il pianto la risposta di Federigo che così disse: "Madonna, voi siete venuta alla mia povera casa, dove non vi degnaste di venire quando era ricca e volete un piccolo dono e la fortuna ha fatto in modo che io non possa donarlo. Quando io udii che voi volevate pranzare con me, considerando la vostra nobiltà giudicai conveniente onorarvi con una vivanda più preziosa. Perciò ricordandomi del falcone che voi ora mi chiedete e della sua bontà, lo giudicai un cibo degno di voi e questa mattina l'avete avuto sul piatto". La donna, a queste parole, prima lo rimproverò per aver ucciso un falcone così bello per dar da mangiare ad una donna e poi fra sé lodò la grandezza del suo animo.

Poi molto malinconica tornò dal figlio che, per il dolore o per la malattia, dopo pochi giorni morì con grandissimo dolore della madre.
Questa, dopo esser stato a lungo piena di dolore, essendo rimasta ricchissima e ancora giovane, fu sollecitata spesso dai fratelli a risposarsi.

Allora, poiché si ricordava della generosità di Federigo, disse ai fratelli: "Io resterei sola volentieri, ma se voi davvero insistete, io mi sposerò solo con Federigo degli Alberighi". E i fratelli: "Sciocca, che cosa dici? Come mai vuoi lui che non ha niente?".
Giovanna rispose: "Fratelli miei, io so che dite la verità, ma io preferisco un uomo che abbia bisogno di ricchezza che ricchezza che abbia bisogno di un uomo".

I fratelli, conoscendo le qualità di Federigo, anche se povero, gli diedero la sorella con tutte le ricchezze. Federigo, avendo in moglie quella donna che aveva tanto amato, e per di più ricchissimo, diventato un amministratore migliore, terminò lietamente con lei gli anni suoi.

e 1. Comprensione

La novella, in cui la fortuna ha un ruolo importante, è la storia dell'amore non ricambiato di Federigo, che tuttavia, dopo alcune vicende, si conclude felicemente.

Come mostra Federigo il suo amore per Giovanna?

....

Giovanna risponde immediatamente? Perché?

....

Perché Giovanna si rivolge a Federigo?

....

Perché Federigo fa uccidere il falcone?

....

Perché alla fine Giovanna decide di sposare Federigo?

....

e 2. Analisi: i due personaggi

Quali aspetti rendono veramente nobile Federigo?

○ **a.** L'abilità nelle armi
○ **b.** L'abitudine di spendere generosamente
○ **c.** La capacità di sacrificio
○ **d.** La grandezza d'animo e la dignità morale

Quali sono le qualità che distinguono Giovanna?

○ **a.** La bellezza   ○ **b.** Grazia e dignità di modi
○ **c.** L'amore materno   ○ **d.** La saggezza

IL
DECAMERON
DI MESSER
GIOVANNI BOCCACCI
Cittadino Fiorentino.

Ricorretto in Roma, et Emendato secondo
l'ordine del Sacro Conc. di Trento,

Et riscontrato in Firenze con Testi Antichi & alla sua
vera lezione ridotto da'Deputati di loro Alt. Ser.

NVOVAMENTE STAMPATO.

IN FIORENZA
Nella Stamperia de i Giunti
MDLXXIII.

e 3. Analisi: le sequenze

Prova a dividere in sequenze la novella.

righe ....; tema...
righe ....; tema...
righe ....; tema...
righe ....; tema...
righe ....; tema...
righe ....; tema...

e 4. Riflessione

Nella novella si può cogliere il momento di passaggio da una civiltà "cortese" a quella borghese-mercantile. Che cosa esprime il Boccaccio?

○ **a.** Una critica ai vecchi valori
○ **b.** Rimpianto
○ **c.** Desiderio di conciliare nobiltà e cortesia, come valori morali, con la nuova mentalità legata al profitto.

Critica

La Commedia come ultima summa[1]

La *Commedia*, che Boccaccio disse «divina» per il suo carattere di «poema sacro» e per l'altezza sublime della poesia, è l'ultima *summa*, la più grande, della cultura medievale, sintesi di tutta la realtà terrena e ultraterrena, naturale e storica, culturale e morale: una sintesi per immagini, non condotta cioè con gli strumenti puri della deduzione filosofica, ma con quelli poetici della raffigurazione allegorica.

Tale *summa* viene concepita e realizzata da Dante proprio quando ne stanno venendo meno[2] i presupposti[3] ideologici e storici, con una intempestività a posteriori evidente[4], ma che tuttavia pare debba costituire un carattere inderogabile di tutti i grandi capolavori della letteratura, destinati a ricuperare un passato sommerso o in via di sommersione per proporre un'alternativa radicale a un presente disgregato e corrotto, convertendo la nostalgia in utopia e facendo dell'arcaico un nuovissimo progetto.

Nella *Commedia* culmina quel sogno di integralità che è tipico della cultura medievale, per cui filosofia, teologia e Rivelazione convergono nell'edificare[5] la totalità armonica della verità.

La costruzione a cattedrale del poema, la legge del numero perfetto che presiede alle micro e macrostrutture compositive (la partitura in tre cantiche, i 33 canti per ognuna di esse più il canto introduttivo, il ternario metrico delle terzine, la distinzione di ognuno dei tre regni in nove zone), la rete delle rispondenze interne che segnala continuamente la dominanza del disegno architettonico sull'apertura all'infinito delle situazioni particolari: tutto congiura[6] a produrre il senso di un'unità dell'opera che corrisponde all'unitaria visione del mondo caratteristica del razionalismo universalistico medievale.

Elio Gioanola

---

1 *La Summa theologica* è l'opera di San Tommaso che basandosi su tutte le riflessioni teologiche precedenti cerca di fare una sintesi.

2 Stanno scomparendo.

3 Le basi.

4 Con un ritardo che in seguito diventò chiaro.

5 Costruire.

6 Contribuisce.

Petrarca e Boccaccio: simili e diversi

Dal Petrarca al Boccaccio, che gli è contemporaneo, il distacco è grande; e tuttavia essi appaiono tra di loro affini. Gli interessi dell'autore del *Canzoniere* e quelli dell'autore del *Decameron* sono simili: entrambi sono attaccati alla terra; per entrambi quello che più conta è questa vita.

Il Petrarca è combattuto, il Boccaccio no: ma anche per il Petrarca, così innamorato delle belle forme di Laura, così ansioso di scrutare[7] i movimenti del proprio cuore, così diligente[8] nel lasciare ai posteri[9] un diario della propria vita affettiva ed intellettiva, il centro della vita è la terra. Sennonché il *Canzoniere* è l'opera di uno scrittore solitario e il *Decameron* è l'opera di uno scrittore socievole.

Il Petrarca ebbe una minuta[10] e costante esperienza di sé, il Boccaccio una larga esperienza del prossimo. Il primo fu il cronista di sé, il secondo il novellatore[11] di tutte le classi del suo tempo. Ma così nell'opera monocorde[12] del Petrarca, come in quella multiforme del Boccaccio, si sente non l'uomo che vede nell'oltremondo[13] il significato e l'epilogo della propria vita, ma l'uomo che vede nella terra il proprio regno. Nel Petrarca gli ideali religiosi non sono spenti, ma non hanno altra forza che quella di velare[14] di malinconia le non domate passioni; nel Boccaccio quegli ideali sono dimenticati.

L'uno e l'altro, presi insieme, sono un esempio dell'apparente disparità che può presentare un'epoca riflessa in due scrittori diversamente e potentemente originali e dell'occulta[15] somiglianza che li lega e tradisce[16] in loro i figli di uno stesso secolo.

Attilio Momigliano

---

7 Osservare attentamente.

8 Preciso, attento.

9 Coloro che vivono dopo di lui.

10 Precisa e attenta.

11 Colui che racconta.

12 Che ha un unico tema.

13 Nel mondo ultra-terreno, nell'aldilà. Coprire, nascondere con un velo.

15 Nascosta, difficile da vedere.

16 Mostra, anche se loro non vorrebbero.

l'Umanesimo e il Rinascimento

l'Umanesimo e il Rinascimento

L'Umanesimo e il Rinascimento

1. Caratteri generali dell'epoca

L'età dell'Umanesimo e del Rinascimento occupa il XV e la prima metà del XVI secolo. Per riferirsi a quest'epoca si parla in generale di *rinascenza, rinascita, umanesimo, rinascimento*, ma più semplicemente si può parlare di civiltà umanistico-rinascimentale, dal momento che si possono distinguere due fasi:

a. l'Umanesimo, che caratterizza tutto il '400 e il cui inizio, sul piano culturale, si può fissare già verso la fine del Trecento (si pensi a letterati come Francesco Petrarca);

b. il Rinascimento, che occupa i primi tre decenni del 1500 circa. Tuttavia, i due momenti vanno considerati insieme perché, pur con le loro differenze, sono legati da una continuità di atteggiamenti e di obiettivi. Se l'Umanesimo è soprattutto l'età della ricerca e dello studio dei classici latini e greci, esso è però anche l'età di una nuova filosofia, di una nuova concezione della vita fondata sulla centralità dell'uomo e anche per questo più libera e più curiosa. L'Umanesimo quindi prepara il Rinascimento, momento di profondo rivolgimento della civiltà italiana ed europea, età di importantissime realizzazioni sul piano artistico-culturale.

2. La questione della lingua

Il periodo che qui trattiamo è di fondamentale importanza per l'espansione dell'italiano parlato in Toscana come lingua scritta. Se gli umanisti del '400 scrivevano ancora prevalentemente in latino, già Dante con la *Divina Commedia* e il *Convivio* e Petrarca con il *Canzoniere* avevano fatto i conti col volgare toscano. È datato 1441 un episodio importante, che dimostra l'interesse per il volgare anche tra gli umanisti: infatti Leon Battista Alberti istituisce il *Certame Coronario*, una gara poetica in volgare. Le opere presentate sono tutte di basso livello, e si decide perciò di non assegnare il premio. Tuttavia l'episodio è significativo perché dimostra la volontà di concedere anche al volgare dignità letteraria.

Lentamente, soprattutto verso il 1480, con autori come **Poliziano, Boiardo, Sannazaro**, ma anche **Lorenzo il Magnifico**, signore di Firenze, il volgare va facendosi strada e acquista spazi sempre più ampi come lingua scritta. Nella prima metà del Cinquecento si colloca poi uno dei momenti più significativi per la storia dell'italiano: la questione della lingua. Gli intellettuali e i letterati, insomma una piccola minoranza di persone colte, si pongono il problema di fissare una norma scritta per l'italiano. Si tratta di un dibattito che vede fronteggiarsi tre teorie.

Un primo gruppo di intellettuali sostiene la tesi che l'italiano scritto debba essere quella lingua che veniva parlata nelle corti di tutta la penisola, una lingua che aveva ormai perso molti tratti regionali e locali e raggiunto una certa omogeneità. Il secondo gruppo di teorici, fra cui spicca la figura di **Niccolò Machiavelli**, crede che si debba adottare il fiorentino contemporaneo, nella convinzione che una lingua nasca dall'uso di chi la parla. Il terzo gruppo infine, la cui tesi risulterà vincente, sostiene che ci si debba basare sul fiorentino scritto del Trecento, e

---

🔍 **La storia del XV secolo**

Nel Quattrocento l'Italia è divisa in molti piccoli Stati. La maggior parte di questi sono "Signorie", cioè territori in cui il potere è in mano a un unico signore. Fra le signorie italiane del Quattrocento la più nota è la signoria di Firenze, retta dalla famiglia Medici. Quando diventa signore di Firenze Lorenzo il Magnifico, la città conosce una grande fioritura culturale.
In Italia esistono però anche repubbliche. La più prestigiosa è la Repubblica di Venezia, detta anche "Serenissima". A Venezia il potere non è in mano a un unico signore, ma a un gruppo di famiglie nobili e a un doge, che è una specie di principe.
L'anno 1492 è il più importante del secolo: è l'anno della scoperta dell'America da parte del genovese Cristoforo Colombo (qui a fianco), ma è anche l'anno della morte di Lorenzo il Magnifico e dell'inizio della decadenza della Signoria di Firenze. Una delle invenzioni più importanti del Quattrocento è quella della stampa a caratteri mobili. Grazie alla stampa sarà possibile produrre più facilmente copie di libri. Manca la certezza assoluta su chi sia stato il primo stampatore, ma sicuramente uno dei primi stampatori fu Giovanni Gutenberg, che verso il 1455 pubblicò a Magonza (in Germania) una celebre Bibbia.
La tecnica della stampa si diffuse quindi in tutta Europa. I maggiori centri editoriali furono però italiani: Venezia soprattutto, ma anche Roma e Firenze.

vede in Petrarca e Boccaccio i modelli ideali, il primo per la poesia e il secondo per la prosa. Esponente di spicco di quest'ultimo gruppo è **Pietro Bembo**, letterato veneziano, che difenderà la sua tesi e stabilirà uno standard per l'italiano scritto nelle *Prose della volgar lingua* del 1525.

3. Lineamenti letterari

Durante la prima metà del '400 si scrive ancora prevalentemente in latino. Il modello di letterato a cui gli umanisti guardano con rispetto e ammirazione è naturalmente Petrarca, considerato padre spirituale dell'epoca.
Come si è accennato, uno dei tratti principali del periodo è la riscoperta e la rilettura delle opere dell'antichità classica. Gli umanisti sviluppano la certezza di aver dato inizio a un'età nuova, di aver recuperato l'antichità classica che era stata trascurata dall'età precedente, il Medioevo, per questo appunto chiamato *media aetas*, età intermedia tra l'epoca classica e l'età presente. Il genere letterario che domina nel '400 è la trattatistica. Il trattato appare, infatti, il genere ideale per spiegare i nuovi valori e la nuova visione del mondo.

Accanto ai trattati si scrivono però anche opere liriche e narrative, e sarà proprio la narrativa, con la fortuna e la diffusione del poema cavalleresco, a segnare la seconda metà del '400 e il primo '500. Un altro genere abbastanza praticato è il teatro. In nome della riscoperta dei classici si leggono e si imitano le commedie di Plauto e Terenzio, ma hanno una grande fortuna anche le sacre rappresentazioni.

4. La figura dell'intellettuale

Nel corso del Quattrocento e soprattutto nel primo Cinquecento cambia il rapporto tra gli intellettuali e la società. Se nel Medioevo chi esercitava la professione di letterato era in genere un giudice, un notaio, un mercante, che si dedicava alla letteratura per divertimento, già con Petrarca abbiamo un esempio di letterato a tempo pieno. Il letterato umanista è quindi un letterato di professione che intrattiene stretti rapporti con la Corte e con la Chiesa. Si fa strada insomma il modello dell'intellettuale cortigiano che, oltre a collaborare con il suo signore, è direttamente coinvolto nella vita di corte. Naturalmente questo comporta dei privilegi, ma anche dei limiti, perché può frenare l'autonomia creativa e costringere lo scrittore a seguire nelle sue opere gli interessi del signore e della corte.

5. Due autori del '400: Angelo Poliziano e Lorenzo de' Medici

Di Angelo Poliziano, nato a Montepulciano in Toscana nel 1454 e vissuto a Firenze presso la corte di Lorenzo de' Medici, si deve ricordare almeno l'opera maggiore: *Le Stanze cominciate per la giostra di Giuliano de' Medici*. Si tratta di un'opera in due libri (il secondo incompiuto a causa della morte di Giuliano) scritta fra il 1475 e il 1478. È un poemetto d'occasione in ottave che narra le avventure del giovane Iulio, *alter ego* di Giuliano de' Medici. Iulio, restio ad innamorarsi e amante invece della caccia e della poesia, si innamorerà della bellissima ninfa Simonetta. Nel secondo libro Iulio sogna la morte di Simonetta e la sua vittoria nella giostra che avrebbe dovuto concludere l'opera. Scopo principale del poema è celebrare le glorie della casa Medici e soprattutto di Lorenzo.
Ed è proprio **Lorenzo de' Medici**, signore di Firenze, l'altro autore di spicco del secondo Quattrocento. Lorenzo, forse il maggiore uomo di stato del suo tempo, ha scritto opere assai diverse tra loro: poemetti burleschi (il più famoso dei quali è *La Nencia da Barberino*), ecloghe, capitoli religiosi e un gran numero di Rime. Una delle sue composizioni più note è il *Trionfo di Bacco e Arianna* (qui sopra nel dipinto) che appartiene ai *Canti carnascialeschi*.
Questa ballata è componimento sintomatico delle speranze e paure dell'epoca: l'insistente invito a godere delle gioie del presente è infatti accompagnato dalla malinconica constatazione dell'irrimediabile scorrere del tempo. (Vedi testo 16)

In alto: Bacco e Arianna, Giulio Carpioni.

Nella pagina a fianco: ritratto di Cristoforo Colombo.

l'Umanesimo e il Rinascimento

T16 Lorenzo de' Medici: Il trionfo di Bacco e Arianna

Quant'è bella giovinezza,
che si fugge tuttavia!
Chi vuol esser lieto, sia:
di doman non c'è certezza.

5 Quest'è Bacco e Arianna,
belli, e l'un dell'altro ardenti:
perché 'l tempo fugge e inganna,
sempre insieme stan contenti.
Queste ninfe ed altre genti
10 sono allegre tuttavia.
Chi vuol esser lieto, sia:
di doman non c'è certezza.

Questi lieti satiretti,
delle ninfe innamorati,
15 per caverne e per boschetti
han lor posto cento agguati;
or da Bacco riscaldati,
ballon, salton tuttavia.
Chi vuol esser lieto sia:
20 di doman non c'è certezza.

Queste ninfe anche hanno caro
da lor essere ingannate:
non puon fare a Amor riparo,
se non genti rozze e ingrate:
25 ora insieme mescolate
suonon, canton tuttavia.
Chi vuol esser lieto, sia:
di doman non c'è certezza.

Questa soma, che vien drieto
30 sopra l'asino, è Sileno:
così vecchio è ebbro e lieto,
già di carne e d'anni pieno;
se non può star ritto, almeno
ride e gode tuttavia.
35 Chi vuol esser lieto, sia:
di doman non c'è certezza.

Mida vien drieto a costoro:
ciò che tocca, oro diventa.
E che giova aver tesoro,
40 s'altri poi non si contenta?
Che dolcezza vuoi che senta
chi ha sete tuttavia?
Chi vuol esser lieto, sia:
di doman non c'è certezza.

Quanto è bella l'età della gioventù,
che però fugge continuamente!
Chi vuole essere felice lo sia:
del futuro non c'è certezza.

Questi sono Bacco e Arianna
[il dio del vino e dell'allegria e la sua amante],
sono belli e l'uno è innamorato dell'altra:
siccome il tempo fugge e inganna, se ne stanno sempre
insieme contenti. Queste ninfe [divinità dei boschi]
e le altre persone sono sempre allegre.
Chi vuole essere felice lo sia:
del futuro non c'è certezza.

Questi felici piccoli satiri
[divinità dei campi che accompagnavano Bacco],
innamorati delle ninfe,
hanno teso loro cento agguati nelle caverne
nei boschetti; ora, riscaldati da Bacco,
continuano a ballare e saltare.
Chi vuole essere felice lo sia:
del futuro non c'è certezza.

A queste ninfe fa piacere essere
insediate dai satiri: infatti possono
fare resistenza all'Amore
solo le persone rozze e sgraziate:
ora tutti insieme continuano
a suonare e cantare.
Chi vuole essere felice lo sia:
del futuro non c'è certezza.

Questo peso che segue il corteo
sopra un asino è Sileno:
così vecchio è ubriaco e felice,
già pieno di carne e di anni;
se non riesce a stare diritto in piedi,
almeno ride e si diverte.
Chi vuole essere felice lo sia:
del futuro non c'è certezza.

Li segue Mida [mitico re della Frigia]:
tutto quello che tocca diventa oro.
Ma a cosa serve avere la ricchezza,
se poi non ci si accontenta mai?
Quale piacere potrà mai sentire
chi continua ad avere sete (desiderio)?
Chi vuole essere felice lo sia:
del futuro non c'è certezza.

Ciascun apra ben gli orecchi,	*Ognuno apra bene le orecchie,*
di doman nessun si paschi;	*nessuno riponga le proprie speranze nel futuro;*
oggi siam, giovani e vecchi,	*oggi siamo, giovani e vecchi,*
lieti ognun, femmine e maschi;	*tutti felici, sia le donne che gli uomini;*
ogni tristo pensier caschi:	*si allontani ogni pensiero infelice:*
50 facciam festa tuttavia.	*continuiamo a festeggiare.*
Chi vuol esser lieto, sia:	*Chi vuole essere felice lo sia:*
di doman non c'è certezza.	*del futuro non c'è certezza.*
Donne e giovinetti amanti,	*Donne e giovani innamorati,*
viva Bacco e viva Amore!	*evviva Bacco evviva Amore!*
55 Ciascun suoni, balli e canti!	*Ognuno suoni, balli e canti!*
Arda di dolcezza il core!	*Il cuore sia ardente di dolcezza!*
Non fatica, non dolore!	*Nessuna fatica e nessun dolore!*
Ciò c'ha a esser, convien sia.	*Quello che deve succedere, accada.*
Chi vuol esser lieto, sia:	*Chi vuole essere felice lo sia:*
60 di doman non c'è certezza.	*del futuro non c'è certezza.*

---

e **1. Comprensione**

Nella 3ª e nella 4ª strofa si parla di satiretti e ninfe. È vero o falso che:

	vero	falso
a. le ninfe hanno posto agguati amorosi ai satiretti.	○	○
b. ninfe e satiretti sono inseguiti da Bacco.	○	○
c. i satiretti hanno teso agguati amorosi alle ninfe.	○	○

Qual è il significato dell'insistente ritornello?

○ **a.** L'allegria non dà certezze per il futuro.

○ **b.** Bisogna vivere allegramente perché non si sa cosa riservi il futuro.

○ **c.** È certo che domani saremo allegri.

La frase "di doman nessun si paschi" vuol dire che:

○ **a.** non bisogna confidare troppo nel futuro.

○ **b.** in futuro non si mangerà più.

○ **c.** domani non si mangerà.

e **2. Analisi dei personaggi mitici**

Compaiono vari personaggi presi dalla mitologia. Alcuni sono:

ubriachi: ....   giovani: ....   vecchi: ....

Sono tutti felici? La loro felicità viene dall'intimo, dalla serenità, o sono in qualche modo "drogati"?

e **3. Riflessione: personaggi mitici o moderni?**

Portando all'estremo il discorso su questo gruppo di ubriaconi allegri e rumorosi, non si può pensare che questo gruppo sia una versione mitica di quel modo di vivere che oggi chiamiamo "sesso, droga e rock 'n roll"? Vediamo la presenza di questi tre elementi:

- il personaggio "Amor" è il ....

- c'è della musica? ....

- quale sostanza ha funzione di droga? ....

Tu, nel Ventunesimo secolo, ti ritrovi in questa poesia di Lorenzo il Magnifico?

e **4. Analisi della lingua**

Un po' in tutta la poesia, ma soprattutto nelle ultime strofe, è molto usata una particolare forma verbale: il congiuntivo esortativo.

Servendoti di esempi, saresti in grado di spiegare in che cosa è diverso dall'imperativo?

l'Umanesimo e il Rinascimento

Il poema cavalleresco

1. L'origine e la diffusione del poema

A partire dai primi anni del Quattrocento e poi quasi per tutto il secolo ha molta fortuna la tradizione dei cantari. I cantari sono testi in rima composti da giullari o canterini, che li narravano oralmente nelle piazze, spesso accompagnati dalla musica. L'argomento dei cantari è tratto dalla materia del ciclo carolingio e bretone. Queste opere orali sono certamente all'origine della nascita del poema cavalleresco, diffuso nelle corti italiane, ma anche nel resto d'Europa (in particolare in Francia e Spagna).

Il poema rientra nel genere narrativo ed è una composizione in versi, generalmente in ottave (strofe di otto endecasillabi con schema metrico ABABABCC).

L'argomento dei poemi spesso riprende gli argomenti dei cantari e si rifà quindi, come questi, alla materia dei cicli bretone e carolingio, riprendendo le avventure di Re Artù e dei cavalieri della tavola rotonda dal primo e di Carlo Magno e dei suoi paladini dal secondo. Rispetto ai cantari il poema cavalleresco introduce però delle importanti novità.

Gli autori sono persone colte, spesso cortigiani che esercitano come unico mestiere quello del letterato di corte, e le opere sono composte per essere pubblicate e non diffuse oralmente. Un'ultima importante differenza tra la tradizione dei cantari e quella del poema è il pubblico: il giullare canta per la piazza, mentre i poemi cavallereschi si diffondono tra un pubblico nobile o borghese e colto.

Spesso quindi negli autori dei poemi cavallereschi si nota la volontà di prendere le distanze dalla precedente produzione canterina e c'è un'attenzione maggiore per la lingua e la forma.

2. Pulci e Boiardo

Tra i principali autori di poemi cavallereschi del tardo Quattrocento e del primo Cinquecento si devono ricordare almeno le personalità maggiori: **Luigi Pulci**, **Matteo Maria Boiardo** e, soprattutto, **Ludovico Ariosto**.

Luigi Pulci (1432-1484), nato a Firenze e in stretti contatti con la corte fiorentina e l'ambiente di Lorenzo de' Medici, è autore del poema cavalleresco *Morgante*, suo capolavoro, di un epistolario, di qualche novella e di numerose poesie dialettali, in cui dimostra un grande interesse per la sperimentazione linguistica.

Il *Morgante*, incominciato a scrivere nel 1461 e pubblicato nella versione completa definita *Morgante maggiore* nel 1483, è un poema ricco di episodi e dalla trama complicata. Protagonista dell'opera è appunto *Morgante*, un gigante che Orlando, allontanatosi dalla corte di Carlo Magno, incontra per strada e con il quale condivide mol-

---

⌕ Architettura del Quattrocento

Agli inizi del Quattrocento si sviluppa, prima a Firenze e poi in tutta Italia, una reazione all'arte gotica. I modelli da imitare sono gli edifici dell'antichità classica con spazi chiaramente misurabili e in cui i pilastri, le colonne e gli altri elementi architettonici sono armoniosamente equilibrati tra loro. Uno degli architetti più grandi del secolo è senza dubbio Filippo Brunelleschi (1377-1446).

La prima realizzazione delle nuove teorie sulla proporzione si può riconoscere nella Cappella de' Pazzi, presso Santa Croce a Firenze. Tra le altre opere più note di Brunelleschi va ricordata la cupola di Santa Maria del Fiore a Firenze.

Leon Battista Alberti (1404-72) realizza il progetto della chiesa di Sant'Andrea a Mantova abbandonando il modello degli edifici sacri tradizionali. L'Alberti è anche autore di un testo famoso sulle arti figurative, il *De re aedificatoria*, e della prima grammatica dell'italiano scritta in lingua toscana. Tra le altre opere della nuova architettura ricordiamo Santa Maria dei Miracoli, a Venezia, in cui Pietro Lombardo (1434-1515) fa un mirabile uso di marmi di diversi colori, e la chiesa di San Zaccaria (sempre a Venezia) di Mauro Codussi (1440-1504).

teplici e divertenti avventure. Pulci è vicino alla tradizione comica toscana e il suo *Morgante* è quindi un poema che si riallaccia alla tradizione canterina e all'ambiente fiorentino borghese e mercantesco. La lingua dell'opera, sempre molto ricca e varia, è caratterizzata da un lessico tipico del fiorentino parlato contemporaneo.

Matteo Maria Boiardo, nato a Scandiano, vicino a Reggio Emilia, attorno al 1440, appartiene a una famiglia nobile e riceve un'educazione umanistica presso la corte degli Este. Per tutta la vita resterà legato all'ambiente di corte, sia a Ferrara che nella vicina Reggio Emilia. Tra le sue opere più note si ricordano oltre al poema l'*Orlando innamorato*, anche gli *Amorum libri*, raccolta di rime (sonetti, canzoni, ballate, madrigali) in volgare. Boiardo inizia a scrivere l'*Orlando innamorato* attorno al 1476, e lo pubblica in forma incompleta nel 1483; riprende poi in mano l'opera, ma non la porta mai a compimento. Il poema sarà pubblicato integralmente solo dopo la morte dell'autore nel 1506.

Se l'*Innamorato* era stato letto ed apprezzato molto nei primi anni del '500, l'opera fu poi ben presto dimenticata, e questo principalmente per questioni di lingua. Boiardo scriveva in una lingua (il ferrarese purificato dagli elementi dialettali) che non corrispondeva ai canoni fissati dalla riforma del Bembo (cfr. *la questione della lingua a p. 52-53*). Solo recentemente l'opera ha iniziato a godere di nuovo di una grande fortuna.

3. L'*Orlando Furioso* dell'Ariosto

Senz'altro il poema cavalleresco più noto, e forse l'opera che più di ogni altra caratterizza il Rinascimento, è l'*Orlando Furioso* di Ludovico Ariosto, dedicato a Ippolito d'Este. L'Ariosto continua con il suo poema la narrazione dell'*Orlando* innamorato, partendo dal punto esatto in cui il poema di Boiardo si interrompe. L'Ariosto inizia a scrivere l'*Orlando* nei primi anni del 1500 e lo pubblica in una prima redazione nel 1516.

Dopo questa prima edizione, il poeta ripubblica l'opera una seconda volta nel 1521 e una terza volta nel 1532, mutando soprattutto la lingua, che viene adattata al modello esposto da Bembo nelle *Prose della volgar lingua*. Il poema dell'Ariosto diventerà un vero e proprio bestseller: numerosissime saranno le ristampe, nel Cinquecento e fino ai nostri giorni. Con l'Ariosto, come ha detto un celebre studioso, il poema cavalleresco diventa romanzo contemporaneo delle passioni e delle aspirazioni degli uomini di quel tempo.

Ludovico Ariosto

Ludovico Ariosto nasce a Reggio Emilia nel 1474. Fin dai suoi primi anni di vita è in contatto con l'ambiente di corte a Ferrara, dove già il padre lavorava come funzionario presso la corte estense.

Ariosto inizia a studiare diritto senza una grande passione, e nel contempo è in amicizia anche con diversi letterati e umanisti della corte ferrarese, sviluppando così interesse e amore per la letteratura. Negli anni giovanili scrive soprattutto liriche latine e poche liriche in volgare.

Nel 1500 muore il padre e il poeta, il più vecchio di dieci fratelli e sorelle, deve occuparsi del sostentamento della famiglia. Per fortuna riceve alcuni incarichi presso la corte di Ferrara ed entra al servizio del cardinale Ippolito d'Este dove resterà per quindici anni. Anche se il rapporto fra i due sarà spesso conflittuale, l'incarico permetterà al poeta di dedicarsi alla sua passione per la letteratura e di scrivere l'*Orlando furioso*.

Lasciato l'incarico presso il cardinale, Ariosto vive un periodo di difficoltà economiche, che si risolve solo quando verrà incaricato di curare l'organizzazione degli spettacoli teatrali di corte.
Durante gli ultimi anni di vita il poeta si sposa con Alessandra Benucci e si dedica soprattutto alla letteratura.

Oltre alle opere ricordate l'Ariosto ha scritto anche numerose commedie, e le *Satire* (1517-1525), componimenti in terzine (tre versi endecasillabi rimati) che prendono come modello le *Satire* e le *Epistole* di Orazio e le *Satire* di Giovenale. Muore a Ferrara nel 1533.

In alto: Ritratto di Ludovico Ariosto, Galleria degli Uffizi, Firenze.

Nella pagina a fianco in alto: particolare de La Partenza di Rolando di Paolo Finoglio.

Nella pagina a fianco in basso: la cupola del Brunelleschi di Santa Maria del Fiore, Cattedrale di Firenze.

T17 Matteo Maria Boiardo: Canto primo

1.

Signori e cavallier che ve adunati
Per odir cose dilettose e nove,
Stati attenti e quïeti, ed ascoltati
La bella istoria che 'l mio canto muove;
5 E vedereti i gesti smisurati,
L'alta fatica e le mirabil prove
Che fece il franco Orlando per amore
Nel tempo del re Carlo imperatore.

2.

Non vi par già, signor, meraviglioso
10 Odir cantar de Orlando inamorato,
Ché qualunche nel mondo è più orgoglioso,
È da Amor vinto, al tutto subiugato;
Né forte braccio, né ardire animoso,
Né scudo o maglia, né brando affilato,
15 Né altra possanza può mai far diffesa,
Che al fin non sia da Amor battuta e presa.

Da *Orlando innamorato*

1.

Signori e cavalieri che vi riunite
per ascoltare cose piacevoli e nuove,
state attenti e zitti e ascoltate
la bella storia che ispira il mio canto.
E vedrete le azioni straordinarie,
l'enorme fatica e le prove ammirevoli
che il franco Orlando fece per amore,
quando era imperatore re Carlo.

2.

Non vi sembri strano, signori, sentir
cantare dell'innamoramento di Orlando,
dal momento che anche il più orgoglioso
al mondo è vinto da Amore e ne è totalmente sottomesso;
né la forza delle braccia, né un valoroso ardimento,
né lo scudo o l'armatura, né una spada affilata,
né alcun altro potere può difendersi:
alla fine è battuto e vinto dall'Amore.

---

e 1. Confronto. Leggi i testi 17 e 18.
A chi si rivolge

a. Boiardo nell'apertura del suo poema? ....

b. Ariosto nell'apertura del suo poema? ....

Entrambi i poemi si aprono parlando di "cavalieri", ma è una somiglianza superficiale:

a. nel poema di .... i cavalieri sono i destinatari del racconto

b. nel poema di .... i cavalieri sono l'oggetto del racconto

In entrambi i poemi la stanza 2 parla d'Amore, ma

a. nel poema di .... è una forza invincibile e distruttiva,
come si vede nei versi .... della stanza 2.

b. nel poema di .... è una forza che vince ma non distrugge,
come si vede nei versi .... della stanza 1.

e 2. Comprensione

Nella prima ottava del testo 18 si dice che:

○ **a.** i mori, seguendo l'ira e il furore di
Agramante, hanno fatto danni in Francia

○ **b.** il poeta canta seguendo l'ira e il furore di Agramante

○ **c.** re Carlo, seguendo l'ira e il furore di Agramante,
ha fatto danni in Francia

**È vero o falso che nella quarta ottava del testo 18
Ariosto dice che:**

○ **a.** Ruggiero è il capostipite della famiglia D'Este

○ **b.** Ippolito non ascolta lo sciocco canto del poeta

○ **c.** Ruggero è il migliore tra gli eroi di cui
Ariosto parlerà

T18 Ludovico Ariosto: Il proemio

1.
Le donne, i cavallier, l'arme, gli amori,
le cortesie, l'audaci imprese io canto,
che furo al tempo che passaro i Mori
d'Africa il mare, e in Francia nocquer tanto,
5 seguendo l'ire e i giovenil furori
d'Agramante lor re, che si diè vanto
di vendicar la morte di Troiano
sopra re Carlo imperator romano.

2.
Dirò d'Orlando in un medesmo tratto
10 cosa non detta in prosa mai, né in rima:
che per amor venne in furore e matto,
d'uom che sì saggio era stimato prima;
se da colei che tal quasi m'ha fatto,
che 'l poco ingegno ad or ad or mi lima,
15 me ne sarà però tanto concesso,
che mi basti a finir quanto ho promesso.

3.
Piacciavi, generosa Erculea prole,
ornamento e splendor del secol nostro,
Ippolito, aggradir questo che vuole
20 e darvi sol può l'umil servo vostro.
Quel ch'io vi debbo, posso di parole
pagare in parte e d'opera d'inchiostro;
né che poco io vi dia da imputar sono,
ché quanto io posso dar, tutto vi dono.

4.
25 Voi sentirete fra i più degni eroi,
che nominar con laude m'apparecchio,
ricordar quel Ruggier, che fu di voi
e de' vostri avi illustri il ceppo vecchio.
L'alto valore e' chiari gesti suoi
30 vi farò udir, se voi mi date orecchio,
e vostri alti pensieri cedino un poco,
sì che tra lor miei versi abbiano loco.

Da *Orlando furioso*

1.
*Io desidero cantare le donne, i cavalieri, le armi, gli amori,
le cortesie e le imprese valorose che avvennero quando
i musulmani d'Africa, i saraceni, attraversarono lo stretto di
Gibilterra e causarono molti danni in Francia. I saraceni seguirono la rabbia e il furore giovanile del loro re Agramante,
che voleva vendicare la morte di suo padre, Troiano [ucciso da
Orlando], combattendo contro il re Carlo Magno, imperatore
romano [e re dei franchi].*

2.
*Desidero però anche raccontare allo stesso tempo una cosa
che non è mai stata detta né in prosa né in versi, e cioè
come Orlando sia impazzito per amore, anche se prima era
considerato un uomo saggio.
[Potrò raccontare questo] se la donna che ha fatto quasi
impazzire anche me per amore, e che consuma il mio scarso
ingegno, mi lascerà amore sufficiente quanto basti per finire
l'opera che ho promesso di scrivere.*

3.
*Vi faccia piacere, Ippolito d'Este, voi che siete generoso
figlio di Ercole I, e siete l'ornamento e lo splendore del nostro
secolo, ricevere quest'opera, che è l'unica cosa che vi vuole
e vi può dare il vostro umile servo [Ariosto]. Quello di cui
vi sono debitore, lo posso pagare solo in parte con le parole
e l'opera della mia penna; d'altra parte non mi potete
accusare di darvi poco, perché tutto quello
che vi posso dare, io ve lo do.*

4.
*Fra gli eroi più valorosi che io mi preparo a lodare,
voi sentirete ricordare quel famoso Ruggiero,
che ha dato origine alla stirpe degli Estensi.
Se voi mi darete ascolto, vi farò sentire il suo alto
valore e le sue famose gesta; i vostri pensieri importanti
si abbassino quindi un po', in modo che tra
di loro ci sia posto anche per i miei versi.*

Nella pagina a fianco: ritratto di Matteo Maria Boiardo.
Qui accanto: l'Olifante, il corno di Orlando.

T19 Ludovico Ariosto: Ingiustissimo amor

1.

Ingiustissimo Amor, perché sì raro
corrispondenti fai nostri desiri?
onde, perfido, avvien che t'è sì caro
il discorde voler ch'in duo cor miri?
5   Gir non mi lasci al facil guado e chiaro,
e nel più cieco e maggior fondo tiri:
da chi disia il mio amor tu mi richiami,
e chi m'ha in odio vuoi ch'adori ed ami.

2.

Fai ch'a Rinaldo Angelica par bella,
10   quando esso a lei brutto e spiacevol pare:
quando le parea bello e l'amava ella,
egli odiò lei quanto si può più odiare.
Ora s'affligge indarno e si flagella;
così renduto ben gli è pare a pare:
15   ella l'ha in odio, e l'odio è di tal sorte,
che più tosto che lui vorria la morte.

3.

Rinaldo al Saracin con molto orgoglio
gridò: - Scendi, ladron, del mio cavallo!
Che mi sia tolto il mio, patir non soglio,
20   ma ben fo, a chi lo vuol, caro costallo:
e levar questa donna anco ti voglio;
che sarebbe a lasciartela gran fallo.
Sì perfetto destrier, donna sì degna
a un ladron non mi par che si convegna.

4.

25   - Tu te ne menti che ladrone io sia
(rispose il Saracin non meno altiero):
chi dicesse a te ladro, lo diria
(quanto io n'odo per fama) più con vero.
La pruova or si vedrà, chi di noi sia
30   più degno de la donna e del destriero;
ben che, quanto a lei, teco io mi convegna
che non è cosa al mondo altra sì degna. -

5.

Come soglion talor duo can mordenti,
o per invidia o per altro odio mossi,
35   avicinarsi digrignando i denti,
con occhi bieci e più che bracia rossi;
indi a' morsi venir, di rabbia ardenti,
con aspri ringhi e ribuffati dossi:
così alle spade e dai gridi e da l'onte
40   venne il Circasso e quel di Chiaramonte.

1.

*Ingiustissimo Amore, perché così raramente
fai in modo che i nostri desideri corrispondano?
Perché sei così perfido che ti fa piacere il desiderio contrario
che vedi in due cuori? Non mi lasci attraversare il fiume
dove l'acqua è semplice e chiara, e mi tiri invece nella
più cieca profondità: mi richiami da chi desidera
il mio amore e vuoi che adori
ed ami chi mi odia.*

2.

*Fai in modo che a Rinaldo Angelica paia bella,
quando lui pare a lei brutto e spiacevole:
invece quando le sembrava bello e lei lo amava,
lui la odiava quanto più si può odiare.
Ora si tortura inutilmente e si flagella; lei lo odia
e l'odio è di tale natura che piuttosto
di lui vorrebbe la morte.*

3.

*Rinaldo, rivolto al saraceno, con molto orgoglio gridò:
«Ladrone, scendi dal mio cavallo! Non sono abituato
a tollerare che mi siano tolte le mie cose, invece,
a chi lo vuole [fare] lo faccio costare caro:
e in più ti voglio portar via questa donna,
perché sarebbe un grande errore lasciartela.
Un cavallo così perfetto e una donna così degna
non mi sembra che vadano bene per un ladro.»*

4.

*«Tu menti dicendo che io sia un ladro
(rispose il saraceno non meno orgoglioso):
chi dicesse che sei tu un ladro, lo direbbe
(a quanto sento dire) con più verità.
Ora faremo la prova [per vedere] chi tra noi
sia più degno della donna e del cavallo; anche se,
riguardo a lei, sono d'accordo con te, che non
c'è altra cosa al mondo così preziosa.»*

5.

*Come succede talvolta tra due cani in lotta, mossi dall'invidia
o da un altro tipo di odio, che si avvicinano mostrando i denti,
con gli occhi storti e rossi più del fuoco; e poi arrivano a
mordersi, bruciando di rabbia, con ringhi aspri e con i peli
della schiena tutti rizzati: allo stesso modo, spinti dalle grida
e dalle offese, giunsero alle spade il circasso [il saraceno]
e Rinaldo, colui che era originario di Chiarmonte.*

Da *Orlando furioso*, Canto II

e 1. Comprensione

Nella prima ottava del testo 19 si sostiene che:

	vero	falso
a. chi ama è sempre riamato.	○	○
b. Amore si diverte a vedere le sofferenze degli amanti.	○	○
c. Amore non permette che due persone si amino contemporaneamente.	○	○
d. quando Rinaldo si innamora di Angelica lei lo odia.	○	○

Nel testo 19, Rinaldo e Sacripante (il "Saracin", il "Circasso" nel testo, dai nomi della terra da dove proveniva) hanno una lite molto accesa. Le seguenti affermazioni sono vere o false?

	vero	falso
a. Sacripante accusa Rinaldo di avergli rubato la donna e il cavallo.	○	○
b. Rinaldo accusa Sacripante di avergli rubato la donna e il cavallo.	○	○
c. Rinaldo accusa la donna di avergli rubato il cavallo.	○	○

e 2. Analisi

Il testo che hai letto è scritto in ottave. Rileggilo con attenzione, e partendo dall'osservazione del testo di' se le seguenti affermazioni sono vere o false.

	vero	falso
a. L'ottava è composta da otto versi di sette sillabe ciascuno.	○	○
b. L'ottava è composta da otto versi di undici sillabe ciascuno.	○	○
c. I versi di un'ottava rimano AB AB AB AB	○	○
d. I versi di un'ottava rimano AB AB AB CC	○	○

Orlando prima innamorato e poi furioso

La trama dei due poemi è molto complicata e difficile da riassumere, anche perché molto spesso le vicende narrate vengono abbandonate e riprese solo nei canti successivi; inoltre sono frequenti episodi autonomi rispetto alla trama principale. Il protagonista è naturalmente Orlando, cavaliere di Carlo Magno. Tuttavia, contrariamente alle altre opere che vedevano il cavaliere come eroe del racconto, nel poema di Boiardo l'attenzione si concentra, come si può vedere anche dal titolo, sulla passione amorosa di Orlando per la bellissima Angelica. Il tema amoroso domina quindi tutta l'opera e introduce un significativo cambiamento rispetto al passato.

Non più solo le armi, ma le armi e gli amori. Infatti Orlando non è il solo a patire l'amore per la bella donna, ma anche molti altri paladini cristiani e musulmani si innamorano di Angelica. La trama dell'opera di Ariosto è ancora più complessa, e l'insieme unitario dell'opera è dato dalle tre vicende centrali: la guerra tra cristiani e saraceni; l'amore di Orlando per Angelica che condurrà il cavaliere alla pazzia e, più in generale, di molti cavalieri che vanno all'inseguimento della bella donna; infine l'amore tra Ruggiero, cavaliere saraceno, e Bradamante, guerriera cristiana, che si concluderà con la conversione al cristianesimo di Ruggiero e il matrimonio tra i due, che daranno origine alla stirpe degli Estensi, signori di Ferrara. Già dal titolo e dai primi versi è evidente il distacco dal poema del Boiardo. Mentre il tema centrale del suo poema è l'innamoramento di Orlando e l'amore è considerato una nobile passione, nel Furioso l'amore non è più valore cortese, ma causa della follia dell'uomo. Qui accanto, i "pupi" siciliani che rappresentano i cavalieri di Carlo Magno.

l'Umanesimo e il Rinascimento

La riflessione politica

1. Il dibattito politico prima di Machiavelli e Guicciardini

Tutto il Quattrocento è ricco di scritti d'argomento politico. Queste opere si possono dividere in due gruppi: i testi che partono da una situazione politica reale e analizzano o il regime signorile o quello repubblicano, e quelli che invece non si fondano sulla realtà, ma che, descrivendo una società ideale inesistente, passano poi a osservazioni concrete di natura storico-politica, sul modello dell'*Utopia* di Tommaso Moro.

Le caratteristiche principali di questi trattati sono: l'uso della lingua latina, il prendere come modello testi classici, come ad esempio la *Politica* di Aristotele, e infine il contenuto prevalentemente morale. Tra le opere più note si possono ricordare il *De principe* e il *De optimo cive* del **Platina**, il *De principe liber* di **Giovanni Pontano**, il *De Republica veneta* di **Pier Paolo Vergerio** e la *Laudatio florentinae urbis* di **Leonardo Bruni**.

2. Il realismo politico di Niccolò Machiavelli

Le opere storico-politiche più importanti di Machiavelli sono Il *Principe* e i *Discorsi sopra la prima deca di Tito Livio*. In questi testi Machiavelli elabora una vera e propria scienza politica.

Per elaborare le sue teorie egli parte da alcuni presupposti. Il primo punto centrale è la sua convinzione della malvagità dell'uomo, che non fa "mai nulla bene se non per necessità". Secondo punto fodamentale è la certezza che la storia sia dominata dal caso e che quindi l'uomo, per poter intervenire sul corso delle cose, debba saper sfruttare la virtù e la fortuna. All'uomo cioè non basta la sua propria virtù, perché è soggetto comunque alla fortuna, e quindi deve saper scegliere e agire nel modo giusto e nel momento giusto.

Machiavelli parte e infine dal presupposto che la storia degli uomini sia regolata da leggi fisse e immutabili e che quindi sia maestra di vita.

> ### Niccolò Macchiavelli
>
>
>
> Niccolò Machiavelli nasce a Firenze nel 1469 da una famiglia fiorentina ricca, ma ormai in difficoltà economiche. Cresce nella Firenze di Lorenzo il Magnifico, pertanto in un ambiente aperto alla cultura. Dal 1498 al 1512 lavora come segretario della Repubblica fiorentina. È in contatto con molti uomini politici del tempo e, di ritorno dalle sue missioni di lavoro, scrive le sue prime opere, in genere relazioni che analizzano situazioni politiche concrete. Con la caduta della Repubblica e il ritorno al potere dei Medici (1512) viene cacciato dall'incarico, torturato e costretto ad abbandonare Firenze per un certo tempo. Nella seconda parte della sua vita Machiavelli si dedica prevalentemente alle sue opere. Nel 1513 scrive *Il Principe*. Si dedica anche alle altre opere storiche come i *Discorsi sopra la prima deca di Tito Livio*, il trattato dialogico *Arte della guerra*, la *Vita di Castruccio Castracani*. Scrive infine opere letterarie, tra cui la più nota è la commedia *La Mandragola*. Negli ultimi anni, ottenuto dai Medici l'incarico di scrivere una storia di Firenze si dedica alla stesura delle *Istorie fiorentine*, composte tra il 1520 e il 1525. Nel 1527 crolla il regime dei Medici e torna la Repubblica. Machiavelli spera di poter ottenere un nuovo incarico, ma a causa dei rapporti che ha intrattenuto coi Medici, gli viene negato. Muore a Firenze nello stesso anno.

🔍 Pittura e scultura del Quattrocento

Lo scultore più noto del Quattrocento è sicuramente Donatello (1386-1466), che ha saputo creare opere molto espressive. Di origine classica è la scelta del nudo per il David (nella foto qui a destra), in cui la nudità non è più il simbolo del peccato (come accadeva nel Medioevo), ma indica la superiorità morale del soggetto. Il monumento equestre al condottiero Gattamelata (in piazza del Santo a Padova) è invece la prima statua dall'antichità a proporsi come forma autonoma. Altro monumento equestre da ricordare è quello di Bartolomeo Colleoni (di fronte alla chiesa dei Santi Giovanni e Paolo a Venezia), opera di Andrea del Verrocchio (1435-88).

Per questo, studiando le opere storiche degli antichi, è possibile ricavare comportamenti utili per il presente e il futuro. Nei *Discorsi*, che sono un trattato in tre libri contenente una serie di riflessioni sull'opera dello storico romano Tito Livio *Dalla fondazione di Roma*, Machiavelli si sofferma soprattutto ad analizzare i problemi dello Stato: politica interna, politica estera, azioni degli uomini che hanno fatto grande Roma. Il *Principe*, breve trattato in ventisei capitoli, è un'opera più strutturata e coerente. Machiavelli sperava, grazie a quest'opera, scritta dopo che egli era stato destituito dalla carica di segretario della Repubblica fiorentina, di ottenere un nuovo incarico politico dai Medici.

Anche per questo dedica il libro al nipote di Lorenzo il Magnifico. Nel *Principe* Machiavelli parte sempre dall'analisi di situazioni reali e delinea una teoria in cui tutto è subordinato all'utilità dello Stato.

3. Politica, storia e morale: Francesco Guicciardini

Francesco Guicciardini vive nella stessa città e negli stessi anni dell'amico Machiavelli. Tuttavia la sua carriera politica, per quanto difficile in certi periodi, non conosce lo scacco che invece subirà Machiavelli. Guicciardini incarna la classica figura dell'intellettuale funzionario, e il suo interesse principale è rivolto all'aspetto tecnico dello Stato, di cui esamina l'assetto costituzionale. Le sue opere politiche più importanti sono *Il discorso di Logrogno* e *Il Dialogo del reggimento di Firenze*. *Il discorso di Logrogno* prende il nome dalla città spagnola nella quale il Guicciardini ha composto l'opera. In essa egli prende in esame i problemi costituzionali della Repubblica fiorentina. Lo stesso argomento viene ripreso nel successivo *Dialogo del reggimento di Firenze*, che però è scritto, come si vede dal titolo, in forma dialogica.

Guicciardini finge un dialogo, ambientato a Firenze nel 1494 dopo la cacciata dei Medici. Dalle discussioni emergono riflessioni di carattere generale sullo Stato e sulla natura dell'uomo. Nelle sue opere politiche Guicciardini cerca soprattutto di progettare un buon governo dello Stato e per questo motivo definisce con grande precisione i compiti delle diverse magistrature.

Accanto alle opere strettamente politiche, Guicciardini è anche autore dei *Ricordi*. Citiamo infine l'opera storica più vasta, la *Storia d'Italia*. Composto negli ultimi anni di vita, il testo prende in esame la storia d'Italia dal 1494 al 1534 ed è in venti libri.

Francesco Guicciardini

Francesco Guicciardini nasce a Firenze nel 1483 da una famiglia nobile fedele ai Medici. Dopo aver studiato legge ed essersi laureato in diritto civile, inizia ad intraprendere la professione di avvocato e contemporaneamente inizia a scrivere le *Storie Fiorentine*.

Nel 1512 inizia la sua carriera politica come ambasciatore della Repubblica fiorentina in Spagna. Durante la sua permanenza all'estero, i Medici ritornano al potere. Rientrato a Firenze, Guicciardini ottiene importanti incarichi politici.

Nel 1527, anno del famoso "sacco di Roma" (durante il quale la città è invasa e distrutta dalle truppe mercenarie), crolla di nuovo il governo dei Medici e viene instaurata la Repubblica. Guicciardini viene accusato e processato per l'attività svolta a Roma presso i due papi Leone X e Clemente VII, membri della famiglia Medici. Egli viene inoltre accusato di essersi impadronito dei soldi destinati al pagamento dei soldati. Guicciardini, pur potendo dimostrare la sua innocenza, si ritira a vita privata e si dedica soprattutto alla terza e ultima redazione dei *Ricordi*. Tornati al potere i Medici, il Guicciardini viene richiamato a Firenze per un nuovo incarico. Qualche tempo dopo, per incomprensioni con Cosimo de' Medici, che tendeva a una politica assolutistica, Guicciardini si ritira nuovamente a vita privata e si dedica alla stesura della *Storia d'Italia*. Muore ad Arcetri nel 1540.

In alto: ritratto di Francesco Guicciardini.
In basso: scorcio di Palazzo De' Medici.
Nella pagina a fianco in alto: ritratto di Niccolò Machiavelli.
Nella pagina a fianco in basso: il David di Donatello.

T20 Niccolò Macchiavelli: I modi e i governi di un principe

Capitolo XV:
De his rebus quibus homines
et praesertim principes laudantur
aut vituperantur.

Resta ora a vedere quali debbano essere e' modi e governi
di uno principe con sudditi o con li amici. […]

perché elli è tanto discosto da come si vive a come si doverrebbe vivere, che colui che lascia quello che si fa per
quello che si doverrebbe fare, impara più tosto la ruina che
la perservazione sua: perché uno uomo che voglia fare in
tutte le parte professione di buono, conviene rovini infra
tanti che non sono buoni. Onde è necessario a uno principe, volendosi mantenere, imparare a potere essere non
buono, et usarlo e non usare secondo la necessità.

Lasciando adunque indrieto le cose circa uno principe im-
maginate, e discorrendo quelle che sono vere, dico che tutti
li uomini, quando se ne parla, e massime e' principi, per essere posti più alti, sono notati di alcune di queste qualità
che arrecano loro o biasimo o laude. […]

Et io so che ciascuno confesserà che sarebbe laudabilissima
cosa uno principe trovarsi di tutte le soprascritte qualità,
quelle che sono tenute buone: ma, perché non si possono
avere né interamente osservare, per le condizioni umane
che non lo consentono, li è necessario essere tanto prudente che sappia fuggire l'infamia di quelle che li torrebbano lo
stato, e da quelle che non gnene tolgano guardarsi, se elli è
possibile; ma, non possendo, vi si può con meno respetto
lasciare andare.

Et etiam non si curi di incorrere nella infamia di quelli vizii
sanza quali possa difficilmente salvare lo stato; perché, se
si considerrà bene tutto, si troverrà qualche cosa che parrà
virtù, e seguendola sarebbe la ruina sua; e qualcuna altra
che parrà vizio, e seguendola ne riesce
la securtà et il bene essere suo.

Capitolo XV:
Di quelle cose a causa
delle quali gli uomini e soprattutto i principi
sono lodati o accusati.

Ci resta ora da analizzare quali debbano essere i modi
e i governi di un principe con i sudditi o con gli amici. […]

dal momento che c'è così tanta differenza tra come si vive realmente e come si dovrebbe vivere, che chi tralascia [di stu-
diare] quello che si fa e preferisce [studiare] quello che si dovrebbe fare, impara piùttosto a distruggersi che a preservarsi;
dal momento che un uomo che voglia sempre essere buono,
necessariamente andrà in rovina fra tanti che non sono buoni.
Per questo motivo è necessario per un principe che voglia
mantenere il potere imparare a poter essere non buono,
e fare uso di questa abilità secondo le necessità.

Lasciando quindi perdere i fatti non reali che riguardano
il principe e discutendo dei fatti reali, posso affermare che
tutti gli uomini, quando se ne parla, e soprattutto i principi,
dal momento che sono in una posizione più alta, sono
giudicati per alcune di queste caratteristiche che danno
loro o critica o lode. […]

E io so che ognuno confesserà che sarebbe un'ottima cosa
trovare un principe che abbia, tra tutte le caratteristiche elencate sopra, quelle che sono ritenute buone ma, dal momento
che non si possono possedere né osservare [in una persona]
tutte insieme, a causa della natura degli uomini che non lo
permette, è necessario che il principe sia tanto prudente da
saper fuggire l'accusa di possedere quelle qualità che potrebbero togliergli lo Stato, e da fare attenzione se è possibile
[se è accusato] a quelle che non causerebbero la perdita dello
Stato; ma, non essendo possibile, può abbandonarsi ad esse
senza troppi riguardi.

Inoltre, non abbia paura di essere accusato di quei vizi senza i
quali si può difficilmente salvare lo Stato; perché, considerando attentamente tutto, si troverebbe che una qualità che sembra virtù, seguendola, porterebbe alla rovina; e qualche altro
comportamento che sembra un vizio, seguendolo, condurreb-
be alla sicurezza e al benessere [del principe e dello Stato].

Contenuto del *Principe*

Nel libro è contenuta una serie di riflessioni politiche su come si deve costruire uno Stato e su quali debbano essere le caratteristiche del principe. Tra i problemi discussi figura il problema dell'esercito, che ogni Stato dovrebbe possedere, e quello della religione, elemento necessario e costitutivo di ogni Stato, perché ha la funzione di mantenere i sudditi obbedienti e uniti. Come la religione è subordinata all'efficienza dello Stato, così anche le caratteristiche del principe non devono seguire la morale tradizionale, cioè quello che è moralmente corretto, ma la morale politica.

e 1. Comprensione

Descrivendo le caratteristiche del principe ideale Machiavelli dice:

"Onde è necessario a uno principe, volendosi mantenere, imparare a potere essere non buono, et usarlo e non usare secondo la necessità".

Questa frase significa che:

○ **a.** un principe deve essere sempre cattivo

○ **b.** per mantenere il suo potere, un principe deve saper essere cattivo

○ **c.** tutti i principi sono cattivi

**Quale tra queste frasi descrive meglio il pensiero di Machiavelli?
Discuti la tua scelta con la classe.**

○ **a.** È inutile ragionare di politica pensando che gli uomini siano tutti buoni: bisogna elaborare teorie che tengano conto dei limiti della natura umana.

○ **b.** Anche se il mondo non è virtuoso, il principe deve comunque agire in modo da non compiere mai azioni contro la morale.

○ **c.** Lo scopo di chi esercita il potere è quello di comportarsi male, senza che nessuno possa impedirglielo.

Il frontespizio e la prima pagina de *il Principe* di Nicolò Machiavelli.

**Rileggi il testo e di' se le seguenti affermazioni sono vere o false.
Secondo Machiavelli:**

	vero	falso
a. se un uomo è buono non deve avere paura perché non gli succederà mai nulla di male.	○	○
b. i principi hanno gli stessi vizi e gli stessi difetti degli uomini normali, ma nei principi queste caratteristiche negative sono più evidenti.	○	○
c. un principe può avere tutti quei vizi e quei difetti che non gli causino la perdita del potere.	○	○
d. un principe deve essere virtuoso altrimenti rischia di perdere il potere.	○	○

e 2. Analisi

**Il testo di Machiavelli che hai appena letto ha una struttura molto rigida.
Rileggilo con cura e dividilo in sezioni. Dopodiché dài ad ogni sezione il titolo che ti sembra più adatto.**

....

....

....

....

....

*l'*Umanesimo *e il* Rinascimento

Altre forme letterarie

1. La trattatistica

Il trattato è un'opera in prosa che si propone l'analisi di un problema in tutti i suoi aspetti. Si tratta del genere letterario più tipico del Quattrocento, la cui fortuna continua però ancora per tutto il Cinquecento. Gli argomenti discussi nei trattati umanistico-rinascimentali sono i più vari: dalla definizione della dignità dell'uomo all'influenza della fortuna sulle azioni umane, dalle discussioni linguistiche e morali alle riflessioni sulla natura dell'amore o sulla preferenza da dare alla vita attiva piuttosto che a quella contemplativa ecc... Molto spesso i trattati sono scritti in forma dialogica, la più adatta per esprimere opinioni contrapposte e per dimostrare una tesi e respingerne un'altra. D'altra parte il dialogo risponde anche a una caratteristica della cultura del tempo: infatti nel Quattro e nel Cinquecento gli intellettuali si ritrovano spesso per discutere in cenacoli privati o vere e proprie accademie.

Il modello cui gli umanisti si rifanno è ancora una volta l'antichità classica: si pensi in primo luogo ai dialoghi di Platone, alle *Tusculanae Disputationes* di Cicerone o alla *Poetica* di Aristotele. Tra i tanti nomi di autori che si sono cimentati in questo genere sono da ricordare almeno **Leon Battista Alberti**, **Pietro Bembo** e **Baldassarre Castiglione** (cfr. testi 22-23).

2. La lirica

Petrarca con il suo *Canzoniere* è il modello al quale bisogna rifarsi sia per la lingua e lo stile, che per l'ispirazione poetica. Già nel Quattrocento alcuni poeti lirici avevano seguito il modello petrarchesco, ma solo con **Pietro Bembo** ha inizio un'imitazione più profonda del Petrarca. Non si tratta solo di riprendere parole o temi, ma di riappropriarsi del modello in modo originale. Lo stesso Bembo è autore di una raccolta di componimenti poetici, le *Rime*, edita nel 1530. Tra gli autori di rime petrarchesche ricordiamo: **Matteo Maria Boiardo**, **Angelo Poliziano**, **Lorenzo de' Medici**, **Jacopo Sannazaro**, **Michelangelo Buonarroti**, (cfr. testo 26) **Giovanni Della Casa**.

Tra questi, forse, è il Della Casa il lirico più originale e il maggior poeta italiano nell'età compresa fra quella dell'Ariosto e quella del Tasso. Della Casa, pur imitando Petrarca, giunge ad esiti originali. Tra i motivi più tipici della sua poesia vi sono riflessioni austere sulla vita e sulla morte, la stanchezza, la delusione e il desiderio di pace. Grande importanza conosce in quest'epoca la lirica femminile. Sono molte le autrici di rime amorose, e una delle più note è certamente **Gaspara Stampa** (cfr. testo 24). La Stampa, che morirà ad appena trent'anni, è autrice di un'importante raccolta di rime amorose, dedicate soprattutto all'amato Collaltino da Collalto.

Accanto a questa produzione di rime tradizionali fiorisce anche una produzione lirica giocosa e di matrice antipetrarchesca. Non si tratta tanto di una letteratura che si oppone ai canoni ufficiali, quanto di una lirica diversa, ma non per questo meno ricercata, in cui prevalgono il gioco e la ricerca linguistica. Questa produzione si ricollega alle opere realistico-giocose del Due-Trecento.

🔍 Storia del XVI secolo

Nel Cinquecento l'Italia continua a essere divisa in numerosi piccoli Stati, spesso in lotta fra loro. Gli altri Stati europei che hanno già raggiunto un'unità politica sfruttano la debolezza italiana. Nel Cinquecento sono, infatti, numerose le guerre che si combattono proprio sul suolo italiano. In particolare sarà da ricordare la rivalità tra Francesco I, re di Francia, e Carlo V, re di Spagna e imperatore del Sacro Romano Germanico Impero. Il 1527 è uno degli anni più difficili: Roma viene distrutta dalle truppe francesi, spagnole e dai soldati mercenari. Molti abitanti sono costretti a lasciare la città. Quest'episodio è noto come "il sacco di Roma". Un'altra data importante del secolo è il 1559, l'anno del trattato di pace di Cateau-Cambrésis. Con questo trattato una gran parte dell'Italia passa sotto il dominio della Spagna. Il Cinquecento è anche il secolo della riforma protestante di Martin Lutero (e poi di altri come Calvino e Zwingli) e del Concilio di Trento. La Chiesa Cattolica, per mettere fine all'aumento delle nuove confessioni religiose, organizza a Trento un incontro tra tutti i principali esponenti del Cattolicesimo. Il concilio, iniziato nel 1545, durerà molti anni e terminerà solo nel 1561.

l'Umanesimo e il Rinascimento

Fra i più noti esponenti di questa produzione lirica vanno ricordati almeno il **Burchiello**, che vive e opera nel Quattrocento, e **Francesco Berni** (cfr. testo 24). La sua è una poetica del divertimento che parla della vita quotidiana e della realtà più bassa, o irride i modelli petrarcheschi come ad esempio l'immagine della donna ideale.

3. La narrativa: facezie e novelle

La narrativa è un genere letterario che conosce un ampio successo nella seconda metà del Quattrocento e poi soprattutto nel Cinquecento.

Il modello principale a cui gli autori si ispirano è naturalmente il *Decameron* di Giovanni Boccaccio, ma accanto a quest'opera figurano anche altri modelli letterari trecenteschi, come le *Trecento novelle* del Sacchetti e il *Novellino*. Rientra nella narrativa anche un genere che conosce una larga diffusione soprattutto nel Quattrocento: la facezia.

La facezia è una sorta di racconto brevissimo, quasi una battuta di spirito, che prende le mosse da un personaggio realmente esistito, o da un fatto. A volte il divertimento nasce da un gioco di parole, altre volte da un gesto.

Tra i più noti libri di facezie saranno da ricordare almeno il *Liber facetiarum* (*Libro di facezie*) di **Poggio Bracciolini**, scritto in latino, e i *Detti Piacevoli* di **Angelo Poliziano**.

La produzione novellistica cinquecentesca si differenzia da quella del secolo precedente soprattutto perché è più spiccata l'imitazione di un modello unico, che è, come già detto, il *Decameron* di Boccaccio. L'opera boccaccesca è non solo modello di lingua e stile, ma anche di temi e strutture. Naturalmente, i novellieri del Cinquecento si avvicinano in modo diverso al modello: c'è chi si adegua pienamente alla struttura del *Decameron*, e chi invece ne prende le distanze per elaborare una struttura originale. Gli autori di novelle del Cinquecento sono numerosissimi. Tra i più noti vanno ricordati almeno **Anton Francesco Grazzini** con le *Cene* e **Matteo Bandello** con le *Novelle*.

4. Il teatro

Nel genere teatrale è la commedia che conosce una particolare fortuna nel Cinquecento. Questo fatto è abbastanza naturale se si pensa che le rappresentazioni erano spettacoli di corte rivolti a un pubblico nobile e colto che desiderava un momento di svago e divertimento. I modelli delle commedie cinquecentesche sono i classici latini Plauto e Terenzio. Dai due autori romani i commediografi del Cinquecento traggono soprattutto l'esigenza di rappresentare fatti e personaggi della vita di tutti i giorni, di usare uno stile non elevato e una lingua che si avvicini al parlato, di dividere le opere in cinque atti generalmente preceduti da un prologo, e infine di fondare la comicità soprattutto sull'intreccio, sui colpi di scena e non sulla caratterizzazione psicologica dei personaggi. Infatti i personaggi della commedia cinquecentesca sono spesso dei tipi fissi: il giovane amante, lo sciocco, il vecchio stupido, ecc…

Accanto ai modelli classici gioca un ruolo ancora una volta il *Decameron*, che regala alla commedia cinquecentesca un insieme di invenzioni, situazioni e beffe.

Fra i commediografi più noti sono da ricordare **Francesco Bibbiena** con la *Calandria*, e Angelo Beolco detto **Ruzante** con le sue commedie scritte in dialetto pavano (il dialetto parlato dai contadini della zona di Padova).

Sono autori di note commedie anche **Ludovico Ariosto** e **Pietro Aretino**. Ma fra le opere più importanti vanno ricordate l'anonima commedia *La Venexiana*, scritta in dialetto veneziano e in italiano, e la *Mandragola* di **Niccolò Machiavelli**.

In alto: Lorenzo De' Medici raffigurato da Benozzo Gozzoli nella veste di uno dei Magi.

Nella pagina a sinistra in alto: ritratto di Lucrezia Panciatichi, di Angelo Bronzino.

Nella pagina a fianco in basso: il Concilio di Trento.

T21 Pietro Bembo: Il problema della lingua

Ora mi potreste dire: cotesto tuo scriver bene onde si ritra' egli, e da cui si cerca? Hass'egli sempre ad imprendere dagli scrittori antichi e passati? Non piaccia a Dio sempre, Giuliano, ma sì bene ogni volta che migliore e più lodato è il parlare nelle scritture de' passati uomini, che quello che è o in bocca o nelle scritture de' vivi. [...]

Ma quante volte aviene che la maniera della lingua delle passate stagioni è migliore che quella della presente non è, tante volte si dee per noi con lo stile delle passate stagioni scrivere, Giuliano, e non con quello del nostro tempo.

Libro I, cap. 19

Ora mi potreste dire: da dove si copia questo tuo scrivere bene, e dove si cerca?

Si deve sempre imparare dagli scrittori antichi e del passato? Non sempre, Dio non voglia, Giuliano, ma ogni volta che la lingua nella scrittura degli uomini del passato è migliore e più lodata che nella bocca e negli scritti dei vivi. [...]

Ma tutte le volte che accade che la lingua delle epoche passate è migliore di quanto non sia quella di oggi, ogni volta, Giuliano, noi dobbiamo scrivere con lo stile dei tempi passati, e non con quello del nostro tempo.

T22 Baldassarre Castiglione: Il libro del Cortegiano

Nella lingua, al parer mio, non doveva [imitare Boccaccio], perché la forza e vera regula del parlar bene consiste più nell'uso che in altro, e sempre è vizio usar parole che non siano in consuetudine. [...]

E perché al parer mio la consuetudine del parlare dell'altre città nobili d'Italia, dove concorrono omini savi, ingeniosi ed eloquenti [...], non deve essere del tutto sprezzata, dei vocaboli che in questi lochi parlando s'usano, estimo aver potuto ragionevolmente usar scrivendo quelli, che hanno in sé grazia ed eleganza nella pronunzia e son tenuti communemente per boni e significativi, benché non siano toscani ed ancor abbiano origine di fuor d'Italia.

[...] Perciò, se io non ho voluto scrivendo usare le parole del Boccaccio che più non s'usano in Toscana, né sottopormi alla legge di coloro, che stimano che non sia licito usar quelle che non usano li Toscani d'oggidì, parmi meritar escusazione. Penso adunque, e nella materia del libro e nella lingua, per quanto una lingua po aiutar l'altra, aver imitato autori tanto degni di laude quanto è il Boccaccio; né credo che mi si debba imputare per errore lo aver eletto di farmi più tosto conoscere per lombardo parlando lombardo, che per non toscano parlando troppo toscano.

Libro I, Lettera proemiale

Secondo me non dovevo [imitare Boccaccio] nella lingua perché la forza e la vera regola del parlare bene si fondano più sull'uso che su altro, ed è sempre sbagliato usare parole che non si dicono comunemente. [...]

E poiché, secondo me, non deve essere del tutto disprezzato il modo in cui si parla nelle altre nobili città italiane (dove si radunano uomini sapienti, intelligenti, e che sanno parlare bene [...]), ritengo di aver potuto usare con ragione nelle mie pagine, tra le parole che si usano in questi luoghi, quelle che contengono in sé grazia ed eleganza nella pronuncia e che sono considerate da tutti buone e piene di significato, anche se non sono toscane e magari provengono da fuori Italia.

[...] Perciò mi sembra di poter essere scusato se scrivendo non ho voluto usare le parole di Boccaccio che in Toscana non si usano più, e se non ho neanche voluto obbedire alla legge di quelli che credono che si possano usare solo le parole che usano i toscani oggi. Penso dunque di aver imitato, nell'argomento del libro e nella lingua (per quanto una lingua può aiutare un'altra), autori tanto degni di lode quanto Boccaccio; e non credo che mi si possa dire di aver sbagliato scegliendo di far capire che sono lombardo perché parlo come un lombardo, piuttosto che lasciare credere che non sono toscano perché parlo troppo toscano.

T23 Gaspara Stampa: Sonetto CIV

O notte, a me più chiara e più beata
che i più beati giorni ed i più chiari,
notte degna da' primi e da' più rari
ingegni esser, non pur da me, lodata;

5 tu de le gioie mie sola sei stata
fida ministra; tu tutti gli amari
de la mia vita hai fatto dolci e cari,
resomi in braccio lui che m'ha legata.

Sol mi mancò che non divenni allora
10 la fortunata Alcmena¹, a cui stè tanto
più de l'usato a ritornar l'aurora.

Pur così bene io non potrò mai tanto
dir di te, notte candida, ch'ancora
da la materia non sia vinto il canto.

O notte, che per me sei più cara e più beata
dei più beati e più chiari giorni, notte che sei degna
di essere lodata dalle persone più nobili e più pregiate,
non soltanto da me;

tu sei stata la sola fedele amministratrice delle mie gioie;
tu hai reso dolci e care tutte le amarezze della mia vita,
dandomi in braccio quell'uomo che
mi ha legato il cuore.

Allora, [per raggiungere il colmo della felicità] mi mancò
soltanto di non trasformarmi nella fortunata Alcmena,
per la quale l'aurora ci mise tanto più del solito a tornare.

Eppure, o notte candida, non potrò mai dire [in rima]
così tanto bene di te [senza] che la poesia
sia in secondo piano rispetto all'argomento.

---

1 Personaggio della mitologia greca, Alcmena è sposata con Anfitrione. Zeus (per i romani Giove), conquistato dalla bellezza della donna, si trasforma in Anfitrione per poter passare una notte con lei. Inoltre, Zeus chiede a Febo (Apollo per i romani, Dio del sole) di sorgere più tardi, affinché la notte che passerà con la donna sia più lunga.

---

e 1. Attività sui testi 21 e 22

L'argomento di questi due brani è la questione della lingua, cioè quale dovesse essere la lingua italiana da usare in letteratura. I due autori hanno opinioni diverse. Qual è l'opinione di Bembo e quale di Castiglione?

a. La lingua che si deve scrivere è quella che si usa normalmente
per comunicare nelle principali città d'Italia: ....

b. La lingua letteraria deve seguire quella dei grandi autori del passato,
se questi scrivono meglio dei contemporanei: ....

Cosa ne pensi tu, riferendo queste riflessioni alla tua letteratura e al mondo d'oggi?

e 2. Attività sul testo 23

Nella prima terzina Gaspara vorrebbe essere come Alcmena perché:

○ **a.** la notte durerebbe di più e potrebbe stare più a lungo
   tra le braccia dell'amato

○ **b.** la notte durerebbe di più permettendole di svegliarsi più tardi

○ **c.** così la mattina arriverebbe prima permettendole di scappare

Gaspara Stampa è una donna, cosa rara nella letteratura del XVI secolo. Ma fa una cosa ancor più rara: parla d'amore con una nota di sensualità che per i tempi non era certo comune e neppure accettabile:

○ **a.** quando ha trovato il suo uomo, di giorno o di notte?

○ **b.** si limita a guardarlo da lontano oppure lo abbraccia?

Il testo che hai appena letto è un sonetto. I versi di un sonetto sono:

○ **a.** settenari (versi di sette sillabe)
○ **b.** endecasillabi (versi di undici sillabe)

e 3. Riflessione

Gaspara Stampa è una letterata del tipo che piace a Bembo o a Castiglione?

T24 Francesco Berni: Sonetto alla sua donna

Chiome d'argento fino, irte e attorte
senz'arte intorno ad un bel viso d'oro;
fronte crespa, u' mirando io mi scoloro,
dove spunta i suoi strali Amor e Morte;

5 occhi di perle vaghi, luci torte
da ogni obietto diseguale a loro;
ciglie di neve, e quelle, ond'io m'accoro,
dita e man dolcemente grosse e corte;

labra di latte, bocca ampia celeste; *come Petrarca*
10 denti d'ebeno rari e pellegrini;
inaudita ineffabile armonia;

costumi alteri e gravi: a voi, divini
servi d'Amor, palese fo che queste
son le bellezze della donna mia.

---

*Capelli di fino argento ispidi e attorcigliati senz'arte
attorno a un bel viso giallino; fronte rugosa, guardando
la quale io impallidisco, e dove l'amore e la morte
rompono la punta delle loro frecce;*

*occhi strabici di un bianco perlaceo, occhi che sfuggono
ogni oggetto diverso da loro; ciglia bianche come la neve
e quelle dita e mani dolcemente grosse e corte
per le quali io mi tormento;*

*labbra bianche come il latte, bocca larga, celeste;
pochi denti malfermi neri come ebano;
armonia mai ascoltata e che non può essere espressa;*

*modi di fare nobili e dignitosi: a voi,
divini servi d'Amore, faccio sapere
che queste sono le bellezze della mia donna.*

---

e 1. Comprensione

**Come sono i capelli
della donna di Berni?**

○ **a.** Lisci e biondi
○ **b.** Crespi e bianchi
○ **c.** Neri come il legno d'ebano

**Quando il poeta dice "quelle, ond'io m'accoro,
dita e man dolcemente grosse e corte" vuole far capire che:**

○ **a.** è tanto innamorato delle belle mani della sua donna
○ **b.** prende in giro Petrarca e la donna angelo dello Stil Novo
○ **c.** non gli piacciono le mani e le dita grosse e corte della sua donna

Quando il poeta scrive "labra di latte, bocca ampia celeste; / denti d'ebeno rari e pellegrini / inaudita ineffabile armonia;" fa la descrizione:

a. della sua donna, che ha realmente labbra bianche, una bocca enorme e pochi denti neri
b. di una donna inventata
c. della donna angelo descritta anche da Petrarca

e 2. Analisi

In questo testo si prendono chiaramente in giro le donne ideali che i poeti (e Petrarca in particolare) cantano nelle loro poesie. Berni usa le stesse espressioni usate dai poeti "seri" per mostrare la loro impotenza davanti alla bellezza e alla forza dell'amore. Sottolinea alcuni esempi e confronta il tuo lavoro con quello dei compagni.

e 3. Riflessione

Nel testo 24 hai visto una donna, Gaspara Stampa, che tranquillamente diceva di avere incontrato ed abbracciato il suo amante nella notte; qui trovi Berni che prende in giro Petrarca, il mostro sacro della poesia d'amore non solo italiana, ma di tutta Europa.
Non credi che la società e la letteratura del XVI secolo siano meno "ufficiali" e alte e più sorprendentemente "vive" e quotidiane di quanto di solito si immagini osservando i quadri, le architetture, pensando ai poemi, ecc.? Discutine con i tuoi compagni.

T25 Michelangelo: Giunto è già 'l corso

Giunto è già 'l corso della vita mia,
con tempestoso mar, per fragil barca,
al comun porto, ov'a render si varca
conto e ragion d'ogn'opra trista e pia.

5 Onde l'affettuosa fantasia
che l'arte mi fece idol e monarca,
conosco or ben com'era d'error carca,
e quel ch'a mal suo grado ogn'uom desia.

Gli amorosi pensier, già vani e lieti,
10 che fien or, s'a duo morte m'avvicino?
D'una so 'l certo, e l'altra mi minaccia.

Né pinger né scolpir fia più che quieti
l'anima, volta a quell'amor divino
ch'aperse, a prender noi, 'n croce le braccia.

Il corso della mia vita è già arrivato,
per un mare tempestoso e su una barca fragile,
al porto comune [la morte], dove si deve rendere
conto e ragione di ogni opera cattiva e buona.

Motivo per il quale ora so bene com'era carica
di errori l'amorosa ispirazione che trasformò l'arte
per me in un idolo e un re, e [com'è carico d'errori]
quello che l'uomo desidera anche se fa poi il suo danno.

I pensieri d'amore, che erano allegri e lieti, che cosa saranno
ora, se mi avvicino alla morte fisica e a quella spirituale?
Della prima conosco la verità, l'altra mi minaccia
[perché potrei non ottenere la salvezza divina].
Né la pittura o la scultura saranno più capaci di acquietare
l'anima, che è rivolta a quell'amore divino che aprì le braccia
in croce per darci la salvezza.

---

e 1. Comprensione
È vero o falso che il poeta nella prima quartina dice che:

○ **a.** ormai è molto vecchio e la morte si avvicina
○ **b.** è già morto e dall'aldilà guarda il mondo con distacco
○ **c.** è ancora giovane, ma il pensiero che il viaggio della vita debba prima o poi concludersi lo tormenta
○ **d.** facendo un'escursione in mare si trova in grande difficoltà per via di una tempesta e teme di morire
○ **e.** neppure la morte per vecchiaia è senza sofferenze, ed è simile a un naufragio
○ **f.** la vita ci riserva tanti inaspettati cambiamenti, ed è come navigare in un mare in tempesta

Nella seconda quartina il poeta dice che:

○ **a.** l'ispirazione artistica che ha guidato la sua vita è stata la cosa più bella che abbia avuto
○ **b.** la passione per l'arte è stata quasi controproducente per lui
○ **c.** solo ora si rende conto degli errori contenuti nella sua ispirazione artistica

Nella prima terzina Michelangelo è certo:

○ **a.** della propria morte spirituale
○ **b.** della propria morte corporale
○ **c.** dei pensieri amorosi

Nell'ultima terzina dice che:

○ **a.** la pittura e la scultura gli danno sollievo
○ **b.** la pittura e la scultura gli davano sollievo
○ **c.** gli piaceva ritrarre Cristo

e 2. Riflessione
Discuti con il tuo compagno il significato della parola "metafora". Rileggete insieme il testo e dite se in questo sonetto ci sono metafore. Individuatele e cercate di spiegarne il significato. Credi che in questo sonetto ci siano elementi che richiamano l'esperienza di pittore e scultore di Michelangelo? Se sì, quali? Cerca di individuarli e discutine con il tuo compagno.

*l'*Umanesimo *e il* Rinascimento

Il tardo Rinascimento e la crisi religiosa

1. L'epoca del concilio di Trento e della Controriforma

La seconda metà del Cinquecento viene denominata dagli storici "epoca del Manierismo". Si tratta di un periodo inquieto, un'età di dubbi e di incertezze che in letteratura vede come suo massimo esponente **Torquato Tasso** (cfr. p. 74). **Martin Lutero** (1483-1446) aveva dato inizio con la pubblicazione delle novantacinque tesi del 1517 alla riforma protestante, causando la rottura dell'unità religiosa in Europa. Lutero teorizzava soprattutto il rapporto diretto tra l'uomo e Dio e poneva quindi l'accento sull'uguaglianza tra tutti gli uomini. Accanto a Lutero operano altri riformisti della Chiesa, tra cui il più noto è Calvino. La Chiesa cattolica, incalzata dagli avvenimenti e dalle lotte religiose, si vede costretta ad intervenire per porre un freno all'espandersi delle idee protestanti e rimettere ordine ristabilendo l'ortodossia. Parlare di età della Controriforma significa quindi riferirsi a quell'epoca in cui la Chiesa cerca di autoaffermarsi nella lotta contro il protestantesimo. Si può fissare l'inizio di quest'età con la data d'apertura del Concilio di Trento, convocato nel 1545 e conclusosi nel 1563. Tra le decisioni del Concilio di Trento saranno almeno da ricordare: l'ampliamento del potere papale, l'esigenza di ortodossia assoluta, la creazione dell'Indice dei libri proibiti e del tribunale dell'Inquisizione. La Chiesa vuole imporre il suo controllo sulla società e sulla cultura e lo fa anche attraverso la Compagnia di Gesù, un ordine nuovo che si differenzia dai precedenti per la struttura militare, la severa formazione e la cieca obbedienza che erano richieste ai suoi membri. Un'età quindi di crisi dei valori rinascimentali, di incertezze e dubbi, ma non per questo incapace di produrre opere interessanti, sia sul piano letterario che artistico.

2. Lineamenti letterari

Se già alcuni letterati del pieno Rinascimento avevano percepito la crisi di valori, si era trattato però solo di casi individuali. Inizia invece con la seconda metà del secolo un periodo più complicato. Gli intellettuali sono ancora legati, come nell'epoca precedente, alla corte e alla Chiesa, le uniche istituzioni che possono garantire almeno in parte la sopravvivenza economica, ma vanno sviluppando un nuovo sistema di valori. In Italia la situazione è particolarmente difficile, infatti, dalla fine dell'età della Controriforma, quindi attorno agli anni '60-'70 del secolo, ha inizio la decadenza della civiltà letteraria italiana, superata dall'eccellenza delle altre letterature europee (soprattutto francese, spagnola e inglese).

Lentamente va scomparendo la figura del cortigiano che, come l'Ariosto, viveva accanto al principe e, pur con molte difficoltà, aveva un peso e un potere nelle scelte della corte, soprattutto sul piano culturale.
Naturalmente si assiste a un incremento dell'editoria religiosa, collegato anche alla diffusione delle scuole religiose e della pietà popolare.

🔍 Architettura del '500

La caratteristica principale dell'architettura del Rinascimento è la reazione contro le complicazioni del gotico, ormai giunto alla decadenza, e la volontà di riportare i volumi e le superfici a una geometrica semplicità, prendendo come modello gli edifici antichi. L'architetto-scultore più conosciuto del tempo è senz'altro **Jacopo Sansovino**, attivo prima a Firenze e Roma e, dopo il 1527, a Venezia e nel Veneto. Figura centrale dell'architettura cinquecentesca, è circondato da numerosi discepoli noti e meno noti, tra cui andranno ricordati almeno: Alessandro Vittoria, Girolamo Campagna, Tiziano Aspetti e Danese Cattaneo. Tra le opere più famose del Sansovino si ricordano: la loggia del campanile di S. Marco a Venezia, la Zecca e la Libreria Marciana in piazza S. Marco. Un'altra figura centrale per l'architettura del Cinquecento è **Andrea Palladio**, di cui si ricordano le chiese di San Giorgio Maggiore e del Redentore a Venezia, la villa "La Rotonda" a Vicenza, oltre ai numerosi palazzi vicentini.

3. La riscoperta della *Poetica* di Aristotele

A partire dai primi decenni del Cinquecento le diverse aree del sapere si specializzano e si assiste a una vera e propria proliferazione di trattati di retorica e poetica o di discussioni sui diversi generi letterari.

Questo fatto è anche da collegare con la recente fortuna della *Poetica* di Aristotele. Questo testo, già tradotto in latino verso la fine del Quattrocento, avrà solo negli anni trenta del XVI secolo un'enorme diffusione. Le riflessioni e i trattati sull'opera di Aristotele sono innumerevoli, ma vale la pena ricordare almeno quali temi tratti da quest'opera vengono ripresi dai teorici cinquecenteschi, perché giocheranno un ruolo di primissimo piano nella produzione letteraria. Le acquisizioni teoriche principali tratte dalla *Poetica* sono:

1. l'idea del carattere conoscitivo e razionale della poesia e del poeta-filosofo;
2. la convinzione che la poesia debba imitare la natura;
3. la teoria del verosimile, ovvero la possibilità per il poeta di inventare, pur imitando;
4. l'idea che il fine ultimo dell'opera d'arte sia duplice: far divertire e insegnare.

Tuttavia, mentre Aristotele nella sua *Poetica* descriveva la realtà dei testi che analizzava (soprattutto i poemi omerici), i teorici del Cinquecento costringono i diversi generi letterari ad attenersi a regole precise, ricavate dalla *Poetica*. Così, ad esempio, per la tragedia si teorizza la necessità della "catarsi" finale o purificazione dello spettatore alla vista di passioni terribili, e l'esigenza di attenersi alle tre unità: di azione, di luogo e di tempo. L'azione e il luogo dovevano essere unici, mentre il tempo per la durata dell'azione era prestabilito (per taluni dodici, per altri ventiquattro ore). Simili regole dovevano valere naturalmente anche per la narrativa (il poema epico) e la lirica. In qualche modo quindi le opere d'arte risultano meno libere e limitano l'ispirazione poetica.

4. La lirica del medio Cinquecento

Il modello per la lirica rimane il Petrarca, come codificato da Pietro Bembo nelle *Prose della volgar lingua*.
Tuttavia, verso la metà del secolo alcuni poeti, pur partendo sempre dall'esperienza del *Canzoniere*, iniziano a staccarsi dal modello per sviluppare una propria autonomia creativa. Fra questi va ricordato soprattutto **Giovanni Della Casa**, un poeta che scrive liriche in cui è molto forte la riflessione esistenziale e in cui già si nota una nuova sensibilità. Famosissimo il suo sonetto dedicato al sonno. Ma accanto al Della Casa si devono ricordare anche Galeazzo di Tarsia e Michelangelo Buonarroti.
Galeazzo di Tarsia (1520-1553) è attivo come poeta nell'età del Concilio di Trento. La sua produzione poetica è molto originale e presenta già alcune caratteristiche prebarocche. Pur partendo dal petrarchismo bembiano, la sua poesia si segnala per la ricerca linguistica e la drammaticità dei toni. Particolarmente felici i componimenti scritti in morte della moglie. La produzione lirica di **Michelangelo Buonarroti** (1475-1564), composta per lo più durante gli ultimi anni di vita, si configura come un intimo dialogo con se stesso, in cui prevalgono i toni pessimistici e l'intensità dei sentimenti, come testimonia il suo sonetto sulla morte e sul destino dell'uomo (cfr. testo 26).

Qui sopra: *Sacra Famiglia* di Michelangelo detta anche il *Tondo Doni* perché realizzato in occasione delle nozze di Maddalena Strozzi e Angelo Doni intorno al 1504.

Nella pagina a fianco in alto: ritratto di Martin Lutero.

Nella pagina a fianco in basso: villa Almerico, una delle opere del Palladio preferite da Goethe.

Torquato Tasso e la fine del secolo

Rate/Level (handwritten annotation)

1. Dal poema romanzesco al poema eroico

Le discussioni teoriche di cui è ricco il Cinquecento toccano anche la narrativa e, al suo interno, la forma che più delle altre aveva avuto fortuna nel Rinascimento: il poema (cfr. p. 56).

theoretical (handwritten annotation)

Con l'*Orlando furioso* di Ariosto il poema cavalleresco aveva raggiunto la sua realizzazione più alta. Numerosissimi sono gli imitatori del modello ariostesco, ma serrato è anche il dibattito, seguito alla diffusione della *Poetica* di Aristotele (cfr. p. 73), sul nuovo orientamento che avrebbe dovuto prendere la tradizione del romanzo. Da un lato c'è chi predilige il poema romanzesco di stampo ariostesco, in cui sono narrati eventi fittizi, manca l'unità dell'azione e vi sono moltissimi personaggi; d'altro canto viene teorizzato il poema eroico, molto più aderente all'epica antica, soprattutto omerica, in cui vi è una sola azione e/o un solo protagonista, in cui la materia si basa su fatti storici, pur prevedendo l'inserimento del meraviglioso. La disputa si collegherà alle discussioni sulla preferenza da accordare all'*Orlando furioso* dell'Ariosto o alla *Gerusalemme liberata* del Tasso, perfetta realizzazione del poema eroico.

2. La crisi del Rinascimento: Torquato Tasso

La sua vicenda biografica ne ha fatto uno dei miti e modelli della critica ottocentesca. Ma Torquato Tasso, con la sua vita inquieta e i suoi dubbi religiosi ed esistenziali, è figlio del suo tempo più di qualsiasi altra personalità letteraria. Tasso si esprime in tutti i generi più tipici della sua epoca, raggiungendo in quasi tutti un'eccellenza che nessuno dei suoi contemporanei aveva saputo toccare. La lirica accompagna il poeta in tutte le fasi della sua vita: dalla produzione giovanile (con le *Rime eteree*) agli anni successivi alla sua uscita dal carcere. Il lirismo è d'altra parte una delle caratteristiche principali di tutta la poesia tassiana. Le sue *Rime* (in tutto circa duemila componimenti), pubblicate in una prima parte nel 1591 e una seconda nel 1593, non hanno ancora conosciuto una sistemazione definitiva che ne chiarisca tutti i problemi compositivi. Tra i modelli di Tasso figurano Petrarca, Bembo, i petrarchisti del Cinquecento, ma anche Della Casa. I temi toccati

restless (handwritten annotation)

🔍 **Pittura e scultura del '500**

A differenza delle altre schede sulla storia dell'arte italiana, qui non vale la pena di offrire dati biografici o indicare quadri: servirebbero varie pagine, tale è la mole della produzione artistica di grandissima qualità di questo secolo. Basti ricordare, per avere l'idea di cosa successe in Italia in quegli anni, la perfezione dei tosco-romani **Raffaello** e **Michelangelo**, la magia coloristica del veneziano **Tiziano** o del tosco-lombardo **Leonardo** – artisti geniali come pittori, ma anche come architetti, scrittori, ingegneri: essi realizzano la completezza dell'uomo "rinascimentale" che si mette alla prova in ogni arte e scienza. Anche la scultura è immensa, e su essa domina incontrastato, il nome di Michelangelo: dalla perfezione del David scolpito quando era ancora ventenne, alla drammaticità della Pietà Rondanini, scolpita intorno ai novant'anni (foto qui accanto) quando alla perfezione della forma ormai preferiva la forza del sentimento.

sono diversissimi e spaziano da quello amoroso alla riflessione sulla morte o sulla religione. Frequenti sono anche le liriche d'occasione e notevole la produzione madrigalistica. Il madrigale, breve componimento di endecasillabi (versi di undici silllabe) e settenari (versi di sette sillabe), è una composizione tipica già del secolo XIV e tratta soprattutto temi amorosi. Nel genere drammatico il Tasso si cimenta con la tragedia, la commedia e il dramma pastorale. Ed è proprio il dramma pastorale *Aminta*, scritto e rappresentato nel 1573, una delle sue opere più belle. Ambientata in un'arcadia felice, l'opera narra l'amore del pastore Aminta per la ninfa Silvia. L'amore è quindi il tema centrale del dramma, che però si distingue dalla restante produzione del tempo per l'attenzione alla psicologia.

La tragedia *Re Torrismondo* invece, troppo aderente ai precetti elaborati dai teorici del genere, è un testo freddo e manca d'ispirazione poetica. Molto più fresco e riuscito il giovanile *Rinaldo* (1562), un poema epico in cui si narrano le avventure del paladino *Rinaldo*, che mira alla fama e a conquistarsi l'amore della bella Clarice. Il poema è importante perché si lega alle riflessioni teoriche sul genere epico: il Tasso opta in quest'opera per la presenza di un unico protagonista, Rinaldo appunto, ma per la molteplicità d'azione.

Tasso scrive anche un ricco *Epistolario*, redatto soprattutto durante gli anni della prigionia, ed è autore dei *Dialoghi*, di numerose opere teoriche e di opere d'ispirazione sacra.

3. La *Gerusalemme liberata*

Capolavoro del Tasso e di tutta la sua epoca, il poema è iniziato a Venezia nel 1559. Il primo abbozzo, intitolato *Gierusalemme*, sarà poi rielaborato e verrà pubblicato, senza il consenso dell'autore, una prima volta in tredici canti con il titolo di *Goffredo* e nella versione integrale con il titolo di *Gerusalemme liberata* nel 1581. Il poema ottiene un enorme successo e si moltiplicano le edizioni. Il Tasso, tuttavia, profondamente deluso per la circolazione di un'opera che non riteneva definitiva, una volta uscito dal carcere rimetterà mano al poema. L'opera sarà pubblicata con molte modifiche e soppressioni di interi episodi nel 1593, con il titolo di *Gerusalemme conquistata*. Tuttavia, per comune opinione di pubblico e critica la *Liberata* è opera decisamente superiore alla *Conquistata*, e per questo, ancora oggi, si legge il poema nella sua prima versione, andando, in un certo senso, contro la volontà dell'autore.

Torquato Tasso

Torquato Tasso nasce a Sorrento nel 1544. Trascorre l'infanzia tra Salerno e Napoli. Dal 1557 al 1559 risiede col padre presso il duca d'Urbino Guidubaldo II della Rovere.
Nel 1559 Bernardo e Torquato si trasferiscono a Venezia, dove Bernardo pubblicherà l'*Amadigi* e Torquato inizierà a scrivere il *Gierusalemme*, primo abbozzo di quella che diventerà la *Gerusalemme liberata*. Dal 1560 al 1565 Torquato studia diritto, eloquenza e filosofia a Padova. Nel 1562 Torquato pubblica il poema cavalleresco *Rinaldo*. Nel 1565 si trasferisce a Ferrara presso la corte di Alfonso II e inizia la sua carriera di cortigiano al servizio del cardinale Luigi D'Este e poi dello stesso duca Alfonso. Nel 1573 compone *Aminta* e nel 1575 porta a termine il suo poema epico più importante cui darà il nome di *Goffredo*, ma che diventerà famoso col titolo *La Gerusalemme liberata*. Gli anni dal 1575 al 1577 sono dedicati alla revisione del poema, ma sono anche gli anni durante i quali il Tasso inizia ad avere dubbi religiosi. Dal 1579 al 1586 sarà recluso nel carcere di S. Anna per aver inveito contro il duca Alfonso. Durante la prigionia il Tasso si dedica alla letteratura, mentre Angelo Ingegneri pubblica nel 1581 *Gerusalemme liberata*. Il poeta muore a Roma nel 1595.

In alto: Ritratto di Torquato Tasso, Galleria degli Uffizi, Firenze.

In basso: frontespizio della *Gerusalemme Conquistata*.

Nella pagina a fianco in alto: Il Cigoli, La liberazione di Gerusalemme, ispirato al Canto XX della *Gerusalemme Liberata*.

Nella pagina a fianco in basso: Michelangelo, la *Pietà Rondanini*.

T26 Torquato Tasso: La morte di Clorinda

64
Ma ecco omai l'ora fatale è giunta
che 'l viver di Clorinda al suo fin deve.
Spinge egli il ferro nel bel sen di punta
che vi s'immerge e 'l sangue avido beve;
5 e la veste, che d'or vago trapunta
le mammelle stringea tenera e leve,
l'empie d'un caldo fiume. Ella già sente
morirsi, e 'l piè le manca egro e languente.

65
Segue egli la vittoria, e la trafitta
10 vergine minacciando incalza e preme.
Ella, mentre cadea, la voce afflitta
movendo, disse le parole estreme;
parole ch'a lei novo un spirto ditta,
spirto di fé, di carità, di speme:
15 virtú ch'or Dio le infonde, e se rubella
in vita fu, la vuole in morte ancella.

66
"Amico, hai vinto: io ti perdon... perdona
tu ancora, al corpo no, che nulla pave,
a l'alma sí; deh! per lei prega, e dona
20 battesmo a me ch'ogni mia colpa lave."
In queste voci languide risuona
un non so che di flebile e soave
ch'al cor gli scende ed ogni sdegno ammorza,
e gli occhi a lagrimar gli invoglia e sforza.

64
Ma ecco che ormai è giunta l'ora fatale in cui la vita
di Clorinda deve giungere alla fine. Tancredi spinge
la spada di punta nel bel seno, la quale vi entra e beve
avida il sangue, che le riempie il vestito dai bei ricami
dorati, che teneramente e lievemente stringeva il petto,
come un caldo fiume. Lei si sente già morire e
non riesce più a tenersi in piedi, poiché
i piedi sono deboli e insicuri.

65
Lui segue la vittoria, e minacciando la fanciulla
che ha colpito, la insegue e la incalza. Lei, durante
la caduta, parlando tristemente disse le ultime parole;
parole dettate da un nuovo spirito,
uno spirito di fede, di carità,
di speranza: virtù che ora le dà Dio;
e se in vita gli fu ribelle [perché musulmana]
la vuole ora seguace nella morte.

66
«Amico, hai vinto: io ti perdono…
perdona anche tu, non il mio corpo,
che non ha paura, ma la mia anima;
oh, prega per lei, e battezzami in modo da lavare
ogni mia colpa». In queste parole tristi risuona
una certa malinconia e delicatezza che gli scende
fino al cuore e cancella tutta la rabbia e invoglia
e invita gli occhi a piangere.

---

e 1. Comprensione

Chi si mette a piangere?
○ **a.** Clorinda
○ **b.** Tancredi
○ **c.** Tutti e due

Clorinda:
○ **a.** era molto religiosa fin dall'infanzia
○ **b.** in punto di morte nega l'esistenza di Dio
○ **c.** prima di morire perdona Tancredi ma non vuole essere perdonata da lui

È vero o falso che:

	vero	falso
a. Tancredi si reca a un fiume nelle vicinanze e ci si tuffa	○	○
b. Tancredi si reca a un fiume nelle vicinanze e ci immerge la testa	○	○
c. Tancredi, passando nelle vicinanze di un fiume, bagna l'elmo, e torna al lavoro	○	○

È vero o falso che:

	vero	falso
a. quando Tancredi riconosce Clorinda si sente male	○	○
b. Clorinda, che sembrava stesse per morire, all'ultimo momento si salva	○	○
c. l'ultimo gesto che Clorinda rivolge a Tancredi è quello di un pugno	○	○

67

25 Poco quindi lontan nel sen del monte
scaturia mormorando un picciol rio.
Egli v'accorse e l'elmo empié nel fonte,
e tornò mesto al grande ufficio e pio.
Tremar sentí la man, mentre la fronte
30 non conosciuta ancor sciolse e scoprio.
La vide, la conobbe, e restò senza
e voce e moto. Ahi vista! ahi conoscenza!

68

Non morí già, ché sue virtuti accolse
tutte in quel punto e in guardia al cor le mise,
35 e premendo il suo affanno a dar si volse
vita con l'acqua a chi co 'l ferro uccise.
Mentre egli il suon de' sacri detti sciolse,
colei di gioia trasmutossi, e rise;
e in atto di morir lieto e vivace,
40 dir parea: "S'apre il cielo; io vado in pace."

69

D'un bel pallore ha il bianco volto asperso,
come a' gigli sarian miste viole,
e gli occhi al cielo affisa, e in lei converso
sembra per la pietate il cielo e 'l sole;
45 e la man nuda e fredda alzando verso
il cavaliero in vece di parole
gli dà pegno di pace. In questa forma
passa la bella donna, e par che dorma.

Da *Gerusalemme liberata*, Canto XII

67
Poco lontano da lì, nel cuore di una montagna,
nasceva un piccolo ruscello rumoroso.
Tancredi corse in quella direzione e riempì l'elmo
immergendolo nell'acqua, poi tornò triste a compiere
l'importante rito religioso. Sentì tremare la sua mano,
mentre liberò dall'elmo il viso che ancora non aveva
riconosciuto. La vide, la riconobbe e restò senza parole
e immobile. Ahi vista! ahi conoscenza!

68
Non morì solo perché in quel momento raccolse
tutte le sue forze e le mise di guardia al cuore,
e trattenendo il suo dolore cercò di ridare vita con
l'acqua a chi aveva ucciso con la spada. Mentre egli
pronunciò la formula battesimale, lei si trasfigurò
e sorrise per la gioia; e nel momento della morte
sembrava dire lietamente e allegramente:
«Si apre il cielo; io vado in pace».

69
Il bianco viso è bello e pallido, come se ai gigli
fossero mescolate le viole, e i suoi occhi
guardano il cielo; e il cielo e il sole, per la pietà
[che provano per lei], sembrano guardarla;
lei, alzando la mano nuda e fredda verso il cavaliere,
al posto delle parole, gli dà un segno di pace.
In questo modo muore la bella donna
e sembra dormire.

---

e 2. Analisi

Nella grande letteratura i personaggi e le situazioni si evolvono, cambiano sotto la pressione degli eventi. Vediamo alcuni dei cambiamenti che avvengono in questi pochi versi.

Nella prima delle stanze il colore dominante è il ....

Nell'ultima stanza il colore dominante è il ....

Tutto ciò ha un profondo significato. Quale?

All'inizio le mani di Tancredi sono ferme come quelle di un chirurgo.
Come sono le mani mentre raccoglie l'acqua per il battesimo?

All'inizio Clorinda è un soldato sconfitto e morente, infelice e distrutto. Com'è alla fine?

All'inizio la morte è il peggior nemico dei due soldati; com'è il "morir" nella penultima stanza?
E a che cosa assomiglia nell'ultima?

Pensa quanti cambiamenti di valori, di senso della vita avvengono in poche righe.
Quanto tempo ci sarebbe voluto in un film per rendere visibile una simile evoluzione nei due personaggi?

l'Umanesimo e il Rinascimento

Critica

Il Cinquecento: splendore e decadenza

Il Cinquecento raccoglie i frutti della lunga e laboriosa vigilia[1] umanistica e li conduce a splendida maturazione. In esso tutte le aspirazioni e le tendenze della rinnovata cultura – l'approfondito e raffinato gusto artistico, la più libera e mondana filosofia, l'umanità più espansiva e cordiale degli affetti, il senso fortissimo della dignità e della potenza creatrice dell'uomo, il tenero vagheggiamento[2] di un'idillica quiete dove l'occhio si plachi[3] nella contemplazione di blande[4] visioni campestri – trovano la loro pienezza, e anche, in un certo senso, il loro esaurimento. Nella mirabile fioritura di poesia e d'arte e di pensiero del secolo XVI in Italia – che ha offerto, con Ariosto e Tasso, Raffaello e Michelangelo, Correggio e Tiziano, Machiavelli e Galilei (e intorno ad essi tanti minori letterati ed artisti, storici e uomini di scienza: minori, ma non di rado così interessanti), tutta una serie di maestri di modelli alla risorgente civiltà europea – è nascosto infatti un principio di decadimento. Decadimento non dell'arte e della poesia in sé, si capisce (che sarebbe una contraddizione in termini), ma della civiltà e della cultura in cui l'arte e la poesia trovano le loro condizioni storiche d'esistenza. In quella stessa straordinaria abbondanza di attività letteraria ed artistica, a tratti insigne[5] e quasi sempre pregevole, c'è come il senso delle età estreme[6] dello spirito, fatte di raffinatissima esperienza e di consumata saggezza, e già tutte piene di un presentimento di prossima morte. Il classicimo, che è come il segno intorno a cui potrebbe raccogliersi una così ricca e varia operosità intellettuale, è al tempo stesso l'indice della sua compiuta[7] maturità e del suo perfetto equilibrio, e il sintomo della sua debolezza segreta, della necessità cioè, per ora non avvertita[8], ma già latente[9], di nuove correnti che sopravvengono a turbare e purificare l'atmosfera luminosissima e pur corrotta e stagnante[10]. Vero è che questi segni di decadimento rimangono per ora nascosti, e, se pur si deve tenerne conto, sarebbe ingiusto per altro insistere troppo su di essi e dipingere il Rinascimento, sulle orme[11] degli storici romantici, come un'età di corruzione e di impoverimento delle basi etiche e civili su cui si regge la cultura, e la vita stessa, delle nazioni. È opportuno piuttosto mettere in rilievo la saggezza e l'equilibrio con cui gli uomini del secolo XVI si mostrarono capaci di assorbire gli ammaestramenti dell'umanesimo, non già[12] per farne materia di una sapienza arida e inerte, sì[13] per farne sostanza e impulso di una cultura nuova.

Natalino Sapegno

Torquato Tasso: la magica sintesi di opposti

Torquato Tasso rimane in perpetuo quale fu sentito dai contemporanei, e quale fu accolto dall'anima popolare, cuore che parla ai cuori, fantasia che parla alle fantasie; e il suo poema, dal ritmo vivace, vibrante, rapido, concitato[1], prorompente da un animo commosso, variamente commosso ma sempre commosso, ha chiara l'impronta[2] dell'opera geniale, prodotta da una forza demoniaca che si era impossessata del suo autore, spesso fuori della sua consapevolezza e contro i suoi propositi[3].

Nacque, quel canto, da un sogno di gloria e d'amore, di prodezza[4] e di voluttà[5], di nobile e serena gioia e di delicata malinconia, sublime e tenero, ricco d'impeti[6] e insieme di languidi abbandoni[7], virile e femminile insieme: ispirazione patetica, affatto[8] diversa da quella ariostesca che è di un'umanità distaccata e sorridente, tant'è vero che proprio dell'Ariosto sono le sue serene musicali ottave e del Tasso sono i suoi appassionati caratteri. [...]

Che importa che nel poema vi siano parti sorde, e più o meno prosaiche e strutturali, come certe rassegne[9] e descrizioni di battaglie, e altre che fioriscono di concetti e di antitesi, e altre ancora che sono svolgimenti non tanto poetici quanto retorici? [...] Quando [in un'opera] la sostanza è indovinata, cioè poetica, tutto è perdonato: perdono assai agevole[10], e del quale ha bisogno, di solito, proprio la grande poesia.

Benedetto Croce

1 Il periodo precedente.

2 Desiderio.

3 Si tranquillizzi, si rasereni.

4 Dolci, morbide.

5 Talvolta di grande livello.

6 Conclusive, finali.

7 Piena.

8 Sentita, percepita.

9 Nascosta sotto il velo di ciò che si vede.

10 Immobile come l'acqua di una palude malsana.

11 Seguendo la tradizione.

12 Non tanto.

13 Bensì, ma.

1 Agitato, veloce.

2 Il segno.

3 Intenzioni.

4 Coraggio, eroismo.

5 Piacere dei sensi.

6 Gesti impulsivi.

7 Momenti in cui una persona si lascia andare, quasi privo di forze.

8 Del tutto.

9 Descrizioni e resoconti.

10 Facile.

il Seicento

Il Seicento: l'età inquieta

1. La rottura dell'equilibrio rinascimentale

Se l'universo rinascimentale si presentava ordinato, stabile e armonico, il mondo seicentesco è uno dei secoli più violenti della storia europea, tormentato da guerre e lotte politiche, diviso fra cattolicesimo e fede protestante, ma aperto anche a tendenze culturali e scientifiche completamente nuove.

In che senso si può allora parlare di crisi rispetto al secolo precedente?

Innanzitutto, sul piano economico, il 1600 è segnato da terribili carestie e pestilenze che provocano un forte calo delle nascite e un notevole blocco nella produzione. Inoltre, la lunghissima *Guerra dei Trent'Anni* (1618-48), combattuta da Spagna e Impero Tedesco contro Francia, Svezia, Danimarca e Olanda, aggrava i motivi di malessere: verso la metà del secolo scoppiano rivolte sociali in tutta Europa.

Alcuni Stati riescono comunque a fronteggiare la crisi, grazie ad un'organizzazione statale (la monarchia) solida e potente, e ad un efficace apparato burocratico e amministrativo. In Francia regna Luigi XIV (il re Sole), in Russia domina Pietro il Grande.

In Inghilterra, verso la fine del secolo, si giunge alla *monarchia parlamentare*, dopo una fase di guerra civile (fra re e Parlamento) e la breve dittatura di Cromwell. La Spagna vive un periodo di grandezza, anche grazie al dominio su Portogallo e Italia ma, già all'inizio del 1600, è un impero in declino, amministrato male dagli Asburgo e soffocato dalle pretese della nobiltà e del clero. Nella seconda metà del 1600, Spagna e Germania escono completamente sconfitte dalla Guerra dei Trent'Anni. La distanza fra paesi cattolici e protestanti si approfondisce: Spagna, Italia e Portogallo diventano sempre più marginali da un punto di vista economico.

L'attività produttiva e mercantile aumenta invece nei paesi di area settentrionale, dove si afferma la nuova borghesia; alla fine del secolo, Francia, Inghilterra e Olanda emergono definitivamente come nuove potenze. Anche la Chiesa romana attraversa una fase di profonda crisi: attaccata dalla Riforma protestante, la Chiesa cerca di riaffermare la propria potenza.

I principali canali usati per diffondere il cattolicesimo sono la predicazione, le processioni sacre, il teatro, l'arte barocca; tutti strumenti dal forte impatto popolare.

2. Il Barocco, una "civiltà dell'immagine"

Il Barocco italiano si sviluppa appunto a Roma, ed è qualcosa di più di una semplice espressione artistica. Quest'arte, fedele alle norme codificate al Concilio di Trento, ha infatti lo scopo di suggestionare lo spettatore, coin-

---

🔍 Gli spagnoli in Italia

L'Italia, già esclusa dal grande traffico atlantico e coloniale, frantumata in piccoli regni, cade sotto il dominio spagnolo già dal 1559 (Pace di Cateau Cambrésis). Per tutta la seconda metà del 1500, l'Italia vive, comunque, un periodo di pace: la popolazione aumenta e l'economia è prospera. Ma le prime carestie e le epidemie di peste, che investiranno l'Italia dal Nord al Sud durante tutto il 1600, mettono in crisi l'economia. Dopo il 1620, la situazione si aggrava: regioni come la Lombardia vengono devastate dal passaggio degli eserciti, gli abitanti fuggono dalle città e si rifugiano in campagna. Entrano in crisi le attività artigianali e, soprattutto, quelle mercantili (collegate alle città). Nasce un nuovo feudalesimo. Il governo spagnolo, per sostenere le forti spese di guerra, impone tasse sempre più pesanti nel Sud e in Sicilia. Verso la metà del 1600, scoppiano violente rivolte sociali a Napoli (particolarmente sanguinosa quella guidata da Masaniello), Palermo e Messina, contro i grandi proprietari terrieri e i viceré spagnoli (i rappresentanti della Spagna in Italia), ma non cambia nulla. L'Italia ha ormai perso la sua autonomia. Da questo momento in poi sarà terra di conquista e di scambio fra le grandi potenze europee. L'Austria sostituirà il dominio degli Spagnoli in Italia agli inizi del 1700.

volgerlo emotivamente e quindi convincerlo delle verità della fede cattolica. Si tratta di un'arte spettacolare e grandiosa, ma anche ambigua, nata per celebrare i "trionfi" del Papato proprio mentre si consuma la terribile *Guerra dei Trent'Anni* e metà dell'Europa è ormai protestante. Alessandro Manzoni nel suo *I Promessi Sposi*, il più importante romanzo storico italiano dell'Ottocento, mostrerà gli aspetti più evidenti e negativi del Seicento in Italia: la natura militaresca della società, l'esibizione del potere e della ricchezza, le prepotenze del dominio spagnolo, la povertà e l'ignoranza del popolo, la retorica nel linguaggio e l'ipocrisia nei comportamenti, il carattere cerimonioso (cioè il rispetto per le "cerimonie", per le procedure da seguire) presente in tutte le manifestazioni della vita sociale.

3. Il problema delle regole

Il seicento è infatti un secolo dominato dall' "etichetta", dal rigido rispetto delle norme sociali e religiose: norme nei duelli e nei rapporti umani, nelle discussioni filosofiche e nell'arte. Per quanto riguarda il teatro, uno dei settori più vivi e rappresentativi della cultura del tempo, si afferma il gran teatro classicista, attento alle regole della tragedia classica formalizzate da Aristotele. Questo tipo di teatro ha la sua massima espressione in Francia, con autori come Racine e Corneille, per la tragedia, e Molière per la commedia.
Sul piano opposto s'impone, soprattutto in Inghilterra, un tipo di teatro più libero, capace di *coinvolgere* direttamente il pubblico: è la straordinaria stagione del teatro elisabettiano e, naturalmente, di Shakespeare. Nelle sue tragedie, la ragione umana entra in conflitto con elementi non controllabili e violenti (amore e pazzia, ambizione e vendetta): si tratta di temi universali, eterni, ma legati all'inquietudine propria del 1600. Nello stesso periodo, in Italia, si diffonde la sconvolgente pittura di **Caravaggio** e si affermano sistemi filosofici e scientifici rivoluzionari (vedi il capitolo sulla Nuova Scienza).

4. La vita è sogno

Un altro aspetto caratteristico della cultura barocca è la religiosità, sempre presente nei maggiori autori dell'epoca, dal drammaturgo spagnolo Calderón de la Barca al poeta inglese John Milton. Insieme alla religiosità, emerge un nuovo interesse per l'erotismo e la sensualità; tutta

seicentesca è anche l'inquietudine per lo *scorrere* del tempo, per la decadenza fisica e la morte (per questi temi vedi, ad esempio, i testi di GB. Marino e di Ciro di Pers). Il sentimento della crisi di un'intera società diventa piena consapevolezza, unita però alla nostalgia e all'ironia, in Cervantes, il grande scrittore spagnolo autore del *Don Quijote*.

A questo sentimento si lega anche il tema dell'*illusione* (cioè la capacità di immaginare al di là dei limiti reali). Nelle sue manifestazioni più artificiali ed esterne, questa qualità scade spesso in una serie di invenzioni fini a se stesse, oppure nell'*illusionismo* delle grandi imprese decorative (quando il pittore "finge" spazi e cieli immensi) o, ancora, nella ricercatezza degli allestimenti teatrali.
Nel suo aspetto più profondo, però, il tema dell'illusione, del gioco tra realtà e finzione, tra sogno e vita, si ritrova nei grandi autori dell'epoca (Shakespeare, Racine, Molière, Cervantes, Calderón).

In alto: Piazza Farnese a Roma, esempio di architettura barocca.

Nella pagina a sinistra in alto: la firma del trattato di pace della Guerra dei trent'anni.

Nella pagina a sinistra in basso: ritratto di Don Pedro di Toledo, viceré di Napoli.

il Seicento

La letteratura barocca

1. *"È del poeta il fin la meraviglia..."*

Dice **Giovan Battista Marino**, il poeta più famoso nell'Italia del Seicento: "il fine principale del poeta è meravigliare", stupire.
Nella poesia barocca domina infatti il gusto per la novità, per tutto ciò che è strano, bizzarro e sorprendente.

Il linguaggio usato è molto elaborato, ricco di immagini preziose e di ragionamenti contorti, intellettualistici (il cosiddetto *concettismo*); l'autore vuole dimostrare la sua abilità, la sua arguzia, la sua raffinata cultura letteraria. Molto frequente è anche l'uso della *metafora*, la figura retorica che stabilisce un confronto tra due parole di significato analogo.

Si preferiscono le metafore difficili e originali, capaci di rivelare similitudini inaspettate. La poesia barocca rifiuta così la serenità, la semplicità (apparente) dell'arte rinascimentale e sceglie uno stile elaborato, capace di far "aguzzare" l'intelligenza, anzi l'*ingegno* (come dicono gli artisti barocchi) del lettore.

2. Il nuovo ruolo dei poeti

Questa nuova concezione della poesia si lega al diverso ruolo attribuito al poeta. L'intellettuale del 1600 non è più il cortigiano, nel senso rinascimentale della parola, lo scrittore che dialoga con il principe, assumendo a volte importanti incarichi diplomatici. Il poeta barocco è piuttosto una specie di "stipendiato", chiamato a corte per intrattenere un pubblico sempre più vasto e per accrescere il prestigio del signore. La sua funzione principale è divertire, impressionare con parole "ad effetto".

3. Marino, il maestro del "gusto barocco"

Gian Battista Marino (Napoli, 1569-1625), poeta dalla vita avventurosa, ebbe grande successo ai suoi tempi, soprattutto in Italia (fu chiamato nelle principali corti italiane) e in Francia. Il suo stile venne imitato da molti poeti definiti, appunto *marinisti*. La sua produzione fu vastissima, e comprende composizioni di vario tipo (sonetti, madrigali, canzoni). Il suo capolavoro è l'*Adone* (1623).

La rivoluzione di Caravaggio

Protagonista dell'arte barocca fu **Caravaggio** (1571-1610), uno dei più grandi artisti di tutti i tempi, attivo a Milano, Roma, Napoli e Malta. La sua pittura, estremamente *realistica* e *innovativa* rispetto a quella rinascimentale, è fatta di forti contrasti, evidenziati dal gioco delle luci e delle ombre (il *chiaroscuro*). L'impostazione delle scene è essenziale, i gesti drammatici, i corpi tesi nell'azione. *La Morte della Vergine* (1604) è un esempio di quest'arte: l'evidenza del dolore e del pianto; la teatralità della grande tela rossa che scende sulla scena sottostante; il realismo della Madonna, in cui l'artista ritrae una povera donna annegata in mare. L'opera provocò scandalo (i piedi scoperti della Madonna!) e non venne accettata dai committenti; fu però acquistata da un intenditore, il grande artista fiammingo P. P. Rubens.

Altro grande artista barocco fu **Pietro da Cortona**. Nei suoi affreschi le figure, atteggiate in pose classiche, sono spesso inserite in uno spazio scenografico e vibrante. La prospettiva rinascimentale ordinava e limitava lo spazio, la nuova prospettiva barocca *apre spazi infiniti* e *libera l'energia del movimento*. Accanto alla rivoluzione caravaggesca, che ebbe grandissima fortuna, si affermò anche una corrente classicista, di ispirazione rinascimentale. I suoi maggiori rappresentanti furono due artisti emiliani, **Guido Reni** e **Il Guercino**. Nell'*Aurora* (1621), Guercino rappresenta il Carro del Sole trainato dai cavalli. La visione *dal basso verso l'alto*, evidenziata dal bel chiaroscuro, diventerà comune in tutta l'arte barocca.

Questo poema, ben lontano dalle tematiche guerresche della tradizione (Ariosto e Tasso), celebra *l'amore sensuale*, argomento fondamentale nella letteratura barocca. Marino dimostra qui la sua capacità *inventiva* e la sua grande abilità tecnica: importante è l'attenzione per il valore *musicale* dei versi. Tuttavia, né Marino né altri poeti italiani raggiunsero risultati particolarmente significativi. Così, nel 1600, l'Italia inizia a perdere quella funzione di guida culturale per l'Europa che aveva avuto nel corso di tutto il Rinascimento.

4. Il poema eroicomico

Alessandro Tassoni (Modena, 1565-1635), scrittore antiaristotelico e antispagnolo, è l'inventore di questo genere letterario, dove argomenti epici (eroici) vengono trattati in tono parodistico e scherzoso (comico). Il genere s'inserisce assai bene nel gusto barocco per l'*invenzione bizzarra* e la mescolanza degli stili, ma i risultati non furono brillanti.

5. Storiografia: Sarpi e la difesa della libertà

Paolo Sarpi, veneziano, fu teologo, scienziato e storico appassionato. Lottò contro le pretese della Chiesa, che voleva instaurare un Tribunale dell'Inquisizione a Venezia. Venne scomunicato dal Papa per la sua aperta difesa delle leggi e della libertà della Repubblica veneziana.
La sua opera più nota, la *Istoria del Concilio di Trento*, è importante perché Sarpi conduce l'indagine storica con un metodo rigoroso e moderno, attento ai fatti e alle fonti storiche sicure (relazioni di ambasciatori, diari e lettere di cardinali), anche se esprime chiaramente la propria critica nei confronti della Chiesa, accusata di aver organizzato il Concilio più per motivi politici che spirituali.

6. Teatro

Come si è visto, il seicento è un'epoca straordinaria per il teatro. È il "secolo d'oro" per Spagna, Francia, Inghilterra. In Italia, fra la scelta di un teatro semplice e fedele alla maniera greca, e un teatro a tinte forti, in cui domina il gusto per l'orrido e per la violenza esasperata (derivante dalle tragedie classiche di Seneca), si preferisce il secondo. L'unica personalità di rilievo è **Federico Della Valle**, autore di numerose tragedie di argomento religioso.

7. Il melodramma italiano

Genere di rappresentazione teatrale sorto nel Cinquecento, il melodramma fu elaborato da un gruppo di musicisti, scienziati e scrittori (la *Camerata de' Bardi*) di Firenze.
Il termine melodramma si riferisce specificatamente alla tradizione (librettistica e musicale) italiana, dal Cinquecento all'Ottocento, mentre *opera* è un termine più generico. I primi esperimenti in quest'ambito furono realizzati dal poeta **Ottavio Rinuccini**: l'*Arianna*, il suo primo vero *libretto d'opera*, fu musicato da **Claudio Monteverdi**.

Il capolavoro musicale di Monteverdi, l'*Orfeo*, eseguito nel 1607 a Mantova, alla corte dei Gonzaga, contiene già tutti i più importanti elementi dell'opera: i *recitativi*, le *arie*, i *ritornelli*, gli *inserti di danze*, il *coro*, l'*orchestra*.
Il melodramma divenne, nel corso degli anni, una forma di spettacolo grandiosa, con cantanti e musicisti specializzati e scenari fastosi. I temi trattati (*i soggetti*) erano per lo più mitologici, drammatici e storici, ma anche religiosi, o comici e popolareggianti. L'elemento musicale diventerà comunque sempre più importante rispetto a quello letterario. Il successo del melodramma fu straordinario e si affermò in tutta Europa. In Italia, i due maggiori centri di diffusione di questo genere furono Roma e Venezia (qui venne aperto il primo teatro a pagamento).

In alto: ritratto di Alessandro Tassoni.
Nella pagina a sinistra in alto: ritratto di G. Battista Marino.
Nella pagina a sinistra in basso: L'Aurora del Guercino.

il Seicento

T27 Giovan Battista Marino: Guerra di baci

Feritevi, ferite,
viperette mordaci,
dolci guerriere[1] ardite
del Diletto e d'Amor, bocche sagaci!
5 Saettatevi pur[2], vibrate ardenti
l'arme vostre pungenti!
Ma le morti sien vite,
ma le guerre sien paci,
sian saette le lingue e piaghe i baci.

O bocche esperte, ferite e feritevi reciprocamente,
piccole vipere capaci di mordere,
guerriere dolci e coraggiose del Piacere e dell'Amore.
[O bocche esperte e] ardenti, mandatevi,
lanciatevi pure, l'una verso l'altra, le vostre armi acute.
[O bocche esperte], le ferite da voi provocate
sono vita, le guerre, da voi condotte,
sono paci d'amore, le frecce sono le lingue,
e le ferite sono i baci.

---

1 Dolci guerriere: è una figura retorica (detta ossimoro) e consiste nell'avvicinare due parole di significato opposto. Qui le "guerriere", le bocche, sono in realtà dolci e seducenti.

2 Pur: qui è difficilmente traducibile; rafforza semplicemente l'azione del verbo "saettare".

Un madrigale

Il madrigale è un breve componimento poetico, di solito accompagnato dalla musica, di contenuto amoroso.
Il madrigale qui presentato serviva da accompagnamento ad altre poesie di Marino.

e 1. Comprensione

Il tema di questi versi è esplicitamente sensuale: si tratta di una "battaglia" di baci.
Con il verso "l'armi vostre pungenti" il poeta vuole descrivere le bocche e le loro armi.

Secondo te, queste armi sono:

○ **a.** le lingue, con cui gli amanti si mandano baci infuocati
○ **b.** le parole ardite che gli amanti si scambiano fra loro
○ **c.** gli inganni amorosi che feriscono il cuore degli innamorati

e 2. Analisi

Nelle pagine precedenti si è parlato del *concettismo*: con questo si intende un tipo di ragionamento complicato, capace di mostrare l'abilità dell'autore e di stimolare l'intelligenza del lettore.
In questa poesia, un esempio di concettismo è nel verso: "Ma le morti sien vite / ma le guerre sien paci".

A che cosa si riferisce Marino, con questi versi?

○ **a.** Alla morte che porta, finalmente, la pace / alle guerre che salvano, alla fine, la vita
○ **b.** Alle ferite d'amore, che in realtà danno vita / alle lotte d'amore, che in realtà danno pace
○ **c.** Alla fine dell'amore, che porta serenità / alle lotte d'amore che danno pace, quando finiscono

Nei versi iniziali, le bocche dei due amanti diventano "guerriere ardite".
In questo caso il poeta usa una tecnica retorica: la *personificazione*.

Trova altri due esempi di personificazione.

....
....

84

Francesco Furini, *Ila e le ninfe*, 1631-1632.

"Guerriere ardite" e "bocche ardenti".
Scegli gli aggettivi che più si avvicinano al significato di "ardite" e di "ardenti":

○ **a.** coraggiose
○ **b.** brucianti
○ **c.** bollenti
○ **d.** appassionate

○ **d.** calde
○ **e.** eroiche
○ **f.** infuocate
○ **g.** audaci

3. Riflessione

**Questo madrigale è significativo per l'*abilità tecnica* dimostrata dal poeta.
Osserviamo allora il modo in cui è organizzato:**

• I primi quattro versi presentano il tema di tutta la poesia.
  Hanno una rima semplice, alternata: fer**ite** rima con ard**ite**, mord**aci** con sag**aci**.

• I due versi successivi rafforzano l'idea di questa "lotta" amorosa e sono
  strettamente collegati fra loro dalla rima: ard**enti** / pung**enti**.

• Gli ultimi tre versi richiamano il tema dei baci, ma alleggeriscono la violenza
  dei versi precedenti, spiegando meglio il senso di questa guerra giocosa.

• Il componimento si chiude, musicalmente, in modo perfetto: le rime riprendono
  quelle dei versi iniziali (v**ite** riprende fer**ite**, p**aci** riprende mord**aci**, b**aci** riprende sag**aci**).

il Seicento

T28 Ciro di Pers: Orologio di polvere

Poca polve inquieta, a l'onda, ai venti
tolta nel lido e n'vetro imprigionata,
de la vita il cammin, breve giornata,
vai misurando ai miseri viventi.

5 Orologio molesto, in muti accenti[1]
mi conti i danni de l'età passata,
e de la morte pallida e gelata
numeri i passi taciti e non lenti[2].

*Tu, polvere, scarsa e inquieta, che sei stata sottratta
all'onda del mare e al vento, sulla spiaggia, e sei stata
racchiusa nel vetro [dell'orologio], misuri a noi, poveri uomini,
il cammino della vita, la breve giornata [della vita].*

*Orologio fastidioso, con parole silenziose
tieni il conto delle disgrazie del mio passato
e numeri i passi muti e veloci della Morte,
pallida e fredda.*

1 I muti accenti: cioè le parole mute. E' una contraddizione usata per dare maggior risalto ed espressività alle parole (questa figura è detta ossimoro).

2 Non lenti: cioè veloci. Si tratta di una figura retorica (detta litote): si afferma qualcosa di spiacevole (qui, la morte che si avvicina rapidamente) attraverso la sua negazione.

Ciro di Pers
Ciro di Pers (1599-1663), friulano di nobile famiglia, è uno dei poeti più significativi e sinceri della sua epoca.
In questa poesia, riflette sul tempo che scorre e sulla morte che si avvicina.
I tre 'protagonisti' sono l'orologio (il tempo), la morte e la vita del poeta.

1. Comprensione
Scegli gli aggettivi che li definiscono meglio:

	rapido/a
VITA	breve
MORTE	travagliato/a
TEMPO (orologio)	bianco/a
	irritante
	infelice

Lo spunto per questa poesia è dato da:

○ **a.** un orologio meccanico
○ **b.** un orologio a pendolo
○ **c.** un orologio solare
○ **d.** una clessidra
○ **e.** un cronometro

Cerca i versi in cui il poeta si rivolge a questo orologio perché:

a. gli ricorda come il tempo scorra velocemente: ....

b. gli indica la vecchiaia e la morte ormai vicine: ....

2. Le figure retoriche
Torniamo a lavorare sulle figure retoriche, che tanto interessavano al mondo barocco e che volevano meravigliare il lettore con la loro brillante inventiva. Rileggi questo verso:
"Io non ho da lasciar porpora e oro":
porpora e oro: è una figura retorica (*metonimia*) usata dal poeta per dire che vive e morirà:

○ **a.** senza eredi
○ **b.** in povertà
○ **c.** in solitudine

Io non ho da lasciar porpora ed oro:
10 sol di travagli nel morir mi privo;
finirà con la vita il mio martoro.

Io so ben che 'l mio spirto è fuggitivo;
che sarò come tu[3], polve, s'io mòro,
e che son come tu, vetro, s'io vivo.

Morendo, non lascio potere e ricchezze:
con la morte mi privo soltanto di dolori;
il mio martirio finirà con la vita.

Io so bene che il mio spirito è fuggitivo;
[so bene] che sarò come la polvere, se muoio,
e che sono come il vetro, se continuo a vivere.

---

3 Sarò come tu, ecc.: la figura retorica introdotta dal "come"
si chiama similitudine.

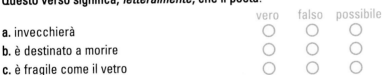

e 3. Analisi
Ecco le tre possibili qualità di queste affermazioni: vero / falso o possibile.
Scegli quella che ti pare giusta e poi confrontala con i tuoi compagni.

1. "sol di travagli nel morir mi privo; finirà con la vita il mio martoro".
Ti sembra che il poeta guardi alla morte con:

	vero	falso	possibile
a. rassegnazione	○	○	○
b. speranza	○	○	○
c. sollievo	○	○	○

2. "Il mio spirto è fuggitivo". Perché:

	vero	falso	possibile
a. è destinato a scomparire	○	○	○
b. in continuazione è inquieto e angosciato	○	○	○

3. "e che son come tu, vetro, s'io vivo".
Questo verso significa, *letteralmente*, che il poeta:

	vero	falso	possibile
a. invecchierà	○	○	○
b. è destinato a morire	○	○	○
c. è fragile come il vetro	○	○	○

Clessidra barocca

e 4. Uno stile efficace
"Poca polve inquieta": la polvere contenuta nell'orologio è poca: al poeta rimane, quindi, poco tempo da vivere.
La polvere, inoltre, è inquieta. Di solito questo aggettivo significa *agitato*, *tormentato*; qui però il significato sembra
quello, originario, di *non*-quieto, cioè mobile: la polvere scorre via velocemente.

Già da questo primo verso vedi, quindi, come il poeta sappia descrivere, con poche parole ben scelte,
la malinconica condizione in cui si trova. Certo, si tratta di un testo barocco, ritenuto molto distante dai nostri gusti.
Ma è poi così "distante"? Discutine con i tuoi compagni.

il Seicento

La nuova scienza

1. Che cos'è la Nuova Scienza

L'attenzione verso i fenomeni naturali era già stata molto viva nel Rinascimento (astrologia, alchimia), ma si afferma completamente nel corso del seicento.

Alla base di questa svolta fondamentale sta l'aspirazione ad una "nuova scienza", non più condizionata dalla morale o dalla religione, ma basata sull'*osservazione diretta della natura*, sull'uso di *strumenti tecnici* adeguati e di un metodo capace di interpretare *oggettivamente* i dati raccolti.

Le riflessioni sull'autonomia della ragione e sul metodo saranno centrali in tutta Europa (**Galileo Galilei** e **Isac Newton** nelle scienze, **René Descartes** in filosofia).

2. Due sistemi a confronto

La visione tradizionale credeva in una natura *antropomorfica* (costruita sul modello del comportamento umano), animata da forze di tipo morale (bene e male). Gli scienziati della "rivoluzione scientifica" invece, pensano ad una natura governata da *meccanismi matematici e rigorosi*; anzi, molti di questi studiosi vedono *proprio* nelle leggi matematiche da loro scoperte un segno della razionalità e della potenza di Dio.

3. La fine di un sogno e l'inizio di una nuova era

Tramonta così il sogno di un mondo fatto a "immagine e somiglianza dell'uomo". Il mito rinascimentale dell'uomo al centro dell'Universo crolla definitivamente anche nella scienza. Poeti, filosofi e scienziati condividono dunque questo generale momento di *crisi* a cui si unisce però un grande desiderio di *innovazione*. Gli studi astronomici, insieme alle grandi scoperte geografiche e ai viaggi in terre lontane, contribuiscono a delineare l'idea di un mondo vasto e sconfinato, mutevole, privo di certezze.

4. Gli intellettuali e la Chiesa dell'Inquisizione

Questo nuovo atteggiamento fu però all'inizio molto contrastato. Il secolo della nuova scienza inizia infatti violentemente, con il rogo (1600) di **Giordano Bruno** in Campo dei Fiori, a Roma. Bruno, sacerdote e filosofo, venne giudicato eretico dal Tribunale dell'Inquisizione; la sua morte segna, simbolicamente, la fine del Rinascimento più illuminato e inaugura la figura dell'*intellettuale perseguitato dalla Chiesa*.

5. Campanella e i "filosofi nuovi"

Anche Tommaso Campanella (1568-1639), filosofo e poeta calabrese, venne condannato dall'Inquisizione per le sue idee e fu più volte torturato e rinchiuso a lungo in carcere. Sfuggì alla pena di morte fingendosi pazzo. La sua opera maggiore è la *Città del Sole*, dove descrive un modello ideale (utopistico) di società.

Il barocco in architettura

Lo stile barocco si sviluppa dopo la crisi del Rinascimento e ha una diffusione internazionale. Si distingue per le linee curve, per la tensione delle forme architettoniche, imponenti e massicce. È caratterizzato dalla magnificenza e dalla ricchezza dei materiali utilizzati (marmo, oro, stucchi). I suoi massimi rappresentanti sono **G. L. Bernini** e **F. Borromini**. Il primo, artista ufficiale della Roma papale, fu scultore e architetto (*San Pietro*). Borromini, il suo rivale, ebbe una vita inquieta, ma le sue opere furono fondamentali per l'elaborazione della poetica barocca.

Sant'Ivo alla Sapienza (1642-1650), fu molto criticata all'epoca.

La cupola termina con un movimento a spirale che sembra non finire mai: è un'architettura "viva", direttamente ispirata alle *forme naturali*. Come già per la poesia e la scienza, qui la Natura sembra prendere il sopravvento sulle capacità ordinatrici dell'uomo.

Campanella si inserisce così in quella corrente filosofica che si occupò dei possibili modelli di Stato (da F. Bacon a T. Hobbes e J. Locke).

Al contrario della sorte avuta in Italia, **Bruno, Campanella, Galileo** e **Sarpi** godettero di un forte prestigio, nell'Europa del tempo. Tommaso Campanella definì "novi filosofi" quegli intellettuali che, come lui, difendevano tesi filosofiche, politiche o scientifiche libere da qualsiasi posizione dogmatica. I dogmi sono delle verità indubitabili. Quelli dell'epoca erano contenuti in alcuni testi ritenuti sacri: la Bibbia e il Vangelo - poiché esprimevano direttamente la parola di Dio - e le opere di Aristotele. Questo grande filosofo greco aveva esplorato liberamente quasi tutti i campi del sapere umano, ma nell'Italia del seicento era ormai diventato un'autorità indiscutibile.

6. Scienza e fede: la posizione di Galileo

In alcuni scritti lo scienziato espone la sua tesi: l'*autonomia* della ricerca scientifica rispetto alla verità delle Sacre Scritture. Secondo Galileo, il *metodo scientifico* si basa sull'osservazione diretta dei fenomeni naturali, sulla loro "traduzione" in termini matematici, sulla formulazione di ipotesi possibili e quindi sulla loro verifica attraverso l'esperimento concreto. La conoscenza dello scienziato parte quindi dalle *esperienze basate sui sensi e dalle dimostrazioni matematiche*, non dalla Bibbia. Con ciò, Galileo non contesta la Bibbia sul piano morale e teologico; tuttavia, pensa che i brani biblici sulla natura del mondo non siano credibili dal punto di vista scientifico. La Chiesa rifiutò la posizione *mediatrice* di Galileo, che voleva garantire indipendenza e dignità sia alla fede che alla scienza. La condanna della Chiesa frenò per oltre un secolo la ricerca scientifica in Italia.

La lettura delle opere di Galileo, Copernico e Keplero fu proibita dalla Chiesa fino al 1822.

In alto: ritratto di Galileo Galilei.

Nella pagina a sinistra in alto: alcuni strumenti di Galileo conservati nel Museo della Storia della Scienza a Firenze.

A destra: affresco raffigurante Galilei tra i discepoli.

Nella pagina a sinistra in basso: Carlo Rainaldi, decorazione per la facciata di Palazzo Farnese.

Galileo Galilei

Nato a Pisa nel 1564, insegna a lungo all'Università di Padova. Qui perfeziona alcuni strumenti tecnici, come il cannocchiale, e compie fondamentali osservazioni astronomiche che contrastano molti punti della teoria tolemaica (che poneva la Terra al centro dell'Universo) a favore della teoria eliocentrica (proposta da Copernico nel 1543, ma ancora priva di una dimostrazione fisica). Viene invitato come matematico all'Università di Pisa e alla corte del Granduca di Toscana, a Firenze. Il clima però è molto meno libero rispetto a Padova e Galileo è accusato di eresia.

Il Saggiatore (1623), l'opera che racchiude le sue osservazioni sulla struttura matematica dell'universo e sulla necessità di un preciso metodo scientifico, ha successo, e Galileo decide di riaffrontare il problema del movimento terrestre intorno al Sole. *Il Dialogo sopra i due massimi sistemi del mondo* (1632), destinato a un vasto pubblico, riapre la polemica con la Chiesa. Galileo, condannato dal Sant'Uffizio di Roma, deve rinnegare pubblicamente le sue tesi (1633).

Costretto all'isolamento, continua gli studi di fisica sul moto accelerato, la sua più grande scoperta scientifica, e non smette di studiare se non con la morte, nel 1642.

T29 Galileo Galilei: Dal dialogo dei massimi sistemi

Simplicio.
Io vi confesso che tutta questa notte sono andato ruminando le cose di ieri[1], e veramente trovo di molto belle, nuove e gagliarde[2] considerazioni; con tutto ciò mi sento stringer assai più dall'autorità[3] di tanti grandi scrittori, ed in particolare... Voi scotete la testa, signor Sagredo, e sogghignate[4], come se io dicessi qualche esorbitanza[5].
Sagredo.
Io sogghigno solamente, ma credetemi ch'io scoppio nel voler far forza di ritenere le risa maggiori[6], perché mi avete

fatto sovvenire[7] di un bellissimo caso, al quale io mi trovai presente, non sono molti anni[8], insieme con alcuni altri nobili amici miei, i quali vi potrei anche nominare.
Salviati.
Sarà bene che voi ce lo raccontiate, acciò forse il signor Simplicio non continuasse a credere d'avervi esso mosse le risa[9].
Sagredo.
Son contento[10].
Mi trovai un giorno in casa un medico[11] molto stimato in Venezia, dove alcuni per lor studio, ed altri per curiosità

---

1 Ho ripensato alle cose dette ieri.

2 Potenti, molto interessanti.

3 Rimango molto più convinto dall'autorità...

4 Scuotete la testa e ridete in modo sarcastico.

5 Assurdità.

6 Ma credetemi pure, sto quasi per scoppiare nel tentativo di trattenere una risata ben più grande.

7 Ricordare.

8 Un caso al quale ho assistito non molti anni fa.

9 Affinché Simplicio non continui a credere di avervi fatto ridere lui stesso.

10 Formula con cui si accettava un invito: sono ben lieto di poterlo fare.

11 In casa di un medico.

12 Si riunivano qualche volta.

13 Anatomia, il taglio dei cadaveri fatto a scopo di studio scientifico.

14 Per opera di un medico anatomista, dotto e, allo stesso tempo, pratico e diligente.

Il contesto
I tre personaggi, riuniti nel palazzo veneziano del nobile Sagredo, discutono per quattro giorni di vari problemi filosofici e scientifici. La seconda giornata, da cui è tratta la pagina qui presentata, è dedicata al principio d'autorità: nelle discussioni filosofiche dell'epoca, un ragionamento era giudicato valido e corretto se *rispettava* quegli scrittori e quei testi considerati *autorità* certe e indiscutibili (ad esempio, Aristotele o la Bibbia). Il brano è tratto dall'opera *Dialogo dei massimi sistemi* del mondo, tolemaico e copernicano (1632). La reazione della Chiesa a questo libro fu violentissima e Galileo fu costretto a rinnegare i suoi "errori", cioè la tesi copernicana che il libro voleva diffondere tra i lettori. Protagonisti di quest'opera sono un filosofo aristotelico (Simplicio), uno scienziato copernicano (Sagredo) e un intellettuale imparziale (Salviati).

e 1. Comprensione

Nel caso qui raccontato da Sagredo, un medico cerca di dimostrare una tesi, ma il suo interlocutore si rifiuta di credere alla pura evidenza dei fatti. Perché?

○ **a.** Perché la fede impedisce le operazioni di anatomia
○ **b.** Perché è fedele alla filosofia aristotelica
○ **c.** Perché è contrario al metodo scientifico

Che cosa spinge Sagredo a raccontare l'episodio del medico veneziano?

○ **a.** Le considerazioni del giorno prima
○ **b.** Il riferimento di Simplicio all' "autorità"
○ **c.** L'assurdità dei ragionamenti di Simplicio

"Ed in particolare...": a che scrittore allude Simplicio, all'inizio del dialogo?

....

Il medico veneziano vuole dimostrare che:

○ **a.** i nervi partono dal cervello
○ **b.** i nervi sono congiunti al cuore
○ **c.** i nervi si diramano in tutto il corpo
○ **d.** il filosofo aristotelico ha torto

convenivano tal volta[12] a veder qualche taglio di notomia[13] per mano di uno veramente non men dotto che diligente e pratico notomista[14].

Ed accadde quel giorno che si andava ricercando l'origine e nascimento dei nervi[15], sopra di che è famosa controversia tra i medici galenisti ed i peripatetici[16]; e mostrando il notomista come, partendosi dal cervello e passando per la nuca, il grandissimo ceppo dei nervi[17] si andava poi distendendo per la spinale[18], e diramandosi per tutto il corpo, e che solo un filo sottilissimo come il refe[19] arrivava al cuore; voltosi

ad un gentil uomo ch'egli conosceva per[20] filosofo peripatetico, e per la presenza del quale egli aveva con estraordinaria diligenza[21] scoperto e mostrato il tutto, gli domandò s'ei restava ben pago e sicuro[22] l'origine dei nervi venire dal cervello e non dal cuore; al quale il filosofo, dopo esser stato alquanto sopra di sè[23], rispose:

"Voi mi avete fatto veder questa cosa talmente aperta e sensata[24], che quando il testo d'Aristotile non fosse in contrario, chè apertamente dice i nervi nascer dal cuore[25], bisognerebbe per forza confessarla per vera".

---

15 Il luogo da cui i nervi nascono.

16 Su questo argomento c'è una famosa controversia fra medici seguaci di Galieno (secondo cui i nervi derivano dal cervello) e i peripatetici, cioè gli aristotelici, i seguaci di Aristotele (secondo cui i nervi hanno origine nel cuore).

17 Il gran fascio dei nervi.

18 Lungo la spina dorsale.

19 Il refe è un filo di lino, cotone o altra fibra, comunemente usato per fare cuciture.

20 Come.

21 Con straordinaria accuratezza.

22 Se era ben convinto del fatto che l'origine dei nervi era nel cervello.

23 Dopo aver riflettuto per un po' di tempo.

24 In modo così evidente.

25 Se il testo di Aristotele non dicesse con chiarezza il contrario, cioè che i nervi nascono dal cuore.

---

2. Analisi

Ti sembra che il nome Simplicio possa alludere, scherzosamente:

○ **a.** ai suoi modi semplici e spontanei
○ **b.** alla sua mentalità ottusa e sciocca
○ **c.** alla sua ingenuità

Come definiresti l'aneddoto raccontato da Sagredo?

○ **a.** Piacevole
○ **b.** Contraddittorio
○ **c.** Ironico
○ **d.** Irreale

Scegli quegli aggettivi che, secondo te, definiscono meglio l'atteggiamento mentale dello scienziato moderno e del filosofo aristotelico. Spiega le tue scelte: c'è qualche escluso?

aperto	rigido	ragionevole	razionale	libero	ostinato
dipendente	autonomo	sperimentale	inesperto	concreto	astratto

3. Riflessione

Il contesto storico

Si può anche sorridere della cieca convinzione con cui il filosofo tradizionale seguiva il sistema aristotelico. Il problema, però, è che Simplicio non era un personaggio esagerato. Era il rappresentante di quel mondo contro cui Galileo combatteva *realmente*. Di fronte al telescopio, gli avversari di Galileo giravano la testa: come era possibile credere a quell' "inganno visivo", se la Bibbia e le teorie aristoteliche dimostravano, con la forza dei ragionamenti logici, il contrario?

Galileo letterato

L'uso di un *italiano* semplice ed efficace, e non del latino (lingua dei dotti), e l'uso del *dialogo*, cioè della forma letteraria più aperta e vicina al metodo della ricerca scientifica, dimostrano le intenzioni di Galileo, scienziato e scrittore: *non suggestionare* i lettori (come avviene nella maggior parte della letteratura barocca!) *ma convincerli* con la verità dei fatti concreti e delle parole dirette. In questo senso, secondo te, Galileo è più vicino alla mentalità rinascimentale o al gusto barocco?

Critica

Lo scrittore di scienza

Lo scrittore di scienza, mentre si distingue uscendo idealmente dalla cerchia[1] profana delle persone distratte dietro la pura parvenza fenomenica[2] delle cose, non dimentica tuttavia e non respinge sdegnosamente il mondo dei non iniziati. Al contrario egli si preoccupa di far partecipe del principio conquistato chi ancora ne è privo, insomma di istruire e svolgere una concreta opera educativa. Egli interroga («ed io valendomi dell'occasione domandai... e di nuovo domandai»), interviene concretamente con le sue operazioni ("allora, interponendo io l'ala del mio cappello..."), ascolta le diverse risposte («al che mi fu risposto... allora Monsignore quasi meravigliato rispose...»), e porta così ad una prima unanime constatazione ("e tutti confessarono...").

L'immagine dello scrittore di scienza, se si offre[3] talvolta composta nel raccoglimento dello studioso sprofondato nel silenzio della propria solitaria meditazione, si presenta più spesso atteggiata nel contegno affabile[4] del maestro intento a dimostrare ad altri i risultati dell'assidua esplorazione. Intorno alla figura dello scrittore si forma in tal modo un'atmosfera cordiale, di comunicazione intensa. L'esperienza assume spesso il carattere di un rito sociale. Comunque, il senso della scuola, della società accademica e della comunità scientifica è sempre assai vivo. Gli scritti nati dall'attività svolta nelle accademie, come le *Lezioni accademiche* di Torricelli e i *Saggi di naturali esperienze* di L. Magalotti, e le lettere scambiate fra i vari studiosi (e varrà la pena[5] di ricordare qui, per la loro funzione promotrice di una nuova scuola, quelle di Federico Cesi, il fondatore dell'accademia dei Lincei) costituiscono il genere tipico in cui si traduce in maniera evidente questo contegno[6].

Ma un po' tutte le pagine mantengono questo carattere singolare. E un altro aspetto accomuna questi testi: essi compongono un mondo di cultura, al cui centro domina la figura di Galileo.

Giovanni Getto

---

1 Gruppo.

2 Ciò che si vede dei vari fenomeni.

3 Si presenta.

4 Nell'atteggiamento dolce.

5 È utile.

6 Atteggiamento.

Apoteosi della curva

Un'idea, una forma, può diventare ossessiva, ed ecco che la si ritrova dappertutto, e non perché dietro si celi[1] un simbolismo sessuale, come sostenevano i freudiani. [...]
Tanto è vero che la curva era la forma essenziale del barocco che la reazione neoclassica vi identificò il nemico da debellare[2].
La curva fu il fulcro della rivoluzione iniziata in architettura dal Borromini con S. Carlo alle Quattro Fontane; ne nacquero quei miracoli che sono gli interni delle cupole di quella chiesa e dell'altra di Sant'Ivo a Roma. La curva porta in sé movimento, articola[3] come una fuga musicale la facciata di una chiesa con volute[4], superfici concave e convesse[5], frontoni spezzati[6]: un incessante palpitare che trasforma la solidità della pietra nella mobilità dell'onda. [...]

Grazie alla curva si ottiene nella composizione architettonica un continuum vibrante, le superfici acquistano una cedevolezza di tessuto elastico. La curva aiuta anche al creazione di uno spazio illusorio, uno spazio "psicologico": il gioco di forme convesse e concave fa sì che la piazzetta di Santa Maria della Pace, di Pietro da Cortona, appaia assai più vasta di quel che non sia: è un trucco che appartiene alla falsa prospettiva usata sulle scene.
Ali d'angeli, la sfera, il sole, la nube, panneggi e chiome mossi dal vento, e rami di palma, tutte queste forme curve ricorrono perpetuamente nell'arte barocca, e son talora investite d'un significato simbolico, come la bolla di sapone emblema della vita umana.

Mario Praz

---

1 Si nasconda.

2 Sconfiggere, battere.

3 Suddivide.

4 Forme tondeggianti come nuvole o fumo.

5 Curve che rientrano o vengono in fuori, come una tazza vista da un lato o dall'altro.

6 Il frontone è il tringolo che si trova sulle colonne in un classico tempio greco: nel periodo barocco, il frontone non è completo.

il Settecento

Il XVIII Secolo

1. Il trionfo della Ragione

Il settecento è il secolo dell'illuminismo, un movimento intellettuale che si diffonde in tutta Europa. Le premesse del suo sviluppo nascono con il pensiero scientifico del Seicento, con il razionalismo di Cartesio e con le riflessioni di filosofi come Hobbes e Spinoza, che avevano messo in discussione il concetto di potere, che non deriva più dalla volontà divina, come si affermava in passato.

Partendo da queste idee, i filosofi illuministi analizzano la storia e la realtà grazie ad un nuovo strumento, la *ragione*. La politica, la religione, la letteratura sono coinvolte nella nuova visione del mondo, così come idee, fedi e istituzioni del passato; si giudica intollerabile tutto ciò che limita la libertà dell'individuo.

2. La borghesia

Liberando l'uomo da ogni forma di schiavitù, l'Illuminismo interpreta la volontà della borghesia, la nuova classe sociale che in vari paesi europei stava diventando sempre più importante. Soprattutto in Inghilterra, ma anche in Olanda e in Francia, i borghesi erano diventati ricchi gra-

zie alla grande espansione dei commerci e all'inizio delle prime attività industriali. Così la borghesia vede nelle classi sociali della nobiltà e del clero i nemici che ostacolano la sua forza inarrestabile. La lotta della borghesia contro una politica antiquata diventa la lotta per affermare il proprio potere.

3. Gli intellettuali

In questo secolo gli intellettuali hanno un rapporto nuovo con la società. Gli illuministi escono dalle corti dei sovrani e dalle accademie letterarie per stare nella società e conoscerla direttamente; diffondono le loro idee con nuovi strumenti, come giornali e riviste. Essi pensano che l'obiettivo dell'uomo di cultura sia migliorare la società.

Per questo motivo si formano nuove associazioni di intellettuali che non erano limitate ad un unico Stato, ma che diventavano internazionali. Già all'inizio del Settecento, in Inghilterra, informazioni, opinioni, idee politiche sono diffuse da giornali e riviste dallo stile brillante e ironico. Successivamente l'esempio inglese si diffonde in tutta Europa, anche in Italia.

4. L'opposizione

La diffusione della cultura voluta dagli Illuministi ha molti oppositori. Quando in Francia, nel 1751, escono i primi due volumi dell'*Encyclopédie*, l'opera faraonica che voleva organizzare e diffondere tutte le conoscenze umane, si scatena la reazione di molti esponenti della Chiesa; questi accusano gli illuministi di essere corrotti e falsi, tanto che riescono a vietare la diffusione ufficiale del-

---

Storia del '700

In Europa gli avvenimenti principali furono: la rivoluzione industriale in Inghilterra e la rivoluzione francese che cancella il potere assoluto dei sovrani.
L'Italia in questo secolo sente ancora gli effetti del declino economico del secolo precedente, è debole, è una pedina nei giochi diplomatici degli Stati europei più potenti. È divisa in molti Stati e controllata da potenze straniere.

L'Austria si insedia nel nord del Paese; grazie alle riforme "illuminate" del sovrano austriaco, si riorganizzano le strutture economiche, sociali, particolarmente in Lombardia. Anche in Toscana e nel Regno di Napoli ci fu una riorganizzazione dello Stato. Ma il potere dei sovrani rimaneva enorme. Così, alla fine del secolo, anche l'Italia viene travolta, come altri Stati, dalla rivoluzione borghese nata in Francia.

l'opera, con un decreto del Parlamento francese. Era infatti evidente a chi deteneva il potere che era troppo pericoloso il progetto di aumentare la cultura dei lettori, proponendo idee nuove, libere da ogni pregiudizio del passato.

5. La religione

Gli Illuministi criticano il Cristianesimo e lo considerano colpevole di mantenere nella popolazione l'ignoranza, la superstizione, il fanatismo. Il clero aveva per secoli condizionato la società, a causa di interessi materiali, economici e politici. Alcuni pensatori arrivano addirittura a negare l'idea stessa di Dio e si definiscono atei. Altri sono deisti, in pratica propongono una religione nuova, laica, dove i valori fondamentali sono tolleranza, giustizia e umanità.

6. La felicità

Il concetto fondamentale per gli illuministi è il diritto alla felicità. Essi pensano che l'uomo possa arrivare alla felicità liberandosi dai pregiudizi e seguendo la ragione.
I filosofi hanno il compito di indicare questa nuova strada. La felicità è legata al piacere, all'eliminazione del dolore e al raggiungimento dei desideri.

Ogni uomo, secondo gli Illuministi, ha il diritto di essere felice, un diritto che però per molti secoli istituzioni politiche e religiose oppressive gli hanno negato. Perciò si deve cercare una convivenza libera e pacifica, grazie alle indicazioni date dalla ragione.

7. La politica

La disuguaglianza, la fame, le ingiustizie non devono più esistere. Il messaggio dei filosofi diventa forte quando lottano contro il potere assoluto della nobiltà e della Chiesa. Fondamentale in questo campo è l'opera del francese C.L. de Montesquieu, *Lo spirito delle leggi*, in cui si definisce il nuovo concetto di Stato, che deve assicurare i diritti di tutti garantendo libertà e benessere.
Il potere non può essere nelle mani di un'unica autorità, ma deve essere diviso tra i poteri legislativo, esecutivo e giudiziario. Un altro filosofo, Rousseau, nell'opera *Il contratto sociale* analizza il potere come un accordo libero

tra uomini. L'uomo deve essere libero, ma deve anche rispettare la volontà degli altri. Tutte queste idee esprimono un nuovo modo di vivere, quel nuovo modo che la borghesia desiderava si realizzasse. Una maggiore democrazia avrebbe portato maggiore benessere e felicità.

8. L'illuminismo in Italia

Gli intellettuali illuministi, aperti alla cultura europea, appassionatamente interessati ai problemi concreti, scientifici, economici, politici, animati in genere da un vivo entusiasmo per il progresso, rimasero in Italia una minoranza rispetto ai letterati di vecchio tipo, pieni di erudizione retorica, poco sensibili ai problemi del mondo contemporaneo. Nel Settecento si è ormai esaurita la spinta intellettuale che aveva fatto dell'Italia nei secoli passati il centro cosmopolita della cultura europea. Le idee illuministiche, espressione di una società in cui andava affermandosi il ruolo centrale della borghesia, si diffondono lentamente in un paese come l'Italia diviso in molti Stati, spesso retti da governanti poco inclini ai nuovi venti di rinnovamento.

Tuttavia, anche in Italia, poco a poco, iniziano a diffondersi le idee illuministe, grazie anche all'opera di intellettuali che, pur nel contesto arretrato della società italiana contemporanea, operano per un rinnovamento culturale e politico richiamandosi alle grandi figure del pensiero rinascimentale quali "Il gran Galileo, - così scrisse Pietro Verri - l'onore della patria nostra, il gran precursore di Newton, quello di cui sarà glorioso il nome insino che gli uomini conserveranno l'usanza del pensare".

In alto: I giardini della Reggia di Caserta.

Nella pagina a sinistra in alto: un gabinetto di fisica sperimentale.
I fisici e i matematici del settecento svilupparono gli insegnamenti di Newton che influenzarono molto gli illuministi.

Nella pagina a sinistra in basso: nascono le prime industrie.

il Settecento

La letteratura del '700

1. L'arte dell'Illuminismo

L'Illuminismo opera una profonda trasformazione nel modo di concepire e interpretare l'arte. Gli illuministi sentivano la necessità di far circolare la cultura, perciò l'arte doveva uscire dalle accademie e dalle corti ed entrare in contatto con la realtà del tempo.

Questo significava che la cultura non poteva più essere monopolio della nobiltà, la classe sociale che ormai rappresentava il passato, l'immobilismo, la conservazione di vecchi privilegi. La borghesia, quindi, cerca il rinnovamento totale dell'arte, che diventa ora strumento di riforma della realtà.

L'arte deve essenzialmente comunicare piacere, un piacere complesso che sia in grado di sviluppare la mente e di comunicare sensazioni profonde. Assieme all'idea di piacere si teorizza anche l'idea di buon gusto, cioè di equilibrio e misura. L'artista, per gli Illuministi, non doveva obbedire a regole prefissate, ma creare emozioni, sensazioni, passioni. Quindi le qualità fondamentali dell'artista dovevano essere l'immaginazione, la fantasia, l'entu-siasmo. Nonostante la presenza di queste novità, non ci fu un cambiamento totale dei generi letterari, ma ci fu la diffusione di nuove forme di scrittura. Infatti, generi letterari come la tragedia o l'epica apparivano poco adeguati a rappresentare il nuovo mondo, invece il romanzo, il saggio, la commedia borghese ebbero notevole sviluppo. In questo modo si potevano rappresentare i problemi sociali e civili in un linguaggio medio e discorsivo.

2. La cultura italiana

Dalla metà del Settecento anche la cultura italiana, dopo un secolo di allontanamento, torna vicina alle esperienze più avanzate della cultura europea. Fino alla prima metà del Settecento, l'avvicinamento dell'Italia all'Europa era opera di piccoli gruppi o di grandi personalità isolate; invece, successivamente, l'Illuminismo unisce attorno a sé un gruppo sociale e culturale molto forte, che subito diventa classe dirigente. Nei vari Stati in cui l'Italia era divisa, infatti, gli illuministi collaborano attivamente e ispirano le riforme dei sovrani. Per questi motivi, le idee degli intellettuali italiani sono rivolte soprattutto ai problemi legati all'amministrazione dello Stato e alla vita sociale e civile.

3. I centri culturali

La decadenza economica e il forte assolutismo dei potenti impediscono in Italia una netta affermazione dell'Illuminismo, ma in alcune città le nuove idee cominciano a circolare. A Napoli si critica il potere della Chiesa; si discute e si scrive di nuova economia, di nuova legislazione; ci si batte per la libertà di commercio.

🔎 L'architettura nel '700

L'architettura del Settecento mostra sia linee classiche, armoniose ed equilibrate, sia una ricerca per l'ornamento, soprattutto negli interni dei palazzi e dei teatri, con la presenza di specchi e stucchi dorati. L'architettura a Roma è grandiosa, come nella imponente e pittoresca gradinata di Trinità dei Monti, o nella celebre Fontana di Trevi, ricca di decorazioni. Il maggiore architetto del secolo, **Filippo Juvarra**, nasce a Messina, cresce artisticamente a Roma e costruisce a Torino l'imponente Palazzo Madama e la maestosa Basilica di Superga.

Il palazzo reale più grandioso è stato costruito in questo secolo da un architetto di Napoli, **Luigi Vanvitelli**: la Reggia di Caserta, costruita per Carlo III, con il celebre parco dove si moltiplicano cascate, fontane e giochi d'acqua (cfr. foto a p. 95).

A Milano, nel 1764, viene fondata una rivista di orientamento illuminista, chiamata *Il Caffè*.

Il nome è quello dei luoghi abituali in cui gli intellettuali si ritrovavano per discutere, i caffè, appunto.

Questa rivista è stata fondata da due fratelli, i Verri, che con un altro intellettuale, Cesare Beccaria, furono tra le figure più importanti che lavorarono a Milano.

4. L'Illuminismo lombardo: Il Caffè

La rivista *Il Caffè* vuole presentare al pubblico la verità, in modo semplice e chiaro. I problemi sociali ed economici sono alla base dei testi della rivista che prende posizione contro l'ignoranza, contro l'autorità eccessiva del clero, contro ogni divieto economico e il lusso sfrenato.
Alessandro e **Pietro Verri** lottano anche per il rinnovamento della letteratura italiana, che deve essere fatta di "cose", non di "parole", cioè deve comunicare idee precise in modo diretto.

5. L'Illuminismo lombardo: Cesare Beccaria

Cesare Beccaria (1738-1794) è stato l'autore di un'opera fondamentale per capire la novità del Settecento: *Dei delitti e delle pene*, opera che diventò famosa in tutta Europa. Il libro, stampato nel 1764, è destinato, idealmente, ai sovrani "illuminati" che fanno del bene all'umanità.
L'idea principale di Beccaria è il rifiuto della tortura e della condanna a morte, che erano, fino ad allora, considerate normali condanne.

Invece si vuole lottare contro queste pene orribili che non servono a migliorare l'uomo, ma solo ad annullarlo. Il trattato ha un tono appassionato e vibrante, caratterizzato da frequenti riprese di argomenti.
È uno dei testi più innovativi dell'illuminismo italiano che ha contribuito a creare la moderna civiltà europea. Dopo

la pubblicazione, l'opera fu messa all'Indice dei libri proibiti; in Francia Robespierre, in un dibattito, si ispirò al trattato di Beccaria per condannare la pena di morte.
Nel 1786 il granduca di Toscana Pietro Leopoldo applicò le idee del pensatore milanese con una riforma della legislazione penale.

6. L'illuminismo napoletano

La cultura napoletana si apre alle idee dell'Illuminismo e cerca di praticarle per risolvere i problemi dello Stato, il regno dei Borboni.

Gaetano Filangeri scrive un trattato, incompleto, intitolato *Scienza della legislazione*, in otto volumi. In questa opera si descrive e si analizza la situazione europea per riflettere sui grandi cambiamenti che stavano accadendo. L'autore ha come idea fondamentale "la bontà assoluta delle leggi".

7. La cultura veneta

Anche se Venezia rimane conservatrice in campo politico e sociale, tuttavia dà il suo contributo culturale grazie alla presenza di numerosi intellettuali e all'importanza della sua continua attività editoriale.

Per quanto riguarda il giornalismo, **Gasparo Gozzi** con la *Gazzetta veneta* e con l'*Osservatore veneto* è attento alla cronaca, ma anche ad un linguaggio vivace. La rivista, che esce dal 1760, presenta articoli dedicati alla cronaca veneziana, di una Venezia pittoresca e familiare. Spesso sono presenti dialoghi, a volte favole. È un giornalismo diverso da quello colto o politico del tempo.

Per il teatro, le *Fiabe teatrali* di **Carlo Gozzi** inventano un teatro nuovo, fiabesco, anche se non moderno, illuminista, come per le commedie di un altro veneziano, Carlo Goldoni (p. 106).

In alto: ritratto di Cesare Beccaria.

Nella pagina a sinistra in alto: Giambattista Tiepolo, affresco a Palazzo Labia a Venezia.

Nella pagina a sinistra in basso: la scalinata di Trinità dei Monti a Roma.

T30 Cesare Beccaria: Dei delitti e delle pene

Questa inutile prodigalità di supplicii, che non ha mai resi migliori gli uomini, mi ha spinto ad esaminare se la morte sia veramente utile e giusta in un governo bene organizzato. Qual può essere il diritto che si attribuiscono gli uomini di trucidare i loro simili? Non certamente quello da cui risulta la sovranità e le leggi. Esse non sono che una somma delle minime porzioni della privata libertà di ciascuno; esse rappresentano la volontà generale, che è l'aggregato delle particolari. Chi è mai colui che abbia voluto lasciare ad altri uomini l'arbitrio di ucciderlo? Come mai nel minimo sacrificio della libertà di ciascuno vi può essere quello del massimo tra tutti i beni, la vita? E se ciò fu fatto, come si accorda un tal principio coll'altro, che l'uomo non è padrone di uccidersi, e doveva esserlo se ha potuto dare altrui questo diritto o alla società intera?

Non è dunque la pena di morte un diritto, mentre ho dimostrato che tale essere non può, ma è una guerra della nazione con un cittadino, perché giudica necessaria o utile la distruzione del suo essere.
Ma se dimostrerò non essere la morte né utile né necessaria, avrò vinto la causa dell'umanità.

Questa inutile abbondanza di torture, che non ha mai migliorato gli uomini, mi ha spinto ad analizzare se la morte sia realmente giusta ed utile in un buon governo. Con quale diritto gli uomini possono ucciderne altri? Questo diritto non può essere quello del sovrano o delle leggi. Le leggi rappresentano la piccola libertà di ogni individuo; rappresentano la volontà di tutto lo Stato, che è l'unione di ogni individuo. Chi mai vorrebbe lasciare ad un altro uomo il potere di ucciderlo? Come mai si può chiedere la più grande ricchezza di un uomo, la vita? Come si può giustificare questo diritto con l'altro che dice che l'uomo non può uccidersi? Eppure questo diritto è stato dato ad altri, alla società intera.

Perciò la pena di morte non può essere un diritto, ma è una guerra dello Stato contro un suo cittadino, perché questo stato pensa che la sua morte sia necessaria o utile. Ma se io dimostrerò che la condanna a morte di un cittadino non è né utile né necessaria, avrò difeso l'umanità dalla più grande delle ingiustizie.

Contesto
È questo il brano più famoso del trattato. L'autore vuole convincere i sovrani ad abbandonare la pena di morte. La prima parte del suo discorso vuole dimostrare che la pena di morte non solo non è un diritto, ma non è nemmeno utile per la società. Dopo aver parlato della giustizia delle leggi, qui l'autore esamina l'inutilità della pena di morte. In un capitolo successivo criticherà anche l'uso della tortura, che nel Settecento era ancora un metodo impiegato per far confessare i prigionieri.

e **1. Comprensione**
Beccaria vuole dimostrare:

○ **a.** il suo odio contro lo Stato
○ **b.** la sua comprensione verso i condannati
○ **c.** l'ingiustizia delle leggi attuali
○ **d.** i diritti dei cittadini

È vero o falso che leggi dello Stato per Beccaria devono rappresentare:

	vero	falso
a. il potere del sovrano	○	○
b. tutti i cittadini	○	○
c. la massima libertà	○	○
d. l'utilità e la necessità	○	○

e 2. Analisi

Le varie domande che l'autore si pone servono a:

○ **a.** rendere più difficile il testo
○ **b.** procedere nel discorso in modo logico
○ **c.** parlare direttamente con i suoi lettori
○ **d.** dialogare con i sovrani

Completa il riassunto del testo usando i connettivi:
Se in un buon governo i cittadini devono diventare migliori…

Dunque
....
....

Ma
....
....

Perché
....
....

Perciò
....
....

Allora
....
....

Beccaria usa la prima persona singolare, mentre di solito i filosofi amano usare l'impersonale,
che in qualche modo si distacca dal loro ragionamento. Secondo te Beccaria si impegna in prima persona:

○ **a.** per orgoglio intellettuale
○ **b.** per dimostrare la sua partecipazione umana
○ **c.** per nessuna delle ragioni dette sopra: è un fatto casuale

Discuti la tua risposta con i compagni.

e 3. Riflessione

Ti è ben noto che in molti Stati di oggi, che pure si ritengono "civili",
viene applicata la pena di morte.
Forse sai anche che l'Italia è il capofila degli Stati che la esclude;
perfino nel Codice di Guerra cui sono sottoposti i militari non è prevista
la pena di morte, per nessuna causa - dal tradimento alla diserzione.
Secondo te, il ragionamento di Beccaria si applica
anche alla società d'oggi?

Discutine con i tuoi compagni.

Nella pagina a fianco: incisione tratta dall'opera
di Cesare Beccaria, *Dei delitti e delle pene*,
edizione del 1765.

In alto: ghigliottina in azione

il Settecento

Parini e Alfieri

1. La critica di Parini alla nobiltà

La poesia di Giuseppe Parini (1729 - 1799) è poesia illuministica, piena di passione civile, raffinata ed elegante nello stile. Nella sua opera più famosa, *Il Giorno*, scrive una satira in versi per ridicolizzare la vita superficiale e oziosa della nobiltà. Questa classe sociale, che gli intellettuali illuministici consideravano come un nemico da combattere, è descritta da Parini come un insieme di persone squallide, arroganti, che vivono come parassiti sfruttando gli altri.

La satira di Parini contro l'aristocrazia dominante è elegante, ma anche feroce: così bene rappresenta il sentimento generale di disprezzo e di intolleranza che, più tardi, esploderà nella rivoluzione francese.

2. *Il Giorno* di Parini

È un poemetto in versi diviso in quattro parti, in cui Parini descrive un "giovin signore", un ricco, giovane aristocratico amante dell'ozio e della superficialità, senza dignità. Il poeta descrive con ironia la giornata di questo tipico nobile arrogante, che non produce niente, ma sfrutta senza rispetto il duro lavoro degli altri. Così Parini, nelle sue opere, descrive i mali della sua epoca e sogna una nuova società dove ci siano riforme in favore della cultura e della scienza: una società senza privilegi, più giusta ed umana.

3. Alfieri e la ricerca della libertà

Poeta, scrittore di tragedie e di trattati politici, Vittorio Alfieri (1749 - 1803) ha una personalità intensa ed originale che va oltre l'Illuminismo. Questo anche per ragioni di tipo cronologico, perché vive nel periodo della rivoluzione francese e delle sue conseguenze più eccessive, la violenza e il fanatismo che non accetterà mai.

Così Alfieri trasforma la passione politica degli Illuministi in lotta interiore. Egli era di classe sociale aristocratica, un solitario che cercava la tranquillità spirituale, ma senza trovarla mai.

L'argomento principale delle sue tragedie e dei suoi saggi politici è perciò la ricerca della libertà; ma la libertà di Alfieri non ha caratteristiche storiche, è invece una libertà interiore. Nelle sue opere descrive sempre uno scontro tra un tiranno ed un eroe che lotta per la libertà; l'ambientazione, tuttavia, non è realistica, e neanche i personaggi. Anzi, i due protagonisti, con le loro personalità fortissime, rappresentano non uomini reali, ma idee: la tirannia, il potere assoluto contro la libertà.

4. *Saul* e *Mirra*: due eroi romantici

Dunque i capolavori di Alfieri, le tragedie *Saul* e *Mirra* rappresentano non una lotta politica, ma prima di tutto una lotta interiore; i protagonisti, come lo scrittore, sono inquieti, tormentati; perché provano desideri infiniti che non potranno mai essere soddisfatti. Un altro elemento

---

🔍 La pittura del '700

La pittura nel Settecento italiano è rappresentata dalla pittura veneziana, con colori vivaci e luce limpida. Il più grande pittore è Giambattista Tiepolo, con i suoi grandi affreschi decorativi e i suoi quadri d'altare. I suoi colori sono splendidi e leggeri, tanto da sembrare seta.
Sono spettacolari gli affreschi del soffitto di Villa Pisani a Strà (vicino a Padova), o di Palazzo Labia a Venezia. Molte città italiane volevano Tiepolo, che dipinge perciò non solo a Venezia, ma anche a Bergamo, a Milano e addirittura dipinge due immensi soffitti del Palazzo Reale a Madrid, città dove muore. Altri pittori famosissimi che vissero a Venezia furono: Antonio Canal, detto Il Canaletto, che dipingeva con realismo vedute della città lagunare: Piazza S. Marco, il Palazzo Ducale e altro. Nei suoi quadri e nelle sue prospettive si vede l'atmosfera dorata della Venezia del '700. Anche Francesco Guardi dipingeva la città, con le sue feste, ma anche con la malinconia grigia e turchese della sua laguna.

tipico delle tragedie è la morte, per cui il protagonista arriva all'omicidio o al suicidio per rincorrere la propria ossessione.

In *Saul*, Alfieri mostra un re che è uomo disperato, in lotta con se stesso, pieno di invidia per il giovane valoroso David. La rappresentazione delle sue angosce si conclude con la liberazione da se stesso, con il suicidio.

Allo stesso modo in *Mirra*, la protagonista è sola di fronte ad un sentimento tremendo: l'amore per il proprio padre. Contro questa passione disperata Mirra lotta, fino alla fine; ma la sua libertà può essere solo la morte, il suicidio. Così Alfieri conclude l'età della passione politica dell'Illuminismo e apre una nuova epoca culturale, il cui protagonista è l'eroe romantico, sempre in lotta con se stesso e con il mondo.

Giuseppe Parini

Parini nasce in Lombardia nel 1729. Studia in un collegio religioso a Milano dove conosce gli intellettuali di idee illuministe. Nel 1754 diventa sacerdote e poi lavora come insegnante privato per famiglie aristocratiche. In questo periodo scrive il *Dialogo sopra la nobiltà* e *Il Mattino*, che è la prima parte del poemetto satirico *Il Giorno*, che completa poi con la seconda parte, intitolata *Il Mezzogiorno*. Compone anche numerose *Odi*, opere in versi di argomento sociale e politico.

Scrive anche un *Discorso sopra la poesia*, in cui esalta il linguaggio della poesia. Successivamente aggiunge le due ultime parti al suo poemetto, intitolate *Vespro e Notte*. Muore nel 1799.

Vittorio Alfieri

Nasce ad Asti nel 1749 da famiglia nobile; vive un'infanzia infelice. A nove anni frequenta l'Accademia Militare, poi, dal 1766, inizia a viaggiare in Europa. Gli anni dal 1775 al 1790 sono di intenso lavoro letterario: scrive i trattati politici, venti tragedie, tra cui i capolavori *Saul e Mirra*, le *Rime*, e la *Vita*. Nel 1789 è a Parigi, da cui scappa, addolorato per il fanatismo e la violenza dei rivoluzionari. Muore a Firenze nel 1803.

In alto a sinistra: monumento del Canova a Vittorio Alfieri, Firenze, Santa Croce in Gerusalemme

Pagina a sinistra in alto: illustrazione per *Il Giorno* del Parini.

Pagina a sinistra in basso: Canaletto, particolare de *Il ritorno del Bucintoro*.

T31 Giuseppe Parini: E quasi bovi al suol curvati

E quasi bovi al suol curvati ancora
Dinanzi al pungol del bisogno andàro;
E tra la servitude e la viltade
E il travaglio e l'inopia a viver nati
5 Ebber nome di plebe. Or tu garzone
Che per mille feltrato invitte reni
Sangue racchiudi, poi che in altra etade
Arte forza o fortuna i padri tuoi
Grandi rendette; poi che il tempo al fine
10 Lor divisi tesori in te raccolse.
Godi degli ozj tuoi a te da i numi
Concessa parte; e l'umil volgo in tanto
Dell'industria donato a te ministri
Ora i piaceri tuoi, nato a recarli
15 Su la mensa regal, non a gioirne.
Ecco splende il gran desco. In mille forme
E di mille sapor di color mille
La variata eredità de gli avi
Scherza in nobil di vasi ordin disposta.
20 Già la dama s'appressa: e già da i servi
Il morbido per lei seggio s'adatta.
Tu signor di tua mano all'agil fianco
Il sottopon sì che lontana troppo
Ella non sieda o da vicin col petto
25 Ahi di troppo non prema: indi un bel salto
Spicca, e chino raccogli a lei del lembo
Il diffuso volume: e al fin t'assidi
Prossimo a lei.

Quasi come buoi con le schiene curve al suolo continuano
ad andare avanti spinti dal pungolo (bastone appuntito
usato per spingerli) del bisogno. Sono nati tra i servi e
i poveri, destinati al duro lavoro e alla miseria:
si chiamano "plebe" (cioè, povera gente).
Invece tu, giovane signore, hai un sangue nobile
che scorre da mille anni nei reni che non si sono
mai piegati (in segno di sconfitta) dal momento
che in epoche passate la capacità, la forza o
la fortuna hanno fatto diventare grandi i tuoi antenati;
e il tempo, alla fine, ti ha fatto ereditare i loro tesori.

Godi dei piaceri che il destino ti ha dato;
mentre la povera plebe ti fa da servitore e
ti prepara la tavola reale,
in modo che tu solo possa goderne.

Ecco, la tavola splende. In mille forme,
in mille sapori, in mille colori è disposta
sulla tavola la ricchezza della tua famiglia.

Ora la dama (la nobile signora) si avvicina:
e subito la servitù le prepara la sedia,
per farla stare comoda. E anche tu, signore,
fa in modo che la dama sia comoda:
che non sia troppo lontana dalla tavola o troppo vicina;
poi velocemente chinati per accomodarle il gran vestito;
e finalmente siediti vicino a lei.

Contesto

Parini qui sta descrivendo un momento della giornata del giovane nobile, quando si mette a tavola con la sua dama. L'autore usa il tono dell'ironia per descrivere il contrasto tra la condizione privilegiata della nobiltà e la miseria senza speranza della plebe.

e 1. Comprensione

La ricchezza del giovane nobile è dovuta:

○ **a.** al duro lavoro svolto dai suoi antenati
○ **b.** alle capacità della sua famiglia
○ **c.** alla casualità

L'atteggiamento del signore nei confronti della servitù è di:

○ **a.** indifferenza
○ **b.** compassione
○ **c.** crudeltà

Il giovane nobile è così premuroso nei confronti della dama perché:

○ **a.** la ama
○ **b.** fa parte di un rito
○ **c.** è sua moglie

L'atteggiamento dell'autore è:

○ **a.** ironico nei confronti della plebe
○ **b.** ironico nei confronti dei due nobili
○ **c.** indifferente alla miseria dei plebei
○ **d.** indifferente alla ricchezza dei nobili

e **2. Analisi**

Indica almeno tre ragioni per cui i servi assomigliano a dei buoi:

1. ....

2. ....

3. ....

Scrivi almeno cinque aggettivi che descrivono la vita del giovane nobile e della dama:

1. ....

2. ....

3. ....

4. ....

5. ....

e **3. La sintassi**

La sintassi del Parini - come molta sintassi della letteratura di questo periodo, è molto complessa e segue lo stile della sintassi latina, per cui l'ordine logico (soggetto, verbo, complemento oggetto, ecc.) scompare. **Cerca di riordinare i seguenti periodi, usando le stesse parole:**

Arte forza o fortuna i padri tuoi grandi rendette
....

In mille forme e di mille sapor di color mille la variata eredità de gli avi scherza in nobil di vasi ordin disposta
....

Il morbido per lei seggio s'adatta.
....

E quasi bovi al suol curvati ancora dinanzi al pungol del bisogno andàro
....

Quale parte del discorso tende a finire in fondo alla frase?

e **4. Collegamenti**

Dopo aver letto il testo tratto da *La locandiera* di Carlo Goldoni (cfr. Testo 34) rifletti sulle differenze tra Mirandolina, una popolana, e i servi descritti da Parini.

e **5. Riflessione**

Oggi contrapporre il ricco al povero, facendo del primo un parassita sociale e del secondo una vittima, sarebbe un'analisi superficiale. È evidente che non possiamo applicare i nostri parametri al Settecento: eppure è difficile non leggere questo testo senza vedervi un'accusa sociale violenta, chiara, precisa.
Cosa ne pensi? È una accusa che ancora oggi può essere lanciata? Esistono ancora i "giovin signori" e le "dame", anche se in costume di Versace o Armani o Valentino anziché in abiti di damasco e seta?
Discutine con i tuoi compagni.

T32 Vittorio Alfieri: Sublime specchio

Sublime specchio di veraci detti,
mostrami in corpo e in anima qual sono:
capelli, or radi in fronte, e rossi pretti;
lunga statura, e capo a terra prono;

5 sottil persona in su due stinchi schietti;
bianca pelle, occhi azzurri, aspetto buono;
giusto naso, bel labro, e denti eletti;
pallido in volto, più che un re sul trono:

or duro, acerbo, or pieghevol, mite;
10 irato sempre, e non maligno mai;
la mente e il cor meco in perpetua lite;

per lo più mesto, e talor lieto assai,
or stimandomi Achille, ed or Tersite:
uom, se' tu grande, o vil? Muori e il saprai.

[L'autore si rivolge alla sua poesia...]: specchio illustre di pa-
role vere, mostra come sono io, nel corpo e nell'anima: i ca-
pelli, che ora sono pochi nella fronte, e rossi; la statura alta e
il capo chinato in basso;

la figura magra su due gambe dritte; la pelle bianca, gli occhi
azzurri, il bell'aspetto; il naso dritto, le belle labbra, i bei denti;
il volto pallido, più di un re che è preoccupato per il suo potere:

a volte duro, scontroso, a volte mansueto, dolce; sempre arrabbia-
to, ma mai cattivo; con la mente e con il cuore sempre in guerra;

quasi sempre triste, ma a volte molto felice, a volte pensando
di essere un eroe come Achille, a volte un uomo ripugnante
come Tersite [spiacevole personaggio dell'Iliade]; tu sei gran-
de o solo un vigliacco? Lo saprai solo morendo [perché nella
morte c'è la verità].)

Un autoritratto
Sia nel primo che nel secondo sonetto Alfieri dà una descrizione di se stesso, un autoritratto in versi. L'immagine del poeta è grandiosa: un solitario eroe che sfida la natura selvaggia, i potenti, ma soprattutto la morte. Secondo la percezione diffusa, questo è un atteggiamento "romantico", mentre qui lo troviamo in un autore che appartiene a piena ragione al suo secolo, il razionale Settecento. Prima di affrontare le attività che seguono, leggi entrambi i sonetti.

e 1. Comprensione

Nel primo sonetto l'autore si descrive come un uomo:

○ **a.** litigioso
○ **b.** grande
○ **c.** contrastato

Nel secondo sonetto il poeta sta bene nella foresta perché:

○ **a.** non gli piacciono gli altri.
○ **b.** sceglie la solitudine.
○ **c.** si sente superiore.

Perché rifiuta il suo "secolo"? Di' se le seguenti affermazioni sono vere o false.

○ **a.** È contrario ad ogni forma di tirannia.
○ **b.** Gli ha dato molti guai.
○ **c.** Perché manca la libertà.

e 2. Analisi

Il primo sonetto è un'autobiografia ideale del poeta. Perché? Trova due motivi tra quelli che seguono:

○ **a.** per l'accumularsi di particolari fisici
○ **b.** per la descrizione del pallore che lo rende misterioso e irraggiungibile
○ **c.** perché si rappresenta come un oppresso
○ **d.** per la sfida alla morte

T33 Vittorio Alfieri: Tacito orror di selva solitaria

Tacito orror di solitaria selva
Di sì dolce tristezza il cor mi bea,
che in essa al par di me non si ricrea
tra' figli suoi nessuna orrida belva.

5 E quanto addentro più il mio pie' s'inselva,
tanto più calma e gioia in me si crea;
onde membrando com'io la godea,
spesso mia mente poscia si rinselva.

Non ch'io gli uomini abborra, e che in me stesso
10 mende non vegga, e più che in altri assai;
né ch'io mi creda al buon sentier più appresso;

ma non mi piacque il vil mio secol mai:
e dal pesante regal giogo oppresso,
sol nei deserti taccion i miei guai.

---

*Il cupo e pauroso silenzio di una foresta solitaria
mi riempie il cuore di una dolce tristezza che nessuno
riesce a provare, neanche una belva selvaggia
in mezzo ai suoi cuccioli.*

*E quanto più cammino dentro la foresta,
tanta più calma e gioia provo; così che ricordando
il piacere provato nella foresta, spesso
la mia mente ritorna in quel luogo.*

*Io non detesto gli uomini, né penso di essere senza difetti,
anzi ne ho più di altri uomini; né credo di essere
più vicino di altri alla strada della saggezza;*

*ma il mio secolo, così vile, non mi è mai piaciuto:
e oppresso dal potere dei governanti, solo
nei deserti possono tacere i miei lamenti.*

Nel secondo sonetto, il primo verso ha particolari effetti sonori, ricorre ad alcuni artifici tipici della letteratura; quali?

....

....

Nel secondo sonetto è presente una "circolarità", una somiglianza del primo e ultimo verso;
scrivi per ogni parola chiave del primo verso la corrispondente dell'ultimo verso:

tacito: ....   *solitaria*: ....

In entrambi i sonetti si parla di re, di regalità.
Nel primo, al verso 8, il re è visto come persona serena, libera, preoccupata, oppressa.
Nel secondo sonetto, al v. 13, il re è visto come persona serena, libera, preoccupata, oppressa.

**Secondo te, in questo atteggiamento (probabilmente inconscio, nel momento in cui le associazioni di idee gli suggeri-
vano le immagini) si respira già la Rivoluzione Francese, o è un puro caso?**

e 3. Riflessione
Alfieri è uno spirito libero, un lupo solitario, una persona chiaramente difficile per chi gli sta intorno e
vorrebbe che facesse "il bravo", si comportasse come un nobile della sua condizione dovrebbe comportarsi.
Lo senti vicino all'ideale di molti tuoi coetanei del 21° secolo?

Vorresti essere un po' come Alfieri, almeno come si dipinge in questi due sonetti?
Discuti questi temi con i tuoi compagni – e rifletti anche sulla strana modernità di questa letteratura in un paese
che nel Settecento era in crisi piena, consapevole che il centro del mondo si spostava altrove, che il vecchio ordine
stava per essere stravolto…

Carlo Goldoni

1. Uno scrittore illuminista

Goldoni vive in un periodo particolare per l'affermarsi di una nuova classe sociale, la borghesia: da una parte l'Illuminismo spingeva gli intellettuali borghesi a descrivere

la realtà sociale; dall'altra a Venezia, la sua città, la borghesia mercantile dei traffici e dei commerci diventava la classe sociale più importante, mentre i nobili erano in crisi profonda.

Goldoni, con il suo teatro, è lo scrittore che meglio ha rappresentato la cultura e gli ideali della borghesia italiana del Settecento.

Con la sua cultura illuministica, egli riesce a capire e a descrivere nelle sue commedie le trasformazioni sociali della sua epoca, rinnovando, allo stesso tempo, gli schemi del teatro tradizionale e mettendo in scena personaggi e situazioni moderne. Lo spettatore cui si rivolge non è più l'aristocratico ma il borghese.

2. Un nuovo modo di fare teatro

Il mondo messo in scena da Goldoni descrive situazioni reali, con personaggi che rappresentano tipi umani socialmente definiti che si esprimono in una lingua moderna, non letteraria, a volte anche in dialetto. Prima di lui, si preferiva scrivere tragedie, oppure melodrammi sentimentali, come quelli di Metastasio, caratterizzati da personaggi poco realistici e da un linguaggio di alto livello.

3. La commedia dell'arte

La commedia precedente a Goldoni aveva un realismo volgare, serviva solo per divertire il pubblico e gli attori non seguivano una sceneggiatura, ma improvvisavano continuamente, perché i personaggi non dovevano essere realistici, ma solo degli stereotipi (*maschere*, come Arlecchino, Pantalone), che si ripetevano sempre.

4. La commedia scritta

Goldoni, dunque, rinnova il genere della commedia e, prima di tutto, sostituisce l'improvvisazione con un testo scritto. Questa parte della riforma viene fatta gradualmente, anche perché sia attori che pubblico erano abituati alle parti fisse e alle acrobazie delle maschere; in un primo tempo, Goldoni scrive solo il testo recitato dal protagonista, mentre agli altri attori viene dato un *cano-*

○ La più complessa delle rivoluzioni

La fine del Settecento è davvero un momento incredibile nella storia europea: la Rivoluzione culturale di Voltaire, Diderot, Beccaria e degli altri illuministi francesi; la Rivoluzione scientifica di Newton, Lavoisier e degli altri scienziati; la Rivoluzione liberista di Adam Smith e di altri teorici della concorrenza selvaggia dopo secoli di mercato guidato arbitrariamente da una ristretta classe dirigente; la Rivoluzione industriale; la Rivoluzione musicale di Mozart; la Rivoluzione Americana che libera un continente dal suo rapporto di dipendenza con l'Europa; la Rivoluzione francese e il conseguente ciclone napoleonico. Ma questi grandi rivolgimenti non riguardano solo la storia con la "S" maiuscola. Anche la vita dei singoli nelle piccole città cambia radicalmente – e Goldoni è forse uno dei più acuti interpreti di questo cambiamento, e ancora oggi attende un riconoscimento che gli spetta tra i massimi intellettuali del suo tempo. Goldoni è veneziano e parigino, così come un altro grande intellettuale, Giacomo Casanova, anche lui veneziano e parigino insieme: sono gli ultimi cantori della Repubblica Serenissima, che lentamente si spegne, per cui a Napoleone basterà poco per venderla all'Austria nel 1797, ponendo fine alla più lunga repubblica della storia.

vaccio, cioè un testo parziale, che loro completavano grazie alla loro abilità d'improvvisazione. Poi, a partire da *La Donna di Garbo* del 1743, Goldoni scrive interamente le commedie e semplifica gli intrecci, con un'attenzione alla coerenza psicologica dei personaggi.

5. La commedia realistica

Un'altra novità di Goldoni sono i personaggi, che lui approfondisce e descrive in modo realistico; anche se riprende alcuni personaggi della commedia dell'arte (Arlecchino, Pantalone); egli dà loro una nuova fisionomia, li rende individui realistici.

I personaggi sono contemporanei, onesti, furbi, intraprendenti, descritti con ironia. C'è attenzione anche per il mondo femminile, come per Mirandolina nella commedia *La Locandiera*, che è abile a sedurre e a manipolare gli ingenui uomini che frequentano la sua locanda. Goldoni, inoltre, rende adatta la commedia borghese e mercantile che lui ben conosceva; e i suoi personaggi "mercanti" (borghesi ricchi grazie ai commerci) dominano con la loro astuzia e intelligenza il mondo ormai in declino della vecchia nobiltà.

6. La nuova commedia borghese

La commedia goldoniana, scritta, senza maschere, fatta di personaggi concreti, è tipica di una sensibilità nuova, borghese, europea.
Goldoni, intellettuale borghese, rappresenta il suo mondo, in modo lieve, con i suoi sogni, con le sue idee. Nei *Rusteghi*, in *Sior Todero Brontolon*, l'autore presenta in

modo comico il contrasto tra la nuova e la vecchia generazione; nella *Locandiera*, la protagonista domina gli altri non perché segue grandi ideali, ma perché è furba e intrigante.
Nelle ultime commedie (*Il Campiello*, *Le baruffe chiozzotte*) ci saranno nuovi personaggi, pescatori e artigiani che rappresentano una Venezia del popolo, con scene di vita quotidiana molto movimentate e divertenti.

Carlo Goldoni

Carlo Goldoni nasce a Venezia nel 1707. A 14 anni fugge dal collegio per viaggiare con una compagnia di comici. Poi si iscrive nella più tipica delle facoltà borghesi, giurisprudenza, lo studio della legge come freno al capriccio e alla prepotenza dell'aristocrazia; si laurea nel 1731 a Padova.

Inizia a scrivere nel 1738 la sua prima commedia, *Il Momolo cortesan*, in cui nasce la lingua (oggi detta "dialetto") di Venezia.
Nel 1743 scrive *La donna di Garbo*; fino al 1752 lavora al teatro Sant'Angelo di Venezia e scrive molte commedie, tra cui *Il servitore di due padroni*, *La vedova scaltra*, *La Bottega del caffè*, ecc.
Nel 1753 scrive una delle commedie più famose, *La Locandiera*, e passa ad un altro teatro veneziano, quello di San Luca; è ormai famosissimo.

Poi scrive *I Rusteghi*, *Sior Todero Brontolon*, *Le baruffe chiozzotte* alternando l'uso dell'italiano a quello del veneziano e, nelle *Baruffe*, la varietà di questa lingua che era parlata a Chioggia; dimostra in questo modo una sensibilità per i problemi linguistici del tutto moderna.
Infine si trasferisce a Parigi, a causa di violente critiche alla sua riforma teatrale.
Nel 1783 inizia a scrivere i *Mémoires*, la storia della sua vita, in francese. Muore a Parigi nel 1793.

Qui sopra in alto: ritratto di Carlo Goldoni.

A destra: illustrazione per le *Baruffe Chiozzotte*.

Pagina a sinistra in alto: incisione premessa al *Servitore di due padroni*.

Pagina a sinistra in basso: Michele Marieschi, veduta del Canal Grande a Venezia.

T34 Carlo Goldoni: La locandiera

Mirandolina:	Fabrizio, il Cavaliere
Fabrizio:	(*vedendo il cavaliere, s'ingelosisce*): Son qua.
Mirandolina:	(*prende il ferro*): È caldo bene?
Fabrizio:	(*sostenuto*): Signora sì.
Mirandolina:	(*a Fabrizio, con tenerezza*): Che avete, che mi parete turbato[1]?
Fabrizio:	Niente, padrona, niente.
Mirandolina:	(*come sopra*): Avete male?
Fabrizio:	Datemi l'altro ferro se volete che lo metta nel fuoco[2].
Mirandolina:	(*come sopra*): In verità, ho paura che abbiate male[3].
Cavaliere:	Via, dategli il ferro, e che se ne vada.
Mirandolina:	(*al cavaliere*): Gli voglio bene, sa ella? È il mio cameriere fidato.
Cavaliere:	(*da sé, smaniando*): Non posso più.
Mirandolina:	(*dà il ferro a Fabrizio*): Tenete, caro, scaldatelo.
Fabrizio:	(*con tenerezza*): Signora padrona...
Mirandolina:	(*lo scaccia*): Via, via, presto.
Fabrizio:	(*da sé*): Che vivere è questo? Sento che non posso più. (Parte)

---

1 Preoccupato.

2 Per poter stirare, si metteva il ferro da stiro sul fuoco per farlo scaldare.

Il contesto

La Locanda era un albergo, quindi Mirandolina è padrona di un albergo. È una donna giovane, carina e furba.
Molti clienti si innamorano di lei. Il cavaliere è un uomo anziano, cliente della locanda di Mirandolina.
È ricco e non è sposato; egli disprezza le donne, ma si innamora di Mirandolina, che però vuole solo prenderlo in giro.
Fabrizio è un cameriere della locanda; è innamorato della padrona, ma è timido, non sa che anche lei lo ama. Alla fine
della commedia Mirandolina, donna del mondo nuovo, sposerà il povero Fabrizio anziché i ricchi e nobili pretendenti.

e **1. Comprensione**

Di' se le affermazioni che seguono sono Vere o False.

	vero	falso
a. Fabrizio e il Cavaliere sono gelosi	○	○
b. A Fabrizio il Cavaliere non piace	○	○
c. Mirandolina preferisce stare con Fabrizio	○	○
d. Il Cavaliere non apprezza Mirandolina	○	○
e. Mirandolina confessa il suo amore per Fabrizio	○	○
f. Mirandolina mostra indifferenza per il Cavaliere	○	○
g. Mirandolina è intimidita dal Cavaliere	○	○

e **2. Analisi**

**Hai letto il testo di Parini (cfr. testo 31): anche quello era un testo che accusava la nobiltà parassita.
Ma là il linguaggio è comprensibile solo a un nobile istruito in latino e nei classici, mentre in Goldoni il linguaggio
della commedia è di tipo colloquiale.**

a. Trova degli esempi nei testi e sottolineali.

b. Nelle ultime battute c'è un modo di dire popolare: trovalo.

Cavaliere:	Gran finezze, signora, al suo cameriere!
Mirandolina:	E per questo, che cosa vorrebbe dire?
Cavaliere:	Si vede che ne siete invaghita.
Mirandolina:	(*stirando*): Io innamorata di un cameriere? Mi fa un bel complimento, signore; non sono di sì cattivo gusto io. Quando volessi amare, non getterei il mio tempo sì malamente.
Cavaliere:	Voi meritereste l'amore di un re.
Mirandolina:	(*stirando*): Del re di spade, o del re di coppe[4].
Cavaliere:	Parliamo sul serio, Mirandolina, e lasciamo gli scherzi.
Mirandolina:	(*stirando*): Parli pure, che io l'ascolto.
Cavaliere:	Non potreste per un poco lasciar di stirare?
Mirandolina:	Oh, perdoni! Mi preme allestire[5] questa biancheria per domani.
Cavaliere:	Vi preme dunque quella biancheria più di me?
Mirandolina:	(*stirando*): Sicuro.
Cavaliere:	E ancora lo confermate?
Mirandolina:	(stirando): Certo. Perché di questa biancheria me ne ho da servire, e di lei non posso far capitale di niente.

---

3 Che non stiate bene.

5 Preparare

4 I "re" nei giochi delle carte in Italia.

---

e ### 3. Confronti
Nel teatro settecentesco di molte letterature europee i dialoghi avvengono tra persone che in realtà non parlano per gli altri, ma per se stesse, quasi che fare un bel discorso fosse più importante di quello che si dice.
Nel testo di Goldoni è lo stesso?
Ti rendi conto di che rivoluzione faceva Goldoni portando in scena un linguaggio diretto, prosaico, semplice e chiaro come questo?

e ### 4. Riflessione
Secondo te che impressione poteva fare su aristocratici e borghesi del settecento la scelta linguistica di Goldoni?
Tieni presente quello che hai letto nella breve sintesi storica nella pagina precedente: c'era un mondo che cambiava, la nobiltà pochi anni dopo sarebbe stata decapitata in Francia, eppure Goldoni sembra voglia ridere e far ridere sulle sue previsioni di un mondo completamente diverso, in cui una locandiera rifiuta il nobile e il ricco e si sposa per amore con un cameriere…
Forse Goldoni non è semplicemente un antico drammaturgo italiano, è più moderno di quanto si pensi.
Discutine con i tuoi compagni e con il tuo insegnante.

Molte commedie goldoniane sono ambientate nelle ville venete, dove si andava in villeggiatura, qui al lato la Villa di Strà.

il Settecento

Critica

Parini, ribellione e tradizione

Col Parini si riaffaccia[1], nella storia della nostra letteratura, la forza e il peso di una grande coscienza morale: un "uomo", come vide benissimo il De Sanctis, schietto ed intero[2], saldamente piantato con tutta la sua umanità risentita e vigorosa di fronte alle idee e ai sentimenti della sua età, della quale accoglie il contenuto più moderno e più coraggioso, moderandolo in parte e inquadrandolo negli schemi della tradizione italiana di pensiero e d'arte. [...]

L'impressione di un'alta tensione morale, che scaturisce[3] dalle sue scritture più significative rimane intatta; e anzi la suggestione di questa potente forza educativa è tale da mettere un po' in ombra, a prima vista, il letterato esperto ed elegantissimo, ma ancor tutto attaccato in apparenza alle vecchie forme mentre tenta di calare in quelle vecchie forme un contenuto nuovo e ribelle. L'uomo Parini e il letterato Parini paion[4] quasi due persone distinte e non facili a mettersi d'accordo; sì[5] che vien fatto di dar rilievo, secondo i casi, ora all'una e ora all'altra, senza sentirle mai propriamente come una cosa sola. Eppure proprio dall'incontro di questa umanità nuova e robusta con quella educazione letteraria, così sensibile alle norme della tradizione e alla disciplina che ne deriva, si determina una svolta importantissima nella storia del nostro gusto letterario, e cioè l'inizio di un periodo nuovo per quel che riguarda la struttura del discorso poetico.

Natalino Sapegno

---

1 Torna presente.

2 Sincero e non diviso tra lealtà a principi diversi.

3 Nasce.

4 Sembrano.

5 Così.

Goldoni: l'occhio che "registra" la fine di un mondo

All'immobilità dell'ordine politico sembra rispondere l'inerzia[1] di ordine economico. La borghesia veneziana, scissa in gruppi dei 'ricchi' e in una vasta categoria di 'piccoli', sta esaurendo la sua forza sociale. È un'induzione[2] permessa dal testo goldoniano, dalla sensibilità della sua "registrazione[3]".

Vien meno, in Goldoni, la base sociale del suo ottimismo: proprio quando i viaggi fuori Venezia, le amicizie molteplici con italiani e stranieri, tenderebbero ad allargare l'orizzonte della sua indagine.

La partenza per Parigi non sarà solo un avvenimento personale o la conseguenza di polemiche letterarie: è anche il simbolo della contraddizione tra *provincialismo* ed *europeismo* in cui è il Goldoni.

Non è una "crisi" improvvisa, è del tutto chiara a Goldoni. La sua sensibilità, che ne è anzitutto "registratrice", l'aveva in qualche modo documentata in una serie di commedie per questo aspetto significanti. L'impoverimento del "tipo[4]" sociale del mercante, il graduale abbandono del commercio, sono visibili almeno [nelle commedie dal 1753 in poi], che suggeriscono, da punti opposti (la campagna, il commercio), un tema di duplice "debolezza" nella figura del mercante, che coincide, del resto, con il problema fondamentale, e non risolto (il rapporto tra la città e la Regione), della Repubblica Veneta. La borghesia commerciale si rivela incapace di divenire classe consapevole di sé, egemonica[5]: l'indicazione data dal reale[6] è più forte, nel Goldoni, di qualsiasi mito "ideologico". Sembra non restino, al borghese, che il gusto di una gretta[7] solitudine o la ridicola ambizione di scimmiottare la moda dei nobili.

Mario Baratto

---

1 Andare avanti per la spinta accumulata prima, senza immettere nuova energia.

2 Opinione cui si giunge indirettamente.

3 Secondo Baratto la base della poetica goldoniana sta nella sua capacità di "registrare", come una videocamera, quasi senza interventi personali.

4 Personaggio basato sulle caratteristiche di un "tipo": il ricco, il povero, il fannullone, ecc.

5 Dominante.

6 L'osservazione della realtà.

7 Miserabile ed avara.

l'Ottocento

Il neoclassicismo: Monti e Foscolo

1. Il neoclassicismo

Tra la metà del '700 e l'inizio dell'800 il recupero del classicismo caratterizza l'arte e la letteratura italiane ed europee. Il ritorno alla tradizione classica è favorito dalla moda dei viaggi e dalle scoperte archeologiche che caratterizzano il settecento: nel 1764 viene pubblicato il manifesto dell'estetica neoclassica: la Storia dell'arte antica dello storico e archeologo tedesco J. J. Winckelmann: l'arte greca incarna quegli ideali di grazia, serenità, dignità, bellezza, armonia, che meglio possono rappresentare il gusto moderno.

2. L'arte neoclassica

Nel periodo giacobino e napoleonico si afferma quindi un'idea dell'arte e della bellezza che si ritrova in tutto il panorama dell'epoca: è il periodo non solo delle sculture di A. Canova e delle incisioni di Piranesi, dei quadri del francese David e dei saggi del tedesco Schiller, ma anche di quello "stile impero" che caratterizza in generale la moda e il costume.

L'ideale supremo è la *grazia*; il mondo antico, latino e ancora di più greco, viene trasfigurato in un mondo dell'armonia, della serenità, della bellezza formale, della compostezza, perdendo in questa visione ideale la reale dimensione storica dell'arte antica, e realizzandosi spesso in vuoto esercizio di stile, in fredda perfezione formale, piuttosto che in vere e proprie opere d'arte.

3. Tra Neoclassicismo e Romanticismo

All'inizio dell'800 il Neoclassicismo incontra da una parte i primi segni del Romanticismo, dall'altra la delusione storica causata dal tramonto degli ideali e delle speranze suscitate dalla Rivoluzione Francese e dal periodo napoleonico.

Il mondo dell'antichità, la Grecia classica diventano così la visione nostalgica, l'ideale perduto di un'età felice, ispirata ad alti valori di eroismo, dignità, nella quale l'uomo era in sintonia con la natura.

Questo desiderio di un impossibile ritorno ad un mondo antico ideale viene contrapposto alla tristezza della realtà, al grigiore dell'epoca della restaurazione, alla distruzione delle illusioni libertarie: gli esempi eroici della classicità diventano così un'alternativa, una speranza in grado di calmare e ispirare le coscienze tormentate dalle delusioni della storia. In questo punto di incontro tra i moderni tormenti della coscienza romantica e i miti neoclassici di equilibrio e bellezza troviamo le opere letterarie di F. Hölderlin, di J. Keats, di U. Foscolo.

4. Il classicismo di Vincenzo Monti

Il massimo rappresentante del neoclassicismo italiano fu Vincenzo Monti (1754-1828), che ispirò e fu ammirato da poeti e letterati quali Foscolo, Leopardi, Manzoni, ma anche W. Goethe e G. Byron. Poeta, autore teatrale, traduttore di classici, celebrò nelle sue opere la Roma dei papi, il giacobinismo, l'ascesa di Napoleone, il ritorno degli Austriaci, riuscendo a mantenere un ruolo di poeta "di regime", di poeta ufficiale in un'epoca di continui cambia-

---

🔎 L'Italia napoleonica

Il periodo dal 1796 al 1799 vede la conquista di gran parte dell'Italia da parte di Napoleone, e la conseguente nascita di diverse repubbliche democratiche, sul modello di quella francese. Nel 1805, quando Napoleone divenne imperatore, l'Italia fu trasformata in Regno d'Italia: quasi tutta la penisola era sotto l'influenza francese. Dopo la sconfitta definitiva di Napoleone, tra il 1814 e il 1815, si apre un periodo di restaurazione degli antichi regni e dei vecchi ordinamenti. È una delle epoche più vitali per la cultura italiana: in pochi anni si passa dall'entusiasmo per le scelte democratiche delle Repubbliche di fine '700 e dalle speranze che Napoleone favorisse la nascita di uno stato nazionale indipendente, alla delusione per un Regno d'Italia satellite della Francia imperialista e alla restaurazione degli antichi regimi assolutisti. Ma le esperienze di quel periodo lasciarono il segno: la conquista del potere economico da parte della borghesia, lo sviluppo della coscienza nazionale, la modernizzazione giuridica e amministrativa, la diffusione di giornali e riviste, sono alla base del Risorgimento, che porterà all'unità d'Italia nel 1861.

menti. Le sue numerose opere, ricche di riferimenti mitologici, riflettono il gusto neoclassico per la perfezione formale e un'inclinazione scenografica che difficilmente supera una certa superficialità. Famosa è la sua traduzione dell'*Iliade* (1810), nella quale Monti tenta di conciliare gli ideali classici dell'antichità con le inquietudini che cominciavano ad affacciarsi nella sensibilità moderna.

5. La poetica di Ugo Foscolo

Ugo Foscolo è il più grande interprete di quei sentimenti che caratterizzano il passaggio dal Neoclassicismo al Romanticismo. Già nella sua prima opera significativa, il romanzo epistolare *Ultime lettere di Jacopo Ortis*, presenta alcuni dei temi principali della sua poetica: accanto al pessimismo storico trovano posto l'amore per la patria e il valore morale e civile dell'esempio degli antenati illustri. I *Sonetti*, composti dopo il 1802, sono tra i suoi capolavori: in una forma equilibrata, in un tono solenne e sereno, il poeta sembra davvero raggiungere il tanto desiderato equilibrio tra il desiderio di un'armonia classica e l'urgenza delle passioni. Le due odi *A Luigia Pallavicini caduta da cavallo* e *All'amica risanata* riprendono invece la tradizione neoclassica del mito, della bellezza, della perfezione formale; i temi neoclassici dominano anche il poemetto incompiuto delle *Grazie*, inno all'Armonia vista come supremo ideale e consolazione.

L'opera maggiore di Foscolo è il poema *Dei Sepolcri* (1806), grande esempio di poesia civile: in esso il poeta celebra la religione laica delle "illusioni", cioè sentimenti universali tra i quali troviamo valori classici quali la gloria, l'eroismo, la bellezza, l'arte, e valori civili quali l'amore per la patria, l'amicizia, gli affetti, in grado di dare un senso al meccanicismo della natura e della vita.

Ugo Foscolo

Nato nel 1778 a Zante, isola veneziana nel mar Ionio di fronte alla Grecia, da madre greca e padre veneziano, ben presto si trasferisce a Venezia, dove si dedica alla letteratura e alla politica, attratto dalle idee giacobine e rivoluzionarie. Il Trattato di Campoformio (1797), con il quale Napoleone cede Venezia agli Austriaci, è per Foscolo un grave tradimento: il romanzo *Ultime lettere di Jacopo Ortis* è segnato da questo senso di delusione storica. Tra il 1799 e il 1804 viaggia per l'Italia, combatte a fianco di Napoleone, si dedica ad avventure amorose, attività letterarie, impegno politico; in questo periodo compone le due odi più famose e i dodici sonetti.

A causa dei debiti e delle sue idee politiche, si trasferisce in Francia, per tornare a Milano nel 1806, dove compone i *Sepolcri*; nel 1812 è a Firenze: qui, in un periodo di relativa calma inizia a comporre le *Grazie*. Con il ritorno degli Austriaci in Italia, lascia la patria: vive gli ultimi anni a Londra, lottando contro la miseria e la malattia, e lavorando soprattutto nel campo del giornalismo e della critica letteraria. Muore nel 1827.

Uomo impulsivo e passionale, vive intensamente la sua epoca con le sue contraddizioni: dominato da sentimenti profondi e devastanti, non smette mai di cercare un equilibrio superiore ed ideale; scettico, pessimista, laico, crede però nelle "illusioni", in valori quali la poesia, la bellezza, la patria, che permettono all'uomo di elevarsi al di sopra della barbarie.

In alto a destra: ritratto di Ugo Foscolo.

In alto a sinistra: frontespizio delle *Ultime Lettere di Jacopo Ortis* del Foscolo.

Pagina a sinistra in alto: ritratto di Vincenzo Monti.

Pagina a sinistra in basso: incoronazione di Napoleone in un quadro di J.L. David, fedele cronista della storia del tempo.

T35 Ugo Foscolo: Alla sera

Forse perché della fatal quïete
tu sei l'imago[1], a me sì cara vieni,
o Sera! E quando ti corteggian liete
le nubi estive e i zeffiri sereni[2],

5 e[3] quando dal nevoso aere inquïete
tenebre e lunghe all'universo meni,
sempre scendi invocata, e le secrete
vie del mio cuor soavemente tieni.

Vagar mi fai co' miei pensieri su l'orme
10 che vanno al nulla eterno; e intanto fugge
questo reo tempo, e van con lui le torme

delle cure[4], onde meco egli si strugge;
e mentre io guardo la tua pace, dorme
quello spirto guerrier ch'entro mi rugge.

Forse perché tu rappresenti la morte,
mi sei così cara, o sera!
Sia quando le nuvole estive e i venti calmi
ti accompagnano lietamente,

sia quando, dal cielo portatore di neve,
stendi su tutto il mondo una notte lunga
e tempestosa, arrivi sempre desiderata,
e attraversi con dolcezza le vie segrete del mio cuore.

Fai vagare i miei pensieri su vie che mi portano alla morte;
e nel frattempo fugge questo tempo crudele,
e con lui se ne vanno tutte

le preoccupazioni, per mezzo delle quali il tempo soffre
con me; e mentre io guardo la tua pace, si tranquillizza
quello spirito ribelle che ruggisce dentro di me.

---

1 Imago è parola latina.
2 L'immagine è classicheggiante.

3 Le due "e" dei versi 3 e 5 collegano le due immagini parallele dell'estate e dell'inverno.
4 Cure sta per "preoccupazioni" e meco per "con me": sono due latinismi.

---

e 1. Comprensione

Perché Foscolo ama la sera? Sottolinea le parti del sonetto nelle quali secondo te è spiegato.
Il poeta usa due perifrasi per definire la morte; riportale di seguito:

verso .... : ....

verso .... : ....

e 2. Analisi: la struttura

Quali parole sono in rima? Qual è lo schema delle rime? Riportalo qui sotto:

....

e 3. Analisi: le figure retoriche

Nell'ultimo verso il sonetto arriva al punto più personale: Foscolo parla di sé e della sua rabbia, del suo desiderio di ribellione; per farlo risaltare usa l'allitterazione, cioè la ripetizione di un suono in una serie di parole.
Leggi il verso e scrivi di seguito qual è secondo te il suono usato per l'allitterazione: ....

e 4. Riflessione

Quali sentimenti suscita in te questa composizione?

○ **a.** pace e serenità
○ **b.** tristezza e malinconia
○ **c.** inquietudine e rabbia

Discuti la tua risposta con i tuoi compagni e cerca di spiegare le ragioni della tua scelta.

T36 Ugo Foscolo: A Zacinto

Né mai più toccherò le sacre sponde
ove il mio corpo fanciulletto giacque,
Zacinto[1] mia, che te specchi nell'onde
del greco mar da cui vergine nacque

5 Venere[2], e fea quelle isole feconde
col suo primo sorriso, onde non tacque
le tue limpide nubi e le tue fronde
l'inclito verso di colui[3] che l'acque

cantò fatali, e il diverso esiglio
10 per cui bello di fama e di sventura[4]
baciò la sua petrosa Itaca[5] Ulisse[6].

Tu non altro che il canto avrai del figlio,
o materna mia terra; a noi prescrisse
il fato illacrimata[7] sepoltura.

Non toccherò mai più le tue rive sacre
dove si distese il mio corpo di bambino,
Zacinto mia, che ti specchi nelle onde
del mare greco dal quale nacque, già donna,

Venere, che con il suo primo sorriso fece
diventare fertili quelle isole, per cui cantò
il tuo cielo limpido e i tuoi boschi l'immortale
verso di Omero, che descrive le navigazioni

volute dal destino e l'esilio in diversi luoghi,
attraverso il quale Ulisse, reso bello dalla fama
e dalla sfortuna, baciò la sua Itaca pietrosa.

Tu, terra nella quale sono nato, avrai solo il canto
del tuo figlio; a noi il destino ha riservato una sepoltura
senza lacrime.

1 Zacinto, o Zante, è l'isola greca nella quale Foscolo è nato.

2 Nella mitologia classica, Venere nacque dal mare.

3 Colui è Omero, che nell'Odissea parla di Zacinto.

4 Secondo i valori del mondo classico, Ulisse è reso bello dall'eroismo e dalla sofferenza.

5 Itaca è l'isola greca sulla quale regnava Ulisse.

6 Da notare la costruzione sintattica che concentra sei frasi relative, subordinate l'una all'altra, nei versi 3-11.

7 Illacrimata è una parola usata solo da Foscolo.

1. Comprensione

A quale mitico personaggio classico si paragona Foscolo? ....

Sapresti trovare qual è nel sonetto la principale differenza tra loro? ....

....

Riscrivi qui sotto le sei frasi relative dei versi 3 -11 in sei frasi separate:

2. Analisi: la struttura

Le due poesie presenti in queste pagine sono due sonetti: ricordi qual'è la struttura dei versi di un sonetto?
La sapresti ricavare osservando i due sonetti di Foscolo? Discuti la risposta con i tuoi compagni.
Osserva le parole finali dei primi 8 versi: sono in rima; sottolinea nel testo la parte finale di queste parole,
la parte che forma la rima: quali parole si nascondono nelle rime?

Secondo te, cosa vuole esprimere Foscolo con questa soluzione retorica?

l'Ottocento

Il Romanticismo italiano

1. La nascita del Romanticismo

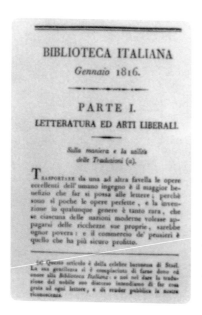

Dopo il Neoclassicismo si afferma in Europa un grande movimento letterario e sociale, nato in Germania alla fine del Settecento: il Romanticismo. In Germania questa nuova cultura si diffonde grazie allo *Sturm und Drang*, "Impeto e assalto", movimento nato in aperta polemica contro l'Illuminismo francese.

Questa corrente si è diffusa nei decenni successivi in tutta Europa, fino a diventare, durante la prima metà dell'Ottocento, un riferimento comune alla cultura europea, dalla poesia al romanzo, dalla musica alla filosofia, dalla pittura all'architettura. Il termine "romantico" deriva dal francese antico *romaunt*, ossia "racconto", "narrazione in lingua romanza" e indicava una letteratura di genere fantastico e avventuroso che suscitava nel lettore emozioni particolari, mentre in seguito la parola diventa sinonimo di "sentimentale".

2. Il rifiuto della Ragione

Dopo la caduta del mito della Ragione alla fine del Settecento, con il Romanticismo si assiste ad un rifiuto delle idee precedenti ed alla ricerca di una sicurezza interiore che era perduta. L'uomo romantico vive il contrasto tra ideale e reale e di conseguenza il suo spirito si caratterizza per il suo pessimismo e individualismo, per il desiderio di libertà e affermazione dell'individuo rispetto alle regole della società.

La cultura romantica esalta, infatti, la spontaneità dei sentimenti, la libera creatività di ogni persona, ma allo stesso tempo scopre che l'uomo ha dei legami profondi con la società in cui vive, condivide sentimenti, cultura, i valori della tradizione e della nazione. Nasce in questo modo il concetto di nazione, il quale diventa quasi un valore religioso per la cultura del periodo. Il Romanticismo esalta anche i valori religiosi, negati prima dall'Illuminismo, ed in particolare quelli diffusi dal Cristianesimo.

Di conseguenza c'è una rivalutazione del Medioevo, periodo storico in cui c'è stata l'origine della civiltà moderna e cristiana e le tradizioni delle diverse nazioni.

🔍 L'Italia dopo il Congresso di Vienna

Con il Congresso di Vienna inizia l'epoca della Restaurazione, cioè del ritorno alla situazione politica esistente prima dell'arrivo di Napoleone. Le conclusioni del Congresso di Vienna lasciano però molte persone scontente. In Italia la Restaurazione dei vecchi Stati porta un rallentamento dello sviluppo civile e politico iniziato durante il periodo di Napoleone. I nobili tornano a governare e nell'Italia del Sud resta la struttura feudale del latifondo (grande proprietà agricola di un unico proprietario). Nell'Italia del Nord, in particolare nella Lombardia tornata sotto il dominio austriaco, la borghesia è più forte e cerca di diffondere un risorgimento nazionale, ma con poco successo.

3. Il mito del poeta

Il Romanticismo considera l'arte e la poesia come la forma più complessa e totale di espressione dei sentimenti e della spiritualità: la poesia diventa la voce dell'anima, la confessione individuale.

Il poeta romantico esprime il valore dei sentimenti, i quali sono vissuti e analizzati in modo esagerato, e ricerca forme nuove di poesia per dare voce alla propria sensibilità. Le sue opere cercano la creatività e il sentimento e rifiutano le regole dei generi letterari tradizionali. La letteratura romantica deve essere viva e vera, deve mostrare l'animo del poeta, i valori di una società e le azioni eroiche del passato di un popolo. La poesia di questo periodo, perciò, diversamente da quella classica destinata alle persone colte, è ingenua e popolare, scritta per il popolo e in particolare per la borghesia, la nuova classe sociale attiva in quel periodo in politica e nella cultura.

4. Il Romanticismo in Italia

In Italia il Romanticismo non arriva agli eccessi come in quello europeo e riflette le caratteristiche della situazione politica di quel tempo.

Le nuove idee romantiche arrivano in Italia grazie a **Madame De Staël**, colta donna francese che scrive l'articolo *Sulla maniera e l'utilità delle traduzioni* sulla rivista *Biblioteca Italiana*: questo scritto apre una polemica tra i letterati a favore del classicismo o del romanticismo. All'inizio il Romanticismo italiano si diffonde soprattutto in Lombardia, regione in cui era più presente il desiderio di un "risorgimento nazionale" (cioè la rinascita della coscienza dell'Italia come nazione), e di un cambiamento della situazione politica per portare lo Stato all'unità.

5. La polemica classico-romantica

La polemica tra classicisti e romantici ha il merito di aver prodotto la definizione dei concetti teorici del Romanticismo italiano. I Romantici sono più uniti dei classicisti, sono tutti favorevoli alle nuove idee e rifiutano l'imitazione dei classici. In particolare, il Romanticismo italiano pone come fondamentale il senso della storia ed il concetto di nazione e popolo.

Per questo motivo la letteratura del periodo ha un carattere realistico e popolare, c'è nei romantici italiani il desiderio di una poesia che mostri la concreta realtà storica e una lingua viva e parlata. La poesia, infatti, deve educare il popolo e formare una coscienza civile.

6. Il ruolo delle riviste

Nel Romanticismo italiano hanno molta importanza le riviste perché diventano i centri in cui nascono e si diffondono le nuove idee.

Le riviste hanno il compito di approfondire gli studi letterari, storici, scientifici e filosofici di quel periodo e di svolgere un'opera di educazione politico-sociale. Poeti, scrittori e pensatori italiani accolgono gli stimoli delle letterature straniere e, scrivendo nelle riviste letterarie del tempo, contribuiscono a diffondere la nuova cultura.

Le più importanti riviste di quel momento sono il *Conciliatore* di Milano e l'*Antologia* di Firenze. Il *Conciliatore* è attivo dal 1818 al 1819 ed è diretto da Silvio Pellico: cerca di conciliare – come dice il titolo, cioè di legare, le nuove idee con la tradizione e vuole stimolare lo sviluppo economico-sociale del paese. Scrivono per il *Conciliatore* molti intellettuali progressisti del periodo: **G. Berchet, E. Visconti** e **S. Pellico**, mentre **A. Manzoni** è partecipe, ma non collabora direttamente.

La rivista, pur avendo un grande successo, viene chiusa dopo soltanto un anno di attività a causa della censura austriaca. L'*Antologia* di Firenze, attiva dal 1821 al 1833, vuole soprattutto diffondere la cultura e le principali opere delle letterature straniere contemporanee, perciò pubblica traduzioni e recensioni di autori stranieri (Byron, Stendhal, Scott, Hugo, ecc.).

I letterati che collaborano sono più moderati di quelli del *Conciliatore* e desiderano una letteratura aperta ai problemi della società contemporanea.

In alto a sinistra: ritratto di Madame De Staël.

Pagina a sinistra in alto: una pagina della Biblioteca Italiana.

Pagina a sinistra in basso: l'Italia dopo la divisione del Congresso di Vienna.

Giacomo Leopardi

1. La formazione iniziale

Giacomo Leopardi partecipa con interesse alle polemiche e alle discussioni letterarie del suo tempo. Il primo periodo della sua attività è caratterizzato da interessi per i classici, avendo studiato fin da bambino la lingua e letteratura latina e greca. Grazie allo studio dei grandi letterati antichi, Leopardi scopre il proprio mondo interiore e la sua vocazione di poeta e per questo motivo, all'inizio sostiene le ragioni del classicismo.

2. Il pessimismo di Leopardi

Dopo alcuni anni il poeta, sofferente per i dolori fisici e per il pericolo di diventare cieco, capisce che in quel momento storico non è possibile una poesia d'immaginazione come quella degli antichi, e che l'unica forma di poesia possibile per l'uomo moderno era quella di sentimento, in cui l'uomo analizza il suo cuore e la sua condizione rispetto alla società e alla natura. La caratteristica principale della poesia di Leopardi è la visione pessimistica della vita: il poeta medita sulla propria infelicità e sul fatto che il dolore è l'unica realtà per tutti gli uomini, perché esistere significa lottare per sopravvivere.

In un primo momento la natura gli sembra buona e vede la ragione, invece, come causa dell'infelicità dell'uomo perché gli permette di conoscere la realtà (fase del suo pensiero chiamata *pessimismo storico*). In un secondo tempo cambia le sue idee e afferma che la vera causa dell'infelicità è la natura, la quale è crudele e indifferente al destino dell'uomo, mentre la ragione aiuta le persone a prendere coscienza della loro situazione (*pessimismo cosmico*, ossia più profondo e universale).

3. Leopardi e il Romanticismo

Giacomo Leopardi è un poeta di grande e personale sensibilità romantica, continuamente diviso tra il sentimento e la ragione.
Non accetta, però, tutti i valori del Romanticismo: pensa che la poesia non può essere popolare, non può mostrare un impegno sociale e la realtà.
Leopardi non accetta inoltre di avvicinarsi al cattolicesimo come molti romantici e conserva una posizione laica e materialista. Del Romanticismo, però, accoglie in particolare il valore del sentimento e la poesia del vago e del ricordo.

🔍 L'arte romantica

Il Romanticismo considera l'arte come espressione assoluta dell'uomo, come dono divino, ed in particolare la pittura e la musica sono considerate arti pure, capaci di esprimere sentimento, religiosità e interiorità.
La pittura romantica vede un nuovo rapporto con la natura, intesa come luogo dell'esperienza spirituale di ogni uomo, ed è per questo motivo che i dipinti dell'Ottocento mostrano spesso paesaggi con colori caldi e generalmente cupi. Importanti pittori romantici italiani sono **Francesco Hayez** e **Antonio Fontanesi**.
Hayez (Venezia 1791- Milano 1882) inizia come neoclassico, ma poi lavora a Milano e viene a contatto con le nuove idee romantiche: i suoi dipinti hanno origine spesso da un tema storico inserito in un paesaggio reale.
Fontanesi (Reggio Emilia 1818 - Torino 1882) è l'unico pittore romantico italiano di livello europeo. La sua ispirazione è naturalistica, perciò spesso dipinge paesaggi con una luce calda e colori velati, mostrando così il suo romanticismo.

4. Il linguaggio

La poesia di Leopardi, in quel periodo nuova come contenuti sentimentali e spirituali, è originale anche per il linguaggio. Infatti, a poco a poco il poeta matura un tipo di espressione che unisce la musicalità ad una grande chiarezza di immagini e forme.

Parole della tradizione letteraria sono usate in modo originale e avvicinate ad espressioni della lingua comune, mentre la metrica tradizionale è interpretata in modo nuovo e libero.

5. Gli idilli

La parola *idillio* in greco antico significa piccola immagine, cioè quadretto che descrive un paesaggio o una scena di vita in campagna. Leopardi utilizza questo tipo di componimento perché è una forma di poesia più intima e personale, con la quale può esprimere più liberamente i propri sentimenti. Leopardi scrive i primi sei *Idilli* tra il 1819 e il 1821 dopo la prima crisi interiore: in queste poesie mostra una natura buona, con la quale si sente in sintonia, ma il protagonista è sempre il poeta in prima persona.

Tra il 1829 e il 1830 scrive invece i *Grandi Idilli* , poesie composte nel periodo più doloroso della sua vita, in cui compaiono i ricordi ed il pessimismo coinvolge non soltanto gli uomini, ma tutto il cosmo.

Qui il poeta scompare dietro il paesaggio indefinito, la poesia non è più autobiografica, ma è descrizione e contemplazione della natura.

6. Le ultime opere

Negli ultimi anni di vita, dopo il 1830, Leopardi è sempre più pessimista e scrive poesie che non sono più descrittive come gli idilli, ma mostrano il linguaggio duro della ragione che contempla freddamente le cose e fa tacere il sentimento.

I canti che scrive in questo periodo (*Amore e morte*, *A se stesso*, ecc.) hanno come temi principali l'addio al ricordo e alle illusioni e la morte come liberazione dalle sofferenze. Nel 1835 scrive l'edizione definitiva delle *Operette Morali*, ventiquattro prose scritte tra il 1824 e il 1832.

Sono meditazioni filosofiche sull'infelicità dell'uomo in una forma originale, cioè dialoghi tra personaggi immaginari sul modello dei dialoghi greci di Luciano.

Giacomo Leopardi

Nato a Recanati nelle Marche nel 1798 da una famiglia nobile, la sua giovinezza non è felice a causa di problemi economici, dell'ambiente in cui cresce e della salute.

Fin da giovane studia molto e si dedica soprattutto alla poesia, ma ha delle crisi interiori che lo portano a cercare nuove forme di espressione.

Nel 1819 ha una grande crisi che lo avvicina alle idee del Romanticismo e lo porta a scrivere le sue opere migliori. Cerca un lavoro e va a Roma nel 1822, poi negli anni successivi va a Milano e a Firenze dove frequenta il gruppo dell'Antologia e conosce Manzoni.

Nel 1829 torna a Recanati per una malattia agli occhi che gli impediva di leggere, ma è molto infelice ed elabora una concezione negativa della natura, molto pessimistica.

Nel 1834 va a Napoli ospite di un amico, e trascorre gli ultimi anni in modo indifferente e ostile alla vita.

Muore a 39 anni a Napoli, nel 1837. Le sue opere più importanti sono gli *Idilli*, una serie di componimenti filosofici chiamati *Operette morali*, lo *Zibaldone*, una raccolta di pensieri, osservazioni e note che permettono di ricostruire il suo pensiero interiore.

In alto: ritratto di Giacomo Leopardi.

In basso: la casa natale del Leopardi.

Pagina a sinistra in alto: frontespizio delle *Rime* del Petrarca, interpretate da Leopardi.

Pagina a sinistra in centro: monumento a Recanati dedicato a Giacomo Leopardi.

Pagina a sinistra in basso: Francesco Hayez, *L'ultimo bacio dato da Giulietta a Romeo*, 1823.

T37 Giacomo Leopardi: L'infinito

Sempre caro mi fu quest'ermo colle,
e questa siepe, che da tanta parte
dell'ultimo orizzonte il guardo esclude.
Ma sedendo e mirando, interminati
5 spazi di là da quella, e sovrumani
silenzi, e profondissima quiete
io nel pensier mi fingo, ove per poco
il cor non si spaura. E come il vento
odo stormir tra queste piante, io quello
10 infinito silenzio a questa voce
vo comparando: e mi sovvien l'eterno,
e le morte stagioni, e la presente
e viva, e il suon di lei. Così tra questa
immensità s'annega il pensier mio:
15 e il naufragar m'è dolce in questo mare.

Ho sempre amato questa collina solitaria e
questa siepe, che esclude, limita lo sguardo
dal più lontano orizzonte.
Quando mi siedo e osservo, immagino spazi infiniti
al di là della siepe e silenzi straordinari e
una profonda pace, e per questo motivo
io quasi mi spavento.
Quando sento il vento agitarsi tra le piante,
io paragono questo rumore all'enorme silenzio:
e mi torna in mente l'eternità e
il tempo passato e quello presente
che stiamo vivendo e i suoi suoni.
Il mio pensiero sprofonda in questa
intuizione dell'immensità dello spazio e del tempo:
e in questo mare è bello perdersi.

Idillio
L'Infinito (1819) è uno dei più famosi tra i primi Idilli di Leopardi. Il poeta riflette sull'infinito del tempo e dello spazio, e la natura diventa un'unica cosa con il suo animo e la sua vita interiore.

e 1. Comprensione

La siepe è per il poeta:

○ **a.** un aiuto per vedere lontano
○ **b.** un limite per vedere l'orizzonte
○ **c.** un modo per nascondersi

L'infinito silenzio è confrontato con:

○ **a.** Il rumore dell'acqua
○ **b.** Il rumore del fuoco
○ **c.** Il rumore del vento

Il poeta pensa:

○ **a.** al passato
○ **b.** al futuro
○ **c.** ad una donna

e 2. Analisi

Il poeta usa dei verbi e delle parole collegate a sensazioni visive e uditive. Quali sensazioni prevalgono? Sottolineale con due colori diversi.

Quali sono invece le parole legate ai sentimenti? Hanno funzione dominante?

Alla fine del testo Leopardi usa una metafora per confrontare le sensazioni che prova con un elemento della natura: quale? Quali sono le espressioni relative a questo elemento?

La poesia mette in contrasto elementi reali e immagini di fantasia.
Prova ad indicare alcuni di questi casi.

I versi 4 e 5 si concludono con aggettivi riferiti a nomi che sono nel verso seguente. Nella lettura questa separazione (detta *enjambement*) dà un effetto particolare?

e 3. Riflessione

Leopardi esprime in questa poesia sentimenti molto forti che ha provato: quali?
Hai mai provato una sensazione di questo tipo?

T38 Giacomo Leopardi: Alla luna

O graziosa luna, io mi rammento
che, or volge l'anno, sovra questo colle
io venia pien d'angoscia a rimirarti:
e tu pendevi allor su quella selva
5 siccome or fai, che tutta la rischiari.
Ma nebuloso e tremulo dal pianto
che mi sorgea sul ciglio, alle mie luci
il tuo volto apparia, ché travagliosa
era la mia vita: ed è, né cangia stile,
10 o mia diletta luna. E pur mi giova
la ricordanza, e il noverar l'etate
del mio dolore. Oh come grato occorre
nel tempo giovanil, quando ancor lungo
la speme e breve ha la memoria il corso,
15 il rimembrar delle passate cose,
ancor che triste, e che l'affanno duri!

O bella luna, io mi ricordo
che un anno fa venivo su questa collina
pieno di angoscia a guardarti:
tu brillavi in cielo sopra quel bosco
come fai ora, e tutto lo illumini.
Il tuo volto sembrava ai miei occhi velato
e tremante per il pianto che appariva
sulle palpebre, perché la mia vita era tormentata:
e lo è ancora e non cambia stile, o mia cara luna.
Eppure mi piace ricordare e ripensare
a quanto è durato il mio dolore.
Oh come è bello il periodo giovanile,
quando la speranza è ancora grande
e la memoria è breve,
ricordarsi delle cose passate anche
se il ricordo è triste e il dolore continua.

1. Comprensione

e **La luna appare velata a causa:**

  a. del vento
◯ **b.** della nebbia
◯ **c.** del pianto
◯

La sua vita piena di dolore:

◯ **a.** è cambiata
◯ **b.** non è cambiata
◯ **c.** cambierà

Il poeta nel suo dolore è aiutato:

◯ **a.** dal ricordare
◯ **b.** dal fuggire
◯ **c.** dal cambiare

2. Analisi: il linguaggio

e **In questa poesia trovi alcuni temi caratteristici di Leopardi: il ricordo, il dolore, ecc.**
Cerca e inserisci nella griglia i verbi, i nomi e gli aggettivi che si riferiscono ai vari temi:

	verbi	*aggettivi*	*nomi*
RICORDO	....	....	....
	....	....	....
	....	....	....
DOLORE	....	....	....
	....	....	....
	....	....	....
MEDITAZIONE	....	....	....
	....	....	....
	....	....	....

3. Riflessione

e Il poeta ritorna sul concetto di "ricordo" come aiuto per il presente.
Hai un ricordo vivo della tua infanzia che ti torna spesso in mente?
Sei d'accordo con l'affermazione che i giovani non s'interessano molto dei ricordi rispetto agli anziani?
Per quale motivo secondo te?

T39 Giacomo Leopardi: A Silvia

Silvia, rimembri ancora
quel tempo della tua vita mortale,
quando beltà splendea
negli occhi tuoi ridenti e fuggitivi,
5 e tu, lieta e pensosa, il limitare
di gioventù salivi?

Sonavan le quïete
stanze, e le vie d'intorno,
al tuo perpetuo canto,
10 allor, che all'opre femminili intenta
sedevi, assai contenta
di quel vago avvenir che in mente avevi.
Era il maggio odoroso: e tu solevi
così menare il giorno.

15 Io gli studi leggiadri
talor lasciando e le sudate carte,
ove il tempo mio primo
e di me si spendea la miglior parte,
d'in su i veroni del paterno ostello
20 porgea gli orecchi al suon della tua voce,
ed alla mano veloce
che percorrea la faticosa tela.
Mirava il ciel sereno,
le vie dorate e gli orti,
25 e quinci il mar da lungi, e quindi il monte.
Lingua mortal non dice
quel ch'io sentiva in seno.
Che pensieri soavi,
che speranze, che cori, o Silvia mia!
30 Quale allor ci apparia
la vita umana e il fato!

Silvia, ricordi ancora il tempo della tua vita
destinata alla morte prematura,
quando splendeva la bellezza della giovinezza
nei tuoi occhi gioiosi e schivi per la timidezza,
e tu, felice e assorta nei tuoi pensieri, stavi
per oltrepassare il confine che introduce alla giovinezza?

Le stanze silenziose e le vie attorno
alla casa risuonavano del tuo canto ininterrotto,
quando sedevi assorta nei lavori femminili,
felice di quel futuro indeterminato
che avevi in mente.
Era il profumato maggio:
e tu eri solita trascorrere
in questo modo la giornata.

Io, interrompendo talvolta i graditi studi
e le fatiche letterarie, su cui spendevo
la prima parte della mia vita
e la parte migliore di me stesso,
dai balconi della casa di mio padre ascoltavo
il suono della tua voce e quello creato
dalla tua mano veloce che percorreva
la trama della tela che produceva fatica.
Io contemplavo il cielo sereno,
le strade dorate dalla luce del sole e gli orti,
contemplavo da una parte il mare lontano,
dall'altra la montagna.
Nessuno può esprimere quello che
provavo dentro di me. Che pensieri delicati,
che speranze, che sentimenti, o Silvia mia!
Quanto bella e intensa ci apparivano
allora la vita umana ed il destino!

Il contesto

Nel 1818 Teresa Fattorini, la giovane figlia del cocchiere della famiglia Leopardi, muore di malattia. Dieci anni dopo, nel 1828, il poeta scrive per lei questa canzone di sei strofe libere e chiama la ragazza *Silvia* come il personaggio di una famosa opera di Torquato Tasso. Leopardi in questa poesia canta il dolore della giovinezza tradita, mostrando in parallelo la figura della ragazza e del poeta stesso.

e 1. Comprensione

In quale stagione è vista Silvia come simbolo della giovinezza spensierata?

○ **a.** Autunno
○ **b.** Inverno
○ **c.** Primavera

In quale stagione invece muore Silvia?

○ **a.** Autunno
○ **b.** Inverno
○ **c.** Estate

Chi è il grande "nemico" dell'uomo:

○ **a.** la morte
○ **b.** la natura delle cose
○ **c.** Dio

Quando sovviemmi di cotanta speme,
un affetto mi preme
acerbo e sconsolato,
e tornami a doler di mia sventura.
O natura, o natura,
5 perché non rendi poi
quel che prometti allor? Perché di tanto
inganni i figli tuoi?

Tu pria che l'erbe inaridisse il verno,
da chiuso morbo combattuta e vinta,
10 perivi, o tenerella. E non vedevi
il fior degli anni tuoi;
non ti molceva il core
la dolce lode or delle negre chiome,
or degli sguardi innamorati e schivi;
15 né teco le compagne ai dì festivi
ragionavan d'amore.

Anche perìa fra poco
la speranza mia dolce: agli anni miei
anche negaro i fati
la giovinezza. Ahi come,
come passata sei,
cara compagna dell'età mia nova,
mia lacrimata speme!
Questo è quel mondo? Questi
i diletti, l'amor, l'opre, gli eventi
onde cotanto ragionammo insieme?
Questa la sorte dell'umane genti?
All'apparir del vero
tu, misera, cadesti: e con la mano
la fredda morte ed una tomba ignuda
mostravi di lontano.

Quando mi torna in mente una speranza
tanto grande, mi opprime un sentimento doloroso
e senza consolazione, e torno a soffrire
per la mia sventura.
O natura, o natura, perché non mantieni
in seguito le promesse
che fai durante la giovinezza?
Perché inganni tanto i tuoi figli?

Tu, o Silvia, prima che l'inverno inaridisse le erbe,
consumata e vinta da un male nascosto,
sei morta, o povera creatura.
E non hai visto il fiore dei tuoi anni;
la lode rivolta ora ai tuoi neri capelli
ora ai tuoi occhi innamorati e sfuggenti
non ti addolciva il cuore;
né le tue amiche potevano parlare con te
delle cose d'amore durante i giorni festivi.

Anche la mia dolce speranza
sarebbe morta di lì a poco: il destino negò
anche ai miei anni la giovinezza.
Ahi come, come sei svanita,
cara compagna della mia gioventù,
mia speranza su cui ho versato lacrime!
Questo è dunque quel mondo tanto desiderato?
Questi sono le gioie, l'amore,
le attività operose, gli avvenimenti
di cui tanto abbiamo parlato insieme?
Questo è il destino degli uomini?
Non appena si è manifestata la realtà tu,
povera, sei morta: e mostravi lontano,
con la mano, la fredda morte e
una tomba spoglia di speranze.

---

e **2. Analisi**

I versi sono di lunghezza diversa: 7, 9, 11 sillabe. Questa diversità toglie qualcosa alla musicalità? Leopardi non ama la rima stabile, meccanicamente predefinita: ci gioca a seconda dell'effetto musicale che vuole ottenere. Indica i versi che rimano fra di loro. Un altro effetto musicale è dato dalla ripetizione di coppie di aggettivi particolari, ad esempio *ridenti e fuggitivi* nel v. 4. Sottolinea altri casi di questo tipo.

e **3. Riflessione**

Leopardi in questa poesia esprime il diritto dell'uomo alla felicità nonostante la Natura sia spesso ostile. È una lotta che ha qualche possibilità di vittoria? Se una vittoria c'è, essa è temporanea o definitiva? Individua il verso o il gruppo di versi che più di tutti esprimono questa totale mancanza di speranza in Leopardi. Confronta la tua scelta con i compagni e discutila. Quale aggettivo sceglieresti per definire la posizione di Leopardi: "pessimista" o "razionale"? Discuti e giustifica la tua scelta - ammesso che i due aggettivi siano in contrasto!

Alessandro Manzoni

1. Dall'Illuminismo alla fede

Nella sua giovinezza, Manzoni accetta le idee illuministiche grazie al contatto con il nonno materno, Cesare Beccaria e agli amici della rivista illuminista "Il Caffè", perciò le sue prime opere si rifanno al Neoclassicismo [vedi pag. 110]. Il suo grande impegno morale, però, lo allontana presto dal Neoclassicismo e lo prepara alla conversione al cattolicesimo (1810) dovuta all'influsso della moglie Enrichetta Blondel, molto religiosa. La conversione al cattolicesimo è per Manzoni una riconferma di quei valori spirituali, la libertà, l'uguaglianza, e la fratellanza tra gli uomini, che la Rivoluzione francese gli aveva insegnato e che sente come dovere religioso, prima che civile e sociale. Le sue convinzioni politiche e religiose lo portano ad un grande spirito di partecipazione alle sofferenze e alle speranze del popolo, dei cui sentimenti si fa interprete e portavoce.

2. Manzoni e il Romanticismo

Il Romanticismo di Alessandro Manzoni si ritrova soprattutto nel bisogno di capire e amare gli uomini, di mostrare i loro dolori, gioie, desideri e delusioni. Con il popolo italiano condivide l'amore per la libertà e per l'indipendenza nazionale: infatti partecipa al dibattito sulla rivista *Il Conciliatore* e viene riconosciuto come principale rappresentante del movimento romantico milanese, ma non ama mettersi in evidenza.

Pensa quindi che l'arte e la letteratura devono essere popolari, vere storicamente e nazionali, devono mostrare impegno morale e civile e di conseguenza devono avere un linguaggio nuovo, che parli al cuore e alla coscienza del popolo.

3. Il problema della lingua

Manzoni s'interessa al problema della lingua in molti suoi scritti, fino agli ultimi anni della sua vita. Al linguaggio rigido e freddo dei classicisti oppone una lingua vera e parlata, quella della classe colta fiorentina.

Manzoni pensa che anche la lingua deve essere nazionale e contribuire all'unità dell'Italia, perciò deve essere basata sull'uso ed essere vicina alla realtà storico-sociale del momento.

4. Le tragedie e le odi politiche

Mentre in Italia si discutono le idee del romanticismo, Manzoni accentua il suo interesse per gli aspetti della debolezza umana e inizia a comporre alcune tragedie, cercando di creare un nuovo modello di teatro, d'ispirazione storica, e alcune odi politiche.

Nel teatro Manzoni cerca il contatto con il pubblico e cerca di rinnovare contenuti e forme teatrali: nelle trage-

---

🔍 La Carboneria e Giuseppe Mazzini

Dopo il Congresso di Vienna nessuno poteva svolgere liberamente attività politica, diffondere le idee liberali e democratiche oppure chiedere l'indipendenza della patria. Per questo motivo molti politici si organizzano in società segrete, associazioni di persone che condividevano le stesse idee politiche. In Italia, una delle più famose società segrete nasce nel Regno di Napoli con il nome di **Carboneria**, chiamata così perché usava il linguaggio dei carbonari, cioè i venditori di carbone: gli iscritti, in gran parte borghesi e militari, lottavano in segreto per ottenere la costituzione e l'indipendenza nazionale.

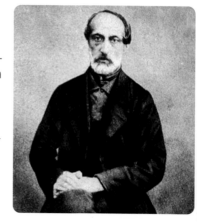

Giuseppe Mazzini (Genova 1805 - Pisa 1872), inizia la sua attività politica come carbonaro, ma presto capisce che deve cambiare modalità di agire, rendere l'organizzazione delle società segrete più efficiente e con obiettivi chiari a tutti. Nel 1831 fonda, perciò, una nuova società chiamata **La Giovine Italia**, che ha come scopo l'unità della nazione, la sua indipendenza e la repubblica.

die inserisce dei cori come momento di meditazione morale, politica e religiosa sui fatti presentati sulla scena (famoso è il coro dell'*Adelchi*, 1822). Nelle *Odi* il poeta cerca di conciliare l'impegno politico e la visione religiosa della storia.

Nell'ode *Marzo 1821* in particolare, scritta per i moti carbonari di quell'anno, Manzoni esalta la libertà, dono di Dio, ma che l'uomo può conquistare solamente con il sacrificio personale.

5. Il Romanzo storico

Il romanzo storico nasce in Inghilterra all'inizio dell'Ottocento, continuando la tradizione del romanzo realistico russo del Settecento.
La narrazione è ambientata in epoche storiche del passato, soprattutto nel Medioevo, con il suo modello di società ideale, e per questo motivo diventa una forma caratteristica di letteratura del Romanticismo.

Le caratteristiche del romanzo storico sono la ricostruzione precisa dell'epoca storica, l'inserimento nei fatti realmente accaduti - veri protagonisti del romanzo - d'avvenimenti d'invenzione, mescolando personaggi reali a immaginari. Dal punto di vista stilistico il romanzo storico utilizza ampie descrizioni di paesaggi per fare da cornice alla storia, e materiale appartenente alle tradizioni di un popolo, ad esempio leggende, fiabe, proverbi, ecc.

6. *I Promessi Sposi*

L'opera più famosa di Alessandro Manzoni è il romanzo *I promessi sposi*, in cui realizza pienamente le sue intenzioni: creare un romanzo storico-pedagogico, affidare il ruolo di protagonisti a personaggi del popolo e creare una lingua semplice, in grado di interessare un vasto pubblico.

Sullo sfondo di fatti storici del seicento (rivolte popolari in Lombardia, carestie e guerra dei Trent'anni), Manzoni inserisce una storia d'amore tra due ragazzi del popolo, Renzo e Lucia, amore ostacolato in tutti i modi da un uomo potente, il quale, alla fine, viene sconfitto.
Manzoni scrive tre versioni del romanzo prima di arrivare a quella definitiva del 1840-42, in cui ha operato una grande revisione linguistica.

Alessandro Manzoni

Nato a Milano nel 1785 da un nobile, vive nel vivace ambiente culturale milanese. Nel 1805 raggiunge la madre, Giulia Beccaria, a Parigi dove frequenta vari studiosi che lo aiutano a formarsi una coscienza storica. Nel 1808 sposa Enrichetta Blondel, calvinista molto religiosa, poi cattolica, che influenza il marito, tanto che nel 1810 Manzoni si converte al cattolicesimo. Da questa conversione nascono molte opere di carattere religioso, come ad esempio gli *Inni Sacri* (1815 - 22). A partire dal 1818 ha contatti con il gruppo del Conciliatore e si avvicina sempre più al Romanticismo.
Nel 1821 scrive la prima redazione del suo romanzo, *I promessi sposi*, ma non è soddisfatto e dopo alcuni anni va a Firenze per rivedere la parte linguistica dell'opera e togliere tutte le forme lombarde.
Scrive la forma definitiva solamente nel 1840 - 42.
Trascorre gli ultimi anni della sua vita sul lago maggiore in Lombardia e viene nominato senatore a vita.
Muore a Milano nel 1873.

In alto: ritratto di Alessandro Manzoni nel 1841.
In basso: illustrazione tratta da *I Promessi Sposi* del Manzoni.
Pagina a sinistra in alto: ritratto di Manzoni ventenne.
Pagina a sinistra in basso: ritratto di Giuseppe Mazzini.

l'Ottocento

T40 Alessandro Manzoni: Addio monti

Non tirava un alito[1] di vento: il lago giaceva liscio e piano, e sarebbe parso[2] immobile, se non fosse stato il tremolare e l'ondeggiar leggero della luna, che vi si specchiava da mezzo il cielo. S'udiva soltanto il fiotto[3] morto e lento frangersi[4] sulle ghiaie del lido, il gorgoglìo[5] più lontano dell'acqua rotta tra le pile[6] del ponte, e il tonfo misurato di que' due remi, che tagliavano la superficie azzurra del lago, uscivano a un colpo grondanti[7], e si rituffavano. L'onda segata dalla barca, riunendosi dietro la poppa[8], segnava una striscia increspata, che s'andava allontanando dal lido.

I passeggeri silenziosi, con la testa voltata indietro, guardavano i monti, e il paese rischiarato dalla luna, e variato qua e là di grand'ombre. Si distinguevano i villaggi, le case, le capanne: il palazzotto di don Rodrigo, con la sua torre piatta, elevato sopra le casucce ammucchiate alla falda[9] del promontorio, pareva un feroce che, ritto nelle tenebre, in mezzo a una compagnia d'addormentati, vegliasse, meditando un delitto. Lucia lo vide, e rabbrividì; scese con l'occhio giù giù per la china[10], fino al suo paesello, guardò fisso all'estremità, scoprì la sua casetta, scoprì la chioma[11] folta del fico che sopravanzava il muro del cortile, scoprì la finestra della sua camera; e, seduta, com'era, nel fondo della barca, posò il braccio sulla sponda, posò sul braccio la fronte, come per dormire, e pianse segretamente.

Addio, monti sorgenti dall'acque, ed elevati al cielo; cime inuguali, note a chi è cresciuto tra voi, e impresse nella sua mente, non meno che lo sia l'aspetto de'[12] suoi più familiari; torrenti, de' quali distingue lo scroscio[13], come il suono delle voce domestiche; ville sparse e biancheggianti sul pendio, come branchi di pecore pascenti[14]; addio!

Quanto è triste il passo di chi, cresciuto tra voi, se ne allontana! Alla fantasia di quello stesso che se ne parte volontariamente, tratto dalla speranza di fare altrove[15] fortuna, si disabbelliscono[16], in quel momento, i sogni della ricchezza; egli si maraviglia di essersi potuto risolvere, e tornerebbe allora indietro, se non pensasse che, un giorno, tornerà dovizioso[17].

Quanto più s'avanza nel piano, il suo occhio si ritira, disgustato e stanco, da quell'ampiezza uniforme; l'aria gli par gravosa[18] e morta; s'inoltra mesto e disattento nelle città tumultuose; le case aggiunte a case, le strade che sboccano nelle strade, pare che gli levino il respiro; e davanti agli edifizi ammirati dallo straniero, pensa, con desiderio inquieto, al campicello del suo paese, alla casuccia a cui ha già messi gli occhi addosso, da gran tempo, e che comprerà, tornando ricco a' suoi monti.

Da I promessi sposi, cap. VIII

---

1 Soffio leggero.
2 Sembrato.
3 Onda.
4 Rompersi.
5 Borbottìo, rumore dell'acqua.
6 Piloni di sostegno.

7 Pieni di acqua.
8 La parte posteriore della barca.
9 Ai piedi.
10 Pendio, discesa.
11 Insieme di rami e foglie.
12 Dei.

13 Rumore dell'acqua.
14 Che pascolano, mangiano l'erba.
15 In un altro luogo.
16 Diventano poco belli.
17 Ricco.
18 Pesante.

Il contesto

Dopo aver tentato di sposarsi ingannando don Abbondio, Renzo e Lucia sono costretti a scappare dal loro paese: Renzo andrà a Milano e Lucia in un convento di monache a Monza.

e **1. Comprensione**

○ **a.** Quali sentimenti provano i fuggitivi guardando il paesaggio?

○ **b.** Come appare il paesaggio intorno?

○ **c.** Quale desiderio ha chi parte per fare fortuna?

e **2. Analisi**

Una descrizione fisica è spesso un documento… psicologico, esprime gli stati d'animo di chi descrive. Ad esempio:

- **Viene descritto un palazzotto, visto quasi come un lupo feroce. Di chi è?**

....

- **Le ville e le case bianche sulla collina sono come branchi di**

....

- **C'è, tra queste casette bianche e indifese, una casa particolare, che sembra la vittima designata della ferocia del lupo: è la casa di**

....

T41 Alessandro Manzoni: L'assalto al forno delle grucce

Nella strada chiamata la Corsia de'[1] Servi, c'era, e c'è tuttavia[2] un forno, che conserva lo stesso nome; nome che in toscano viene a dire[3] il forno delle grucce[4], e in milanese è composto di parole così eteroclite, così bisbetiche, così salvatiche[5], che l'alfabeto della lingua non ha i segni per indicarne il suono. A quella parte s'avventò[6] la gente. Quelli della bottega stavano interrogando il garzone tornato scarico, il quale, tutto sbigottito e abbaruffato[7], riferiva balbettando la sua trista avventura; quando si sente un calpestio e un urlio insieme; cresce e s'avvicina; compariscono i forieri[8] della masnada[9]. Serra, serra; presto, presto: uno corre a chiedere aiuto al capitano di giustizia; gli altri chiudono in fretta la bottega, e appuntellano i battenti. La gente comincia a affollarsi di fuori, e a gridare: "Pane! pane! aprite! aprite!". Poco dopo, arriva il capitano di giustizia, in mezzo a un drappello d'alabardieri[10]. "Largo, largo, figlioli: a casa, a casa; fate luogo al capitano di giustizia", grida lui e gli alabardieri.

La gente, che non era ancor troppo fitta, fa un po' di luogo; dimodochè quelli poterono arrivare, e postarsi[11], insieme, se non in ordine, davanti alla porta della bottega. "Ma figlioli", predicava di lì il capitano, "che fate qui? A casa, a casa. Dov'è il timor di Dio? Che dirà il re nostro signore? Non vogliam farvi male; ma andate a casa.

Da bravi! Che diamine volete far qui, così ammontati[12]? Niente di bene, né per l'anima, né per il corpo. A casa, a casa". Ma quelli che vedevan la faccia del dicitore[13], e sentivan le sue parole, quand'anche avessero voluto ubbidire, dite un poco in che maniera avrebber potuto, spinti com'erano, e incalzati da quelli di dietro, spinti anch'essi da altri, come flutti[14] da flutti, via via fino all'estremità della folla, che andava sempre crescendo.

Al capitano, cominciava a mancargli il respiro. "Fateli dare addietro[15] ch'io possa riprender fiato", diceva agli alabardieri, "ma non fate male a nessuno. Vediamo d'entrare in bottega: picchiate; fateli stare indietro".

"Indietro! Indietro!" gridano gli alabardieri, buttandosi tutti insieme addosso ai primi, e respingendoli con l'aste dell'alabarde.

Quelli urlano, si tirano indietro, come possono; danno con le schiene ne'[16] petti, co'[17] gomiti nelle pance, co' calcagni sulle punte de' piedi a quelli che son dietro a loro: si fa un pigio[18], una calca, che quelli che si trovano in mezzo, avrebbero pagato qualcosa a essere altrove.

Da *I promessi sposi*, cap. XII

---

1 Dei.	7 Come chi ha litigato.	13 Parlatore.
2 Ancora (ai tempi di Manzoni).	8 Chi preannuncia.	14 Onde.
3 Significa.	9 Persone rumorose.	15 Andare indietro.
4 Pale.	10 Gruppo di guardie armate di alabarda, specie di asta con punta di ferro e scure.	16 Nei.
5 Strane… irregolari… rozze.		17 Coi, con i.
6 Si scagliò, andò con forza.	11 Prendere posto.	18 Affollamento caotico.
	12 Ammucchiati.	

Il contesto
Arrivato a Milano, Renzo si ritrova per caso in mezzo ad una rivolta del popolo affamato che chiede pane, a causa della carestia dovuta al malgoverno spagnolo.

1. Comprensione
Dove si dirige la folla e con quale scopo? Chi è il capitano di giustizia?

2. Analisi
Manzoni usa tempi verbali diversi per descrivere la scena: per quale motivo?

La folla, protagonista del brano, è descritta con aggettivi e verbi particolari: trovane alcuni, sottolineali, poi cerca di intuire lo scopo di Manzoni nello scegliere quegli aggettivi. Confronta la tua ipotesi con i tuoi compagni.

L'autore ha usato una metafora per individuare l'azione della folla: quale?

T42 Alessandro Manzoni: Il cinque Maggio

Ei fu[1]. Siccome[2] immobile,
dato il mortal sospiro,
stette la spoglia immemore
orba di tanto spiro[3],
5   così percossa, attonita
la terra al nunzio sta,

muta pensando all'ultima
ora dell'uom fatale[4];
né sa quando una simile
10   orma di piè mortale
la sua cruenta polvere
a calpestar verrà.

Lui folgorante in solio[5]
vide il mio genio e tacque;
15   quando, con véce assidua[6],
cadde, risorse e giacque,
di mille voci al sònito[7]
mista la sua non ha:

vergin di servo encomio[8]
20   e di codardo oltraggio,
sorge or commosso al sùbito

sparir di tanto raggio;
e scioglie all'urna un cantico
che forse non morrà.

25   Dall'Alpi alle Piramidi,
dal Manzanarre al Reno,
di quel securo il fulmine
tenea dietro al baleno;
scoppiò da Scilla al Tanai[9],
30   dall'uno all'altro mar.

Fu vera gloria? Ai posteri
l'ardua sentenza: nui
chiniam la fronte al Massimo
Fattor[10], che volle in lui
35   del creator suo spirito
più vasta orma stampar.

La procellosa e trepida
gioia d'un gran disegno,
l'ansia d'un cor che indocile
40   serve, pensando al regno;
e il giunge, e tiene un premio
ch'era follia sperar;

---

1 Napoleone è morto.

2 Appena.

3 Priva di un così grande spirito.

4 Uomo destinato a grandi cose.

5 Trono.

6 Frequenti cambiamenti.

7 Suono.

8 Puro, non contaminato da lodi servili.

9 Scilla è il mitico mostro marino che abitava le coste della Calabria; Tanai è il nome latino del fiume Don.

10 Dio

Il contesto

Manzoni scrive questa ode nel 1821 per la morte di Napoleone, avvenuta il 5 maggio di quell'anno.
Composta in soli tre giorni, è una celebrazione della grande personalità dell'imperatore in cui si riflette la volontà di Dio. Il poeta ricorda il grandioso destino dallo splendore alla miseria dell'esilio nell'isola di Sant'Elena.
Nelle ultime quattro strofe, tolte per ragioni di spazio, Manzoni immagina che Napoleone possa essere stato salvato dalla Provvidenza che gli porta la fede.

e **1. Comprensione**

Manzoni lascia giudicare Napoleone:

◯ **a.** a chi verrà in futuro   ◯ **b.** ai contemporanei del poeta

Napoleone fu giudice e arbitro tra due:

◯ **a.** eserciti   ◯ **b.** secoli

A che cosa somigliano i ricordi che precipitano su Napoleone, uomo d'azione, esiliato in una piccola isola?

tutto ei provò: la gloria
maggior dopo il periglio¹¹,
45 la fuga e la vittoria,
la reggia e il tristo esiglio¹²:
due volte nella polvere,
due volte sull'altar.

Ei si nomò¹³: due secoli
50 l'un contro l'altro armato,
sommessi a lui si volsero,
come aspettando il fato;
ei fè silenzio, ed arbitro
s'assise in mezzo a lor.

55 E sparve¹⁴, e i dì nell'ozio
chiuse in sì breve sponda¹⁵,
segno d'immensa invidia
e di pietà profonda,
d'inestinguibil odio
60 e d'indomato amor.

Come sul capo al naufrago
l'onda s'avvolve e pesa¹⁶,
l'onda su cui del misero,

alta pur dianzi e tesa,
65 scorrea la vista a scernere
prode remote invan;

tal su quell'alma il cumulo
delle memorie scese¹⁷!
Oh quante volte ai posteri
70 narrar se stesso imprese,
e sull'eterne pagine
cadde la stanca man!

Oh quante volte, al tacito
morir d'un giorno inerte¹⁸,
75 chinati i rai fulminei,
le braccia al sen conserte,
stette, e dei dì che furono
l'assalse il sovvenir!

80 E ripensò le mobili
tende, e i percossi valli,
e il lampo de' manipoli,
e l'onda dei cavalli,
e il concitato imperio¹⁹,
85 e il celere ubbidir. [...]

11 Pericolo.
12 Esilio.
13 Disse il suo nome.
14 Eppure scomparve, morì.
15 La piccola isola di Sant'Elena.

16 S'abbatte pesante.
17 Su quell'anima cadde il cumulo di ricordi.
18 Trascorso nell'ozio forzato.
19 Tono deciso dell'ordine.

2. Analisi

Hai osservato che nella poesia Napoleone non è mai citato con il suo nome? Secondo te, questo diminuisce o accresce l'importanza della persona cui è dedicata la poesia? I versi 25-30 sono molto sintetici e con un ritmo serrato: per quale motivo secondo te? Si sposano le immagini descritte e il suono delle parole, il ritmo dei versi?

Che elementi hanno in comune la figura del naufrago e Napoleone?

Ci sono momenti di grande movimento e momenti di disperata solitudine. In tuti i casi "vedi" Napoleone attivo o immobile. Prima cerca di descrivere ai tuoi compagni le scene come le hai viste tu, poi vai a rileggere e cerca di capire con quale meccanismo linguistico Manzoni ci ha fatto "vedere" le scene, sottolinea le parole visive, i rumori, ecc.

In che modo Manzoni rende visibile la profonda e disperata tristezza di Napoleone sconfitto ed esiliato?

3. Riflessione

Nella storia dei nostri giorni pensi di poter individuare qualche grande personalità che in qualche modo potrebbe meritare un'ode così maestosa e sentita al momento della sua morte? Discutine con la classe.

*l'*Ottocento

La letteratura del Risorgimento

1. Romanticismo e Risorgimento

La storia letteraria italiana della prima metà dell'Ottocento riflette gli aspetti caratterizzanti della situazione sociale e politica di quegli anni.

Questo stretto legame tra Romanticismo e Risorgimento permette di definire l'ideale della nuova letteratura: deve essere nazional-popolare, risorgimentale, storica, borghese. La tensione civile e morale dei primi anni dell'Ottocento produce una letteratura di chiara ispirazione patriottica e riflette l'ideologia delle due correnti politiche del tempo, i moderati e i democratici. Il Risorgimento influisce sulla letteratura non soltanto per temi e caratteri, ma perché determina anche alcuni tratti formali: si fissano le caratteristiche di alcuni generi tipici del nuovo movimento, come il romanzo e il dramma storico, la poesia patriottica, i libri di memorie, la "ballata" storica. Il clima dei moti, dal 1820-21 al 1848, rivive nella letteratura risorgimentale nei temi della denuncia dell'oppressione, del desiderio di libertà, della delusione e della speranza, della nostalgia della patria lontana e del ricordo delle sofferenze sopportate nelle carceri.

2. La poesia patriottica

La poesia patriottica del Risorgimento intende suscitare amore e spirito di lotta per la patria, l'odio per lo straniero, il desiderio di indipendenza e di unità nazionale.

Questo immediato entusiasmo si esprime attraverso un linguaggio facile e musicale, molto vicino al parlato. Tra gli autori di questo genere, una figura di rilievo è **Giovanni Berchet** (Milano 1783 - Torino 1851), il primo e maggiore lirico patriottico. Scrive per il "*Conciliatore*" come teorico del Romanticismo, ma è costretto all'esilio dopo i moti del 1821. Le sue opere hanno lo scopo di fare propaganda patriottica e civile, esprimendo, nelle sue liriche, temi come la malinconia, il dolore dell'esilio, l'amore per la patria e il desiderio di libertà. **Goffredo Mameli** (Genova 1827- Roma 1849), morto per una ferita alla gamba nella difesa di Roma, ha un concetto "attivo" della poesia che deve interpretare l'animo del popolo. È autore della canzone *Fratelli d'Italia*, viva già in tutto il Risorgimento, oggi inno nazionale italiano (musica di Michele Novaro). Molte composizioni di autori risorgimentali sono anche oggi nella memoria degli italiani come un patrimonio comune di emozioni. Anche se questa produzione non raggiunge alti livelli artistici, è però specchio fedele di un sentimento eroico e di un entusiasmo sincero e ha un posto importante nella storia del costume italiano.

3. Gli scrittori autobiografici; Silvio Pellico

Durante il Risorgimento ha fortuna la letteratura autobiografica di carattere politico-patriottico. Questo genere

---

⌕ Giuseppe Garibaldi e i Mille

Giuseppe Garibaldi (Nizza 1807- Caprera 1882) ha una vita molto avventurosa.
Condivide le idee di Mazzini e lotta per l'unità e l'indipendenza dell'Italia.
Partecipa ai moti del 1834 in Piemonte, viene arrestato e si rifugia in America latina dove combatte per l'indipendenza dei paesi sudamericani. Tornato in Italia nel 1848, prende parte alla Prima guerra d'Indipendenza, ma deve scappare ancora dal Paese. Nel 1854 torna definitivamente e partecipa come generale alla Seconda guerra d'Indipendenza. Nel 1860 organizza la **Spedizione dei Mille**, chiamata così perché con circa mille volontari (chiamati anche garibaldini) parte da Quarto, vicino a Genova, su due navi a vapore, sbarca a Marsala (Sicilia) e risale la penisola italiana arrivando vittorioso a Napoli. L'esercito piemontese allora si dirige verso sud con lo scopo di riunificare l'Italia: Garibaldi incontra Vittorio Emanuele II a Teano, vicino a Caserta in Campania, e gli consegna i territori da lui conquistati. Garibaldi muore nell'isola di Caprera, dove si è ritirato, nel 1882.

corrisponde al gusto romantico per l'autobiografismo e propone modelli esemplari di comportamento, provocando la commossa partecipazione dei lettori.

L'autore di memorie più conosciuto è **Silvio Pellico** (1789-1854).

Caporedattore della rivista *Il Conciliatore*, fa parte della Carboneria e per questo motivo è arrestato dagli austriaci. Resta quindici anni in prigione nella fortezza dello Spielberg in Moravia, e, tornato in Piemonte, scrive il libro di memorie *Le mie prigioni* nel 1832, opera molto conosciuta in quel periodo che descrive gli anni trascorsi in carcere. È un libro semplice, che non condanna mai apertamente gli austriaci, ma che è molto vivo per le descrizioni dei personaggi che compaiono e per l'umanità con cui l'autore guarda il mondo e se stesso.

4. Scritti storici e politici

Nel pensiero storico e politico del Risorgimento si individuano due tendenze, una di tipo cattolico-liberale, la seconda di ispirazione laica e democratica. La prima corrente sostiene la necessità di considerare la Chiesa come centro del processo di sviluppo civile e politico, come era già avvenuto nel Medioevo.

Di questa corrente fa parte **Vincenzo Gioberti** (1801-1851), sacerdote piemontese il quale propone nella sua opera *Primato morale e civile degl'Italiani* (1843) la nascita di uno Stato costituito di una confederazione di Stati italiani guidati dal Papa, ma dopo il fallimento della rivoluzione del 1848, nel suo libro *Rinnovamento d'Italia*, vede nel Piemonte l'unico Stato capace di condurre l'Italia all'indipendenza e all'unità.

La seconda corrente, invece, desidera una rinascita dell'Italia per iniziativa popolare e vuole raggiungere l'indipendenza con metodi rivoluzionari. Tra gli autori democratici, **Giuseppe Mazzini** (Genova 1805-Pisa 1872) è la figura più interessante. Non è solo un politico (*Dei doveri dell'uomo*, 1861), ma scrive anche saggi letterari (*D'una letteratura europea*) in cui afferma che il suo ideale è una letteratura che diventa guida e coscienza della propria società.

5. Ippolito Nievo

Ippolito Nievo (Padova 1831 - Mar Tirreno 1861), vicino alle idee di Mazzini, partecipa a varie cospirazioni e rivoluzioni di quegli anni, alla Spedizione dei Mille di Garibaldi e muore nel naufragio della nave che lo portava a Napoli nel 1861.

La sua attività di letterato è molto intensa e il suo capolavoro è il romanzo *Le confessioni di un italiano*, pubblicato nel 1867 dopo la sua morte.

Nell'opera, che fu estremamente famosa nell'Ottocento, Ippolito Nievo racconta la vita di un uomo anziano, Carlo Altoviti, dalla sua fanciullezza fino alla rivoluzione del 1848, mescolando i fatti privati del protagonista con eventi fondamentali della storia risorgimentale italiana.

L'autore intende mostrare come gli italiani in pochi decenni si siano lentamente aperti alle idee di libertà e abbiano conquistato con le lotte e i sacrifici l'indipendenza, uno sviluppo e una maturazione civile e politica nuova.

In **alto**: ritratto di Vincenzo Gioberti.

A **mezza pagina**: ritratto di Silvio Pellico.

In **basso**: ritratto di Ippolito Nievo.

Pagina a sinistra in alto: ritratto di Goffredo Mameli.

Pagina a sinistra in basso: Garibaldi e i Mille in azione.

*l'*Ottocento

Il Verismo

1. Origine del movimento

Il Verismo è il movimento più significativo della cultura italiana di fine secolo. Come la Scapigliatura (cfr. p. 134), esso si sviluppa in ambiente milanese, ma gli scrittori ve-

risti sono soprattutto di origine meridionale e descrivono la vita difficile della gente del Sud. Il Verismo risente dell'influenza del realismo narrativo inglese e russo, ma ancor più del romanzo naturalista francese. All'interno dell'esperienza italiana esso è legato al romanticismo realista di Manzoni e alla Scapigliatura.

Due situazioni storico-culturali influenzano in particolare il movimento: il diffondersi delle dottrine positiviste e la questione sociale italiana.

2. Il positivismo

Il Verismo viene influenzato dal determinismo positivista, dal momento storico e dell'ambiente sociale. Come altre realtà anche l'uomo può essere analizzato scientificamente. Anche gli aspetti psicologici, il vizio o la virtù sono osservabili attraverso la lente di ingrandimento del narratore e in tal modo analizzabili e conoscibili. L'opera d'arte, quindi, deve studiare l'uomo con i metodi delle

scienze naturali e sociali. Gli aspetti negativi e positivi della realtà umana, devono essere sottoposti ad uno studio scientifico rigoroso e non fantasioso. Il romanzo è il genere letterario più adatto a questo studio. Il romanzo verista è sempre di argomento contemporaneo. L'ambiente è spesso ristretto e regionale. Vi sono descrizioni molto precise di situazioni naturali e umane. I personaggi sono osservati per mezzo di metodi psicologici non generici, ma fondati su presupposti scientifici. Lo scrittore cerca "l'impersonalità" dell'opera letteraria.

Il suo punto di vista non deve prevalere, bisogna lasciar parlare le cose e le persone. Per l'autore verista è importante scomparire dal testo, ossia rispettare la realtà descritta e non elevarla al livello di alta letteratura.

3. La questione della lingua

Il Verismo si pone il problema della lingua. Gli scrittori ricercano lo stile linguistico più adatto per rappresentare questa nuova realtà sociale il più fedelmente possibile. Il linguaggio è vicino alla lingua parlata e vengono usati spesso termini dialettali. Verga, ad esempio, utilizza nelle sue opere un italiano arricchito delle espressioni dialettali della sua nativa Sicilia, cercando di riproporre il vero linguaggio parlato dagli uomini del suo tempo.

4. La questione sociale

Il Verismo esprime la delusione per il parziale fallimento delle speranze suscitate dall'unificazione della penisola:

🔍 Il Regno d'Italia

Il 17 marzo 1861 il Parlamento di Torino proclama Vittorio Emanuele II primo re del Regno d'Italia. In questo momento l'Italia è una, come voleva Mazzini, non è federale, ed è monarchica, come volevano i borghesi, ma all'unità della nazione mancano ancora il Veneto, sotto il dominio austriaco, e Roma, governata dal Papa. Per completare l'unità, l'Italia nel 1866 si allea alla Prussia e inizia la Terza Guerra d'Indipendenza per combattere l'Austria e ottenere il Veneto, come avviene dopo qualche mese. Intanto i rapporti tra la Chiesa cattolica e lo Stato italiano, dopo l'unificazione della penisola, sono molto tesi perché il governo vuole Roma come capitale della nazione, mentre il Papa non vuole rinunciare al possesso della città.

Il 20 settembre 1870 l'esercito italiano entra a Roma con la forza e nel 1871 diventa la nuova capitale d'Italia.

la classe dirigente si dimostra infatti incapace di risolvere il conflitto tra Nord e Sud e di migliorare le condizioni di miseria e di arretratezza di molta parte d'Italia.

Il Verismo sottolinea allora gli aspetti più sfiduciati, scettici e pessimistici, senza però un atteggiamento polemico o satirico. Ai veristi interessano i vinti, gli sconfitti, coloro che lottano duramente per la sopravvivenza e che accettano la sorte con rassegnazione. Verga e gli altri veristi hanno una visione pessimista della vita. Essi non credono nella provvidenza e Dio è assente dai loro racconti, così come non credono nel progresso sociale e nella possibilità del cambiamento.

5. Scrittori veristi

Il narratore verista più importante è il siciliano **Giovanni Verga** (vedi pag. 134). Egli rimase fedele alla poetica verista, mentre gli altri scrittori ad un certo momento rinnegarono, almeno in parte, i suoi canoni.

Luigi Capuana (1839-1915), anch'egli siciliano, è famoso soprattutto per il romanzo *Il Marchese di Roccaverdina*, opera in cui l'autore è attento soprattutto all'aspetto eccezionale della vicenda piuttosto che ad una fine analisi psicologica dei personaggi. **Federico De Roberto** (1861-1927), rappresentante anch'egli del Verismo siciliano, è noto soprattutto per *I Vicerè*, storia di una potente famiglia siciliana. L'opera è un vasto quadro del Risorgimento italiano, trattato però in modo scettico e pessimista.

De Roberto non ha fiducia nella democrazia, non crede nei miti romantici dell'amore e della passione, disprezza il popolo e la politica. La sua opera è un ritratto amaro delle vicende storiche del suo tempo.

Matilde Serao (1856-1927) è rappresentante del verismo napoletano. In particolare è autrice di romanzi d'interesse sociale, con protagonisti poveri e umili (*Giacomino o la morte*, *La virtù di Checchina*). Meritano, inoltre, di essere citati due libri noti ad un vastissimo pubblico in Italia fino ai nostri giorni.

Si tratta di *Cuore*, di **Edmondo De Amicis** (1846-1908), scritto nel 1886 e di *Pinocchio*, di **Carlo Collodi**, pubblicato nel 1883. Il primo è il diario di un anno in una scuola elementare torinese poco dopo l'unità d'Italia. Il libro, di carattere didattico, vuole educare all'amore per la patria, al lavoro, al sacrificio, al rispetto degli altri al di là della classe sociale, all'apprezzamento delle fatiche degli umili. Il libro ha educato generazioni intere di ragazzi perché letto anche nelle scuole fino a pochi decenni fa.

È stato così popolare che è stato coniato il termine "deamicisiano" per indicare un atteggiamento sdolcinato e sentimentale. L'altro libro entrato nel patrimonio culturale di tutti gli italiani, ma anche di moltissimi stranieri (è stato tradotto in moltissime lingue) è *Pinocchio*.

L'autore è **Carlo Lorenzini**, detto **Collodi**, scrittore tanto prolifico quanto modesto. Pinocchio è un burattino che dopo varie avventure diventa un ragazzo vero. Conosce personaggi fantastici come il Gatto e la Volpe e si comporta come un monello che ha però buon cuore. Alla fine imparerà a dedicarsi ad un lavoro e si preoccuperà del vecchio padre, diventando insomma un buon figlio e un buon cittadino. Il Verismo conosce i suoi migliori risultati nella produzione di romanzi e novelle, ma al suo interno fiorisce anche una seppur minore produzione poetica e teatrale.

Salvatore Di Giacomo (Napoli 1860-1934) è uno dei poeti più vivi del suo tempo.

Nelle sue opere egli descrive scene di ospedale, di ospizio, di prigione, di vagabondi e donne appassionate in un'atmosfera inizialmente sentimentale, ma che nel corso degli anni diventa più raffinata e profonda. Tra gli autori di teatro quelli che più hanno incontrato il gusto del pubblico sono **Giuseppe Giacosa** (1847-1906) e il veneziano **Giacinto Gallina** (1852-1897).

Il primo combina l'idealismo romantico alle esigenze realistiche dei tempi nuovi; tra le sue opere migliori ricordiamo *La contessa di Challant*. Il secondo si colloca nell'ambito della tradizione goldoniana. La sua opera migliore è *La famégia del sàntolo*. Un altro scrittore di teatro merita di essere citato soprattutto per la sua grande capacità di analisi psicologica: è il milanese **Marco Praga** (1862-1929), la cui opera più riuscita è *La moglie ideale*.

In alto: ritratto di Luigi Capuana.

Pagina a sinistra in alto: ritratto di Giovanni Verga e Federico Di Roberto.

Pagina a sinistra in basso: la presa di Porta Pia.

l'Ottocento

Giovanni Verga

1. La prima fase verghiana

Nella produzione artistica del Verga si distinguono due fasi.

Nella prima fase egli parla dell'alta società e degli ambienti artistici (*Una peccatrice*, del 1866; *Storie di una capinera*, del '69; *Eva*, del '73).

Vi compaiono elementi autobiografici e si nota il desiderio di denunciare i difetti della società contemporanea, specie delle classi alte. Sono già personaggi "vinti", come lo saranno i protagonisti dei grandi romanzi della seconda fase, ma appartengono all'alta società: vi si incontra la giovane di buona famiglia costretta a diventare suora, l'artista che non riesce ad avere successo, l'amante rifiutato che sceglie il suicidio.

2. La seconda fase

Nel '84 inizia la fase propriamente verista con *Nedda*, in cui racconta la storia di una povera contadina vittima della miseria.

Sembra che Verga sia stanco del mondo frivolo dei primi racconti e preferisca personaggi che lottano duramente per sopravvivere. Per un certo tempo scrive ancora romanzi mondani, ma l'interesse si è già spostato verso le classi più umili.

Nell'80 scrive *Vita dei campi*, nell'81 *I Malavoglia*, nel '93 *Mastro don Gesualdo* e *Novelle rusticane*. Queste opere sono ambientate tutte nella Sicilia che Verga conosceva e i protagonisti sono contadini, pastori pescatori.
I Malavoglia, insieme a *Mastro don Gesualdo*, fa parte di una raccolta di cinque romanzi intitolata *I vinti*. *I Malavoglia* è la storia di una famiglia che lotta per uscire dalla miseria. Molto importante è il valore della famiglia. È un romanzo di un gruppo più che di singoli individui. Contano la tradizione, il lavoro, il culto della casa.
Mastro don Gesualdo rappresenta la lotta del protagonista che supera la miseria, ma non riesce a migliorare la sua posizione sociale. È anch'egli uno sconfitto.

Il Sud nell'800

Quando avvenne l'unificazione d'Italia si pose la cosiddetta "questione meridionale", cioè il problema della povertà, dell'analfabetismo e del brigantaggio meridionale. Povertà ed analfabetismo erano naturalmente problemi anche del Nord, ma al Sud erano particolarmente gravi. Sia i centri urbani che le campagne ospitavano una popolazione molto povera. Nelle campagne i latifondisti costringevano i contadini ad una vita misera. Nel 1799 era esplosa un'insurrezione contadina alimentata dagli ideali giacobini e il brigantaggio, che si sviluppa in tutto l'Ottocento, esprimeva il grande disagio per la mancata riforma agraria. La mafia nasce in questo periodo.
Con il termine "mafia" in origine si intendeva l'esercito di briganti impiegati dai proprietari terrieri per proteggere le loro terre. Nel corso del 1800 questi briganti divennero così potenti, da imporre la loro volontà ai proprietari terrieri esigendo diritti e soldi in cambio del controllo della terra. Verso il 1900 le "famiglie" mafiose erano tanto influenti nel Sud da controllare quasi ogni attività economica nel loro territorio.
Dopo l'unificazione d'Italia, nel 1863 fu votata la legge Pica che dichiarò lo stato di guerra nel Sud e affidò a tribunali militari i processi per brigantaggio. La guerra fra bande non risolse il problema del disagio dei contadini, anzi confermò il dominio dei proprietari terrieri. Dopo l'unità d'Italia, Pasquale Villari, Sidney Sonnino, Giustino Fortunato ed altri, costituirono il gruppo dei cosiddetti "meridionalisti" allo scopo di dedicarsi ai problemi e alle sorti del Sud. Vi furono però anche intellettuali, come Alfredo Niceforo, che spiegarono la "questione meridionale" in termini razzisti, alimentando ostilità e pregiudizi tuttora a volte ancora percepibili.

3. L'ideologia di Verga

Vi è in Verga un grande rispetto per la serietà e i valori degli umili. Egli non osserva più i poveri con paternalismo, ma ne riconosce la forza e la dignità. Verga ha una visione molto pessimista della vita: non crede in Dio o nella Provvidenza e non è un socialista che lotta per un cambiamento sociale. Egli è il poeta dei vinti, di chi non ce la fa e accetta il destino con rassegnazione. Questa è una visione borghese della vita. Positivo è il rifiuto del sentimentalismo e del paternalismo con cui in passato si guardava gli umili. Positiva è la scoperta della dignità dei poveri. Negativo è invece il suo atteggiamento rassegnato e conservatore.

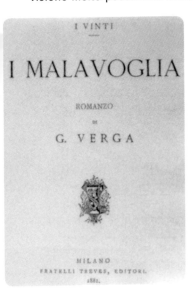

4. L'arte e la lingua

Verga accetta le linee generali del naturalismo francese. Non è attento tanto all'analisi psicologica dei personaggi, quanto alle loro azioni e all'ambiente.
Egli riteneva che il romanzo dovesse trattare di tutta la società, delle classi più basse, ma anche di quelle più agiate. Verga accetta il principio dell'impersonalità dell'opera d'arte. Si deve avere l'impressione di un romanzo che si sia fatto da sé; l'autore non deve rivelarsi nell'opera. La scelta del linguaggio è stata il problema più grave per i veristi.

I naturalisti francesi avevano un pubblico nazionale omogeneo. La società italiana, invece, non parlava una lingua nazionale, bensì dialetti regionali. Per questo la soluzione rivoluzionaria del Verga fu quella di scrivere le sue opere in un italiano arricchito di espressioni dialettali che fedelmente rappresentavano la realtà dei personaggi, che poteva essere letto anche fuori della Sicilia e che non rivelava la personalità del narratore. Verga ebbe un successo immediato, divenne presto un classico e i suoi romanzi furono adottati nelle scuole come libri di testo.

Giovanni Verga

Nasce a Catania nel 1840. Trascorre i primi anni in Sicilia scrivendo per giornali locali e componendo i primi romanzi storici come *I carbonari della montagna* o *Amore e patria*. Tra il 1865 e il 1871 vive a Milano, dove matura l'esperienza della Scapigliatura, l'ambiente letterario più vivo del tempo (cfr. pag. 138). Scrive in pochi anni tra il 1880 e il 1894 quasi tutti i suoi capolavori tra

cui in particolare *I Malavoglia* e *Mastro don Gesualdo*. Più tardi, inariditasi la sua vena poetica, Verga deciderà di ritirarsi a Catania dove morirà molti anni dopo, nel 1922.

In alto a sinistra: frontespizio della prima edizione de *I Malavoglia*.

In alto a destra: ritratto di Giovanni Verga.

In basso: veduta dell'Etna, sfondo di molte opere di Verga.

Pagina a sinistra in alto: la piazza di Vizzini, luogo dove si ambienta la vicenda di *Cavalleria Rusticana*.

Pagina a sinistra in basso: la popolazione meridionale spesso viveva in condizioni di estrema miseria.

l'Ottocento

T43 Giovanni Verga: Voglia di fuggire

Ma d'allora in poi non pensava ad altro che a quella vita senza pensieri e senza fatica che facevano gli altri; e la sera, per non sentire quelle chiacchiere senza sugo[1], si metteva sull'uscio colle spalle al muro, a guardare la gente che passava, e digerirsi la sua mala sorte[2]; almeno così si riposava pel giorno dopo, che si tornava da capo a far la stessa cosa, al pari dell'asino di compare Mosca, il quale come vedeva prendere il basto[3], gonfiava la schiena, aspettando che lo bardassero[4]!
- Carne d'asino! borbottava; ecco cosa siamo! Carne da lavoro! E si vedeva chiaro che era stanco di quella vitaccia, e voleva andarsene a far fortuna, come gli altri; tanto che sua madre, poveretta, l'accarezzava sulle spalle, e l'accarezzava pure col tono della voce, e cogli occhi pieni di lagrime, guardandolo fisso per leggergli dentro e toccargli il cuore. Ma ei diceva di no, che sarebbe stato meglio per lui e per loro; e quando tornava poi sarebbero stati tutti allegri. La povera donna non chiudeva occhio in tutta la notte, e inzuppava[5] di lagrime il guanciale. Infine il nonno se ne accorse, e chiamò il nipote fuori dell'uscio, accanto alla cappelletta[6] per domandargli cosa avesse.
- Orsù, che c'è di nuovo? Dillo a tuo nonno, dillo! 'Ntoni si stringeva nelle spalle; ma il vecchio seguitava ad accennare di sì col capo, e sputava, e si grattava il capo cercando le parole.
- Sì, sì, qualcosa ce l'hai in testa, ragazzo mio! Qualcosa che

non c'era prima. «Chi va coi zoppi, all'anno zoppica[7].» _to limp_
- C'è che sono un povero diavolo! Ecco cosa c'è!
- Bè! che novità! E non lo sapevi? Sei quel che è stato tuo padre, e quel che è stato tuo nonno!
«Più ricco è in terra chi meno desidera.»
«Meglio contentarsi che lamentarsi.»
- Bella consolazione!
Questa volta il vecchio trovò subito le parole, perché si sentiva il cuore sulle labbra:
-Almeno non lo dire davanti a tua madre. Mia madre... Era meglio che non mi avesse partorito, mia madre.
- Sì, accennava padron 'Ntoni, sì, meglio che non t'avesse partorito, se oggi dovevi parlare in tal modo. 'Ntoni per un po' non seppe che dire:
- Ebbene! esclamò poi, lo faccio per lei, per voi, e per tutti. Voglio farla ricca, mia madre! Ecco cosa voglio. Adesso ci arrabattiamo[8] colla casa e colla dote di Mena; poi crescerà Lia, e un po' che le annate andranno scarse[9] staremo sempre nella miseria. Non voglio più farla questa vita. Voglio cambiare stato, io e tutti voi. Voglio che siamo ricchi, la mamma, voi, Mena, Alessi e tutti.
Padron 'Ntoni spalancò tanto d'occhi, e andava ruminando quelle parole, come per poterle mandar giù[10].
- Ricchi! diceva, ricchi! e che faremo quando saremo ricchi[11]?

---

1 Le chiacchiere senza importanza dei suoi compaesani.

2 Tentare di accettare il suo cattivo destino.

3 Il carico.

4 Coprissero.

5 Bagnata.

6 Piccola cappella per pregare.

7 Chi va insieme agli zoppi alla fine dell'anno zoppica anch'egli.

8 Lavoriamo tanto per raccogliere solo qualche soldo.

9 Quando non ci sarà abbastanza raccolto.

10 Accettare.

Contesto

I Malavoglia è la storia di una famiglia di poveri che affrontano ogni giorno i rischi del mare per pochi soldi. La loro è una vita misera e difficile. 'Ntoni, il nipote di Padron 'Ntoni, che è il capofamiglia, non accetta questa vita dura e povera. Egli ha fatto il servizio militare nelle grandi città d'Italia e ha visto che la gente vive diversamente. Ci sono ricchi che non lottano come loro per un pezzo di pane. 'Ntoni non vuole più vivere ad Aci Trezza e vuole andarsene in cerca di fortuna. Nel brano si può notare il contrasto di mentalità tra 'Ntoni e il nonno Padron 'Ntoni che crede nella famiglia, nel lavoro e nella fedeltà alle proprie origini.

e 1. Comprensione

Nel brano Padron 'Ntoni cita vari proverbi. Prova a legare ciascun proverbio ad una loro parafrasi espressa nella colonna a destra. a / ..... b/ ..... c/ ..... d/ ..... e/ ..... f/ .....

1. "Chi va coi zoppi all'anno zoppica"
2. "Più ricco è in terra chi meno desidera"
3. "Meglio contentarsi che lamentarsi"
4. "Ad ogni uccello suo nido è bello"
5. "Chi cambia la vecchia con la nuova, peggio trova"
6. "Il buon pilota si prova alle burrasche"

a. Non ci si deve lamentare bensì accontentare
b. Nelle difficoltà si capisce che è davvero bravo ed esperto
c. Non si deve desiderare
d. Le cattive compagnie ci rendono peggiori
e. Bella è solo la propria casa d'origine
f. Se si cambia si trova solo qualcosa di peggio

- famiglia è molto importante : ambiente positiva
- comunità forte

nonna sensa di dignità del uomo ; lei accera il destino

'Ntoni si grattò il capo, e si mise a cercar anche lui cosa avrebbero fatto.

- Faremo quel che fanno gli altri... Non faremo nulla, non faremo!... Andremo a stare in città, a non far nulla, e a mangiare pasta e carne tutti i giorni.

- Va, va a starci tu in città. Per me io voglio morire dove son nato; - e pensando alla casa dove era nato, e che non era più sua si lasciò cadere la testa sul petto.

- Tu sei un ragazzo, e non lo sai!... Non lo sai!... Vedrai cos'è quando non potrai più dormire nel tuo letto; e il sole non entrerà più dalla tua finestra!... Lo vedrai; te lo dico io che son vecchio! -

Il poveraccio tossiva che pareva soffocasse, col dorso curvo, e dimenava tristemente il capo:

- «Ad ogni uccello, suo nido è bello».

Vedi quelle passere? Le vedi? Hanno fatto il nido sempre colà, e torneranno a farcelo, e non vogliono andarsene.

- Io non sono una passera. Io non sono una bestia come loro! Rispondeva 'Ntoni. Io non voglio vivere come un cane alla catena come l'asino di compare Alfio, o come un mulo da bindolo[12], sempre a girar la ruota; io non voglio morir di fame in un cantuccio[13], o finire in bocca ai pescicani.

- Ringrazia Dio piuttosto, che t'ha fatto nascer qui; e guardati dall'andare a morire lontano dai sassi che ti conoscono.

---

11 Padron 'Ntoni non crede che la ricchezza possa rendere felici e non crede che si debba cambiare la propria vita.

12 Il bindolo è una macchina mossa da un asino, mulo o cavallo, che solleva acqua dai pozzi.

13 In un angolo.

14 Il bravo pilota dimostra la sua bravura nelle difficoltà.

«Chi cambia la vecchia per la nuova, peggio trova».
[Tu hai paura del lavoro, hai paura della povertà; ed io che non ho più né le tue braccia né la tua salute non ho paura, vedi!
«Il buon pilota si prova alle burrasche[14]». Tu hai paura di dover guadagnare il pane che mangi; ecco cos'hai! Quando la buon'anima di tuo nonno mi lasciò la Provvidenza[15] e cinque bocche da sfamare, io ero più giovan di te, e non avevo paura; ed ho fatto il mio dovere senza brontolare; e lo faccio ancora; e prego Iddio di aiutarmi a farlo sempre sinché ci avrò gli occhi aperti, come l'ha fatto tuo padre, e tuo fratello Luca, benedetto!]
Che non ha avuto paura di andare a fare il suo dovere. Tua madre l'ha fatto anche lei il suo dovere povera femminuccia, nascosta fra quelle quattro mura; e tu non sai quante lagrime ha pianto, e quante ne piange ora che vuoi andartene; che la mattina tua sorella trova il lenzuolo tutto fradicio[16]!
E nondimeno[17] sta zitta e non dice di queste cose che ti vengono in mente; e ha lavorato e si è aiutata come una povera formica anche lei; non ha fatto altro, tutta la vita, prima che le toccasse di piangere tanto, fin da quando ti dava la poppa[18] , e quando non sapevi ancora abbottonarti le brache, che allora non ti era venuta in mente la tentazione di muovere le gambe, e andartene pel mondo come uno zingaro.

Da I Malavoglia

· circolare : vita di Verga
accettato il destino

15 La barca della famiglia Malavoglia.

16 Bagnato dalle lacrime.

17 Nonostante ciò.

18 Il latte del seno materno.

Secondo te quale concezione della vita esprimono questi proverbi?

'Ntoni pargona la sua attuale vita a quella degli animali (ad un asino, una passera, un cane, un mulo da bindolo). Che cosa esprimono queste similitudini?

ⓔ **2. Riflessione**

Poco più avanti nel brano la Nunziata, un'umile donna di Aci Trezza, dirà "Lo so anch'io che il mondo va così e non abbiamo diritto di lagnarcene".

In questa frase è concentrata la concezione di vita di questi umili. Essi sono convinti che non si può cambiare il mondo e che è meglio accettarlo senza lamentarsi. Lamentarsi della propria sorte è come ribellarsi al destino e al volere di Dio. 'Ntoni, l'unico che si ribella a quella vita dura, non avrà successo e finirà in carcere per aver pugnalato una guardia. Egli è un "vinto" perché ha tentato di cambiare il suo destino. La convinzione di Verga è che tutti gli uomini, qualunque sia la loro classe, e quindi anche i ricchi, devono accettare il destino di sofferenza che la vita ha loro riservato. Ritrovi modernità in questo pensiero?

Discutine con i tuoi compagni.

l'Ottocento

La Scapigliatura

1. Il suo significato

Il termine "Scapigliatura" viene citato per la prima volta in un romanzo del milanese **Cletto Arrighi** nel 1862 e si riferisce ad uno stile di vita ribelle ed emarginato, irrequieto e disordinato.

La Scapigliatura fiorisce in ambiente lombardo dopo il 1860, ossia dopo il compimento dell'unità d'Italia. Dapprima include narratori milanesi come **Arrigo Boito** o **Emilio Praga**. In seguito al gruppo si uniscono prosatori piemontesi. In quegli anni il Piemonte prima e più tardi il resto d'Italia, si avviano a diventare uno Stato moderno, dando vita alle prime forme di capitalismo industriale e agrario.

Ciò significa progresso e ricchezza per molti, ma anche povertà ed emarginazione per altri.

I poveri, i "vinti", gli sconfitti dal punto di vista materiale e morale, vengono esclusi dal nuovo sviluppo economico. Anche gli scapigliati sono dei "vinti": essi rifiutano il progresso e il pensiero positivista, rifiutano la scienza e le strutture borghesi, nelle quali vedono la negazione dei loro ideali artistici; si ribellano alla società, ma senza proporre un altro modello sociale.

La Scapigliatura si sviluppa in particolare a Milano, la città più avanzata del tempo, in cui più veloci erano i cambiamenti dell'ordine sociale ed economico e più intenso era il contrasto tra ricchi borghesi e intellettuali sognatori. Il movimento è perciò un fatto non solo letterario, ma anche sociale, la prima manifestazione del disagio dell'intellettuale in una società capitalista e borghese. Gli scapigliati non si limitarono a scrivere da scapigliati, ma vissero in prima persona il disagio dell'artista, conducendo spesso una vita irregolare ai margini della società.

2. Caratteri del movimento

Gli scrittori scapigliati vogliono scandalizzare la classe borghese con una vita sregolata vissuta spesso nella miseria e nell'ubriachezza e a volte conclusa col suicidio. Essi provocano scandalo anche con la loro opera letteraria, coi loro temi spesso immorali, con la loro polemica socialista o anarchica.

🔍 I Macchiaioli

Il movimento artistico dei Macchiaioli si sviluppa a Firenze intorno alla metà dell' '800 ed è considerato il più importante movimento artistico del secolo in Italia. Da ogni parte d'Italia arrivavano giovani artisti attratti da una città che aveva conosciuto uno sviluppo artistico molto importante. Il luogo d'incontro era il Caffè Michelangelo, nel quale si discuteva degli avvenimenti storici e artistici del tempo.

Nel 1856 arriva a Firenze da Parigi Domenico Morelli, che racconta con entusiasmo gli eventi culturali a cui aveva assistito nella capitale francese e proprio l'anno 1856 è considerato l'inizio ufficiale del movimento. Il critico, in una conferenza del 1877, spiega che la "macchia" è l'arma con cui la nuova pittura combatte la tradizione. Non sono importanti le forme isolate e i contorni perché noi nella realtà non percepiamo mai immagini isolate. Conta la luce e la macchia di colore che la luce produce. Vi è un'evidente analogia tra il movimento dei macchiaioli e l'impressionismo francese. Il più brillante esponente del gruppo è il livornese **Giovanni Fattori** (1825-1908). Come molti altri macchiaioli partecipa ai moti risorgimentali per la liberazione dell'Italia e l'unificazione. Un altro importante macchiaiolo è **Telemaco Signorini** (1853-1901), critico e teorico del gruppo. Si distingue anche **Silvestro Lega** (1826-1895) che riesce a comunicare nei suoi soggetti una profonda emozione per mezzo di macchie di colore.

Il loro tono è bizzarro, la metrica antitradizionale e il loro linguaggio irriverente e antiletterario. Gli scapigliati si sentono attratti anche dalle altre arti. Emilio Praga è egli stesso pittore, mentre Arrigo Boito è anche musicista.

Essi vogliono rappresentare la realtà umana così come è realmente, anche nei suoi aspetti più brutti e dolorosi, più squallidi e quotidiani. Rifiutano le convenzioni e le ipocrisie del comportamento comune. È evidente l'influsso di Baudelaire e della poesia decadente francese, ma anche del naturalismo e del positivismo filosofico, che si traduce nella ricerca di motivi realistici spesso squallidi e quotidiani. I risultati letterari a cui il movimento giunge sono piuttosto mediocri, ma sono importanti soprattutto perché preparano il terreno per lo sviluppo delle tendenze veriste.

3. Autori scapigliati

La Scapigliatura ha raggiunto i suoi migliori risultati nella prosa piuttosto che nella poesia. Tra i poeti il più significativo è **Arrigo Boito** (1842-1918) con il suo *Libro dei versi*, la leggenda di *Re Orso* e i suoi libretti d'opera (*Otello*, *Falstaff*, ecc.), alcuni musicati dallo stesso autore. Vi è ancora molto romanticismo nei suoi versi ed egli è un artista molto inquieto e travagliato, ma anche molto sottile. Le sue opere sono molto musicali ed egli stesso era un esperto musicista.

Emilio Praga (1839-1875) è poeta dei colori e dei paesaggi idillici, ma la sua poesia mostra a volte contrasti e incertezze.

Tra i prosatori possono essere citati gli stessi Arrigo Boito e Emilio Praga (quest'ultimo autore del romanzo incompiuto *Memorie del presbiterio*).

Igino Ugo Tarchetti (1841-1869) esprime nei suoi romanzi il proprio gusto dell'orrendo e del macabro, dello strano e dell'anormale. **Camillo Boito** (1836-1914), fratello di Arrigo, alterna ad un'analisi psicologica sottile effusioni fantastiche e sentimentali. I prosatori scapigliati cercano un equilibrio tra espressione dialettale e lingua letteraria come si avverte nella prosa di **Carlo Dossi** (1849-1910), scrittore aristocratico e solitario che usa una lingua molto ricercata, ricca di termini arcaici e preziosi, di neologismi e parole dialettali.

Le sue due opere che la critica ritiene migliori sono *L'altrieri – nero su bianco* del 1868 e *Vita di Alberto Pisani* del 1870.

Una caratteristica degli scapigliati e di Dossi in particolare, è la loro trasformazione del linguaggio e delle strutture narrative tradizionali.

Gli scapigliati spesso inventano nuove parole o le trasformano per rinnovare il linguaggio.

In *Note azzurre*, per esempio, Dossi mescola all'italiano il dialetto, usa neologismi e forme nuove o derivate dalle lingue

straniere. A volte trasforma anche l'ortografia delle parole. **Alberto Cantoni** (1841-1904) e **Giovanni Faldella** (1846-1928), pur non appartenendo in senso stretto alla Scapigliatura, furono vicini al gruppo e amici degli scapigliati.

I quadri di vita degli scapigliati non ritraggono una realtà epica e drammatica, quanto piuttosto situazioni quotidiane, un ambiente umile spesso grigio e squallido. Dalla scapigliatura prendono origine i narratori veristi e realisti e in questo, come abbiamo accennato, consiste l'importanza storico-letteraria della Scapigliatura.

In alto: il Naviglio a Milano in un quadro di Angelo Inganni, 1845.

In basso: ritratto dei fratelli Camillo (a sinistra) e Arrigo Boito.

Pagina a sinistra in alto: la Scapigliatura e il 6 Febbraio di Cletto Arrighi.

Pagina a sinistra in basso: particolare de *Il campo italiano dopo la battaglia*, Giovanni Fattori, 1862.

Il Melodramma (2)

3. Il primo Ottocento

Nel melodramma romantico della prima metà del secolo spiccano soprattutto due figure: **Gaetano Donizetti** (1797-1848), - *L'elisir d'amore* (1832), *Lucia di Lammermoor* (1835), *Don Pasquale* (1843) - e **Vincenzo Bellini** (1801-1835) - *La sonnambula* (1831), la *Norma*, dello stesso anno, *I puritani* (1835). Nelle opere di entrambi questi artisti, di forte connotazione romantica, l'enfasi lirica si traduce in importanti episodi melodici entrati nel gusto e nella tradizione popolare.

4. Verdi e l'unità d'Italia

Con la nascita del Regno d'Italia (1861) il melodramma si incarna nel grande genio di **Giuseppe Verdi** (1813-1901). Lo sviluppo intellettuale e musicale del Maestro è ampio e complesso, tuttavia si possono distinguere alcune fasi principali. In un primo periodo egli si dedica a soggetti storico-romantici: *Nabucco* (1842), *I lombardi alla prima crociata* (1843), *La battaglia di Legnano* (1849), che divennero, come nel caso dello splendido coro del *Nabucco*, simboli delle battaglie risorgimentali per la libertà (in quel tempo Il regno Lombardo-veneto era sotto il dominio austriaco) ed incorsero in severe censure. In una seconda fase, il Maestro, dopo il fallimento dei moti del '48 e le sconfitte del '49, abbandona i soggetti storico-politici per dedicarsi ad un maggior approfondimento psicologico dei personaggi. Questa fase darà i maggiori frutti nella trilo-

gia popolare: *Rigoletto* (1851), che ebbe problemi con la censura, *Il Trovatore* (1853), ambientato nella Spagna del XV secolo, opera fortemente drammatica e intensamente melodica.

Infine *La Traviata* (1853). Donizetti e Bellini erano stati i grandi lirici dell'amore, ma in Verdi la tematica sociale è sempre presente. *La Traviata*, narra la storia di una prostituta parigina, Violetta e del suo amore per Alfredo. Un amore non più collocato in un lontano medioevo, ma ambientato nelle contraddizioni della società borghese contemporanea. Marguerite Gautier, la protagonista, era esistita realmente. Si tratta di una delle opere di maggiore indagine psicologica di Verdi ed è una delle opere più intense di tutto il panorama operistico romantico. I due preludi raggiungono una straordinaria raffinatezza musicale.

Infine, dopo la maestosa *Aida* (1871), che andò per la prima volta in scena al Cairo per l'inaugurazione del canale di Suez, Verdi approda ai drammi shakesperiani con due libretti di Boito (v. pag.139): *Otello* e *Falstaff*. Proprio con l'ultima sua opera Verdi rivisita l'opera comica, in contrapposizione all'opera drammatica Wagneriana.

🔍 Cantanti e prime donne

L'allestimento di ogni opera, nuova o di repertorio, iniziava dalla formazione del cast degli artisti. Verso la metà dell'Ottocento prevale il repertorio, e i cantanti sono scritturati in base ad esso, ma per molto tempo impresari e compositori scelgono i soggetti e le strutture delle loro opere in base al tipo di cast che riescono a formare. Sono obbligati a rispettare le "convenienze teatrali", che devono tener conto della distribuzione degli *a solo* e delle parti corali, nel rispetto delle caratteristiche canore e drammatiche degli artisti. Nell'Ottocento essi diventano stelle e primedonne che impongono i loro cavalli di battaglia.

Il pubblico del bel canto va a teatro per ascoltare la voce dei loro beniamini che spesso legano indissolubilmente la loro voce ad una determinata aria o cavatina di un determinato personaggio. Dei grandi interpreti contemporanei dell'arte lirica ricordiamo due artisti insuperabili: il tenore italiano **Enrico Caruso** (1873-1921), e il soprano di origine greca **Maria Callas** (1923-1977). Oggi il maggior tenore è ritenuto **Luciano Pavarotti**, che spesso tenta una fusione tra le varie forme musicali coinvolgendo nei suoi concerti anche cantanti di rock, italiano e non.

5. Il melodramma verista

Nel 1890 **Pietro Mascagni** (1863-1945) ottiene un grande successo con la *Cavalleria rusticana*, opera in un unico atto il cui soggetto è tratto da una novella di Giovanni Verga (Cfr. pag. 136). Nasce il melodramma verista, che pone maggior enfasi nell'aria rispetto al recitativo e nella ricchezza dell'invenzione melodica accentua l'elemento lirico espressivo. I soggetti sono tratti dalla realtà contemporanea o sono narrati come fatti di cronaca. Prevale l'influsso della letteratura realista, in particolare francese (Zola).

6. Giacomo Puccini

In questo periodo si afferma uno dei grandi geni della musica italiana: **Giacomo Puccini** (1858-1924). Egli scrisse dodici opere. Ottenne il primo grande successo internazionale con *Manon Lescaut* (1893), in cui si delinea il primo dei ritratti femminili di delicate e infelici eroine piccolo-borghesi che avranno grande popolarità.
Si pensi alla *Mimì de La Bohème* (1896), che narra la vita di un gruppo di giovani artisti squattrinati sullo sfondo della bohème parigina del 1830; la *Tosca* (1900), ispirata ai moduli veristi, opera dai notevoli effetti scenici, di cui l'aria *E lucean le stelle* è uno dei passaggi più amati e famosi di tutto il repertorio operistico. Per un certo tempo l'opera pucciniana ha ottenuto più successo di pubblico

che favore della critica, anche se oggi è riconosciuto come il massimo protagonista della fase crepuscolare dell'opera italiana.
La sua opera si articola in un percorso che va da una prima fase *romantica* e *borghese*, ad una fase di rinnovamento che lo porta dalla Scapigliatura al modernismo novecentesco: la *Fanciulla del West* (1910), il *Trittico* (1918, composto dagli atti unici *Il tabarro*, *Suor Angelica* e l'atto comico *Gianni Schicchi*), e l'incompiuta *Turandot*.

Nasce a Lucca nel 1858 da una famiglia di musicisti. Malgrado le difficoltà finanziarie dovute alla morte del padre, può compiere gli studi musicali.
Nel 1876 si reca a piedi a Pisa per assistere per la prima volta in vita sua ad un'opera, l'Aida di Verdi. Nel 1880, per perfezionare gli studi, si trasferisce a Milano, dove per un periodo divide l'appartamento con Mascagni. Entra in contatto con gli ambienti intellettuali milanesi, incontra Arrigo Boito, Marco Praga e frequenta il gruppo della Scapigliatura. Con il librettista Fontana lavora alle due prime opere: *Le villi* (1883) e *Edgar* (1889). Inizia la collaborazione con l'editore Giulio Ricordi. Il 1 febbraio del 1893, al Teatro Regio di Torino va in scena *Manon Lescaut*, che lo consacra definitivamente tra i grandi compositori del teatro d'opera.

A questo lavoro partecipano anche i librettisti Illica e Giocosa, della cui collaborazione Puccini si avvarrà anche per *La Bohème* (1896), *Tosca* (1900), *Madame Butterfly* (1904). Dal 1891 si trasferisce a Torre del Lago. L'inizio del nuovo secolo segna un periodo di crisi per Puccini.
Dopo una serie di progetti non realizzati, tra cui un'opera su libretto di D'annunzio, va in scena nel 1917 il cosiddetto Trittico, formato da *Il tabarro*, *Suor Angelica* e *Gianni Schicchi*.

A partire dal 1920 si dedica alla composizione di *Turandot*, su un soggetto tratto da una favola teatrale di Gozzi. L'opera rimase incompleta (manca il finale dell'ultimo atto). Puccini morì a Bruxelles nel 1924. *Turandot* andò in scena nel 1926 alla Scala di Milano, diretta dal grande Maestro Arturo Toscanini.

In alto: ritratto di Giacomo Puccini.
In basso: costumi di scena.
Pagina a sinistra in alto: altro ritratto di Giuseppe Verdi.
Pagina a sinistra in basso: il tenore Luciano Pavarotti.

T45 Giacomo Puccini: E lucean le stelle

E lucevan le stelle..., e olezzava
   la terra... - stridea l'uscio
   dell'orto... - e un passo sfiorava la rena...
Entrava ella, fragrante,
mi cadea fra le braccia...
   Oh! dolci baci, o languide carezze,
   mentr'io fremente
le belle forme disciogliea dai veli!
   Svanì per sempre il sogno mio d'amore…
L'ora è fuggita...
   e muoio disperato!
E non ho amato mai tanto la vita!...

Brillavano le stelle..., e odoravano
i campi... - il cancello del giardino cigolava
e un passo sfiorava la sabbia.
Lei entrava, profumata,
mi cadeva fra le braccia...
Che baci dolci, che tenere carezze,
mentre io agitato e pieno di desiderio
liberavo dagli abiti la sua bella persona!
Il mio sogno d'amore è svanito per sempre...
L'ora è fuggita...
e io muoio disperato!...
E non ho mai amato tanto la vita!...

Da *Tosca,* Atto III

Contesto

L'opera è ambientata nella Roma del 1800. Sullo sfondo l'eco delle vicende napoleoniche che sconvolgono gli assetti politici. L'amore del pittore Mario Cavaradossi (tenore) per la cantante Floria Tosca (soprano) è osteggiato dal Barone Scarpia, capo della polizia e innamorato anch'esso della bella Tosca. Egli riuscirà a far condannare Mario, mentre Tosca disperata si getterà dagli spalti di Castel Sant'Angelo.
In questa famosissima aria Cavaradossi scrive una lettera di addio e ricorda il suo amore per Tosca.

e 1. Comprensione

Cavaradossi è disperato perché:

◯ **a.** Tosca non è venuta all'appuntamento
◯ **b.** non sente più piacere nella vita

◯ **a.** la sua vita sta per finire
◯ **b.** non crede più nell'amore

Quale di questi quattro nomi ti sembra più adatto allo stato d'animo di Cavaradossi?

◯ **a.** Malinconia
◯ **b.** Angoscia

◯ **a.** Rassegnazione
◯ **b.** Gelosia

e 2. Analisi

Su quali sensi si basano i ricordi di Cavaradossi?

Olfatto: versi ....
Udito: versi ....
Gusto: versi ....

Vista: versi ....
Tatto: versi ....

L'aria si può dividere in due parti, in una Cavaradossi ricorda Tosca, in un'altra descrive la propria drammatica condizione: individua le due parti del testo, osserva l'uso dei tempi verbali e spiegane l'utilizzo.

3. Riflessione

Come immagini la scena teatrale mentre Cavaradossi canta la sua aria?
Descrivila brevemente ai tuoi compagni, confrontandola con la loro visualizzazione, e cerca assieme a loro di giungere ad una regia, definendo i consigli che dareste per le scene, le luci, i gesti, ecc.

T46 Giuseppe Verdi: Tacea la notte placida

Tacea la notte placida	*La notte era calma e silenziosa*
E bella in ciel sereno	*La luna piena, nel cielo sereno*
La luna il viso argenteo	*Mostrava il suo bel volto*
Mostrava lieto e pieno...	*Argenteo e completamente visibile...*
Quando suonar per l'aere	*Quando si sentono risuonare*
infino allor si muto,	*Nell'aria, fino a quel momento silenziosa,*
dolci s'udiro e flebili	*Gli accordi dolci e delicati*
Gli accordi di un liuto,	*Di un liuto [antica forma di chitarra]*
E versi melanconici	*Un trovatore cantò*
Un Trovator cantò	*I versi malinconici*
Versi di prece ed umile	*Di un'umile preghiera*
Qual d'uom che prega Iddio	*come di un uomo che invoca Dio*
In quella ripeteasi	*E in quella preghiera si ripeteva*
Un nome... il nome mio!...	*un nome... Il mio nome...!*
Corsi al veron sollecita...	*Corsi subito al balcone*
Egli era! egli era desso!...	*Era lui! Era proprio lui!...*
Gioia provai che gli angeli	*Provai una felicità quale solo agli angeli*
Solo è provar concesso!...	*è permesso provare*
Al core, al guardo estatico	*Al cuore, allo sguardo estasiato*
La terra un ciel sembrò.	*La terra sembrò il cielo.*

Da *Il Trovatore*, Atto I

Il contesto

L'opera è ambientata nella Spagna del XV secolo. Una zingara, Azucena, è condannata con l'accusa di aver stregato uno dei due figli del conte Luna. In realtà ha scambiato i figli ed ha bruciato il suo. Il figlio del conte dunque cresce con la zingara con il nome di Manrico, il trovatore. Destino vuole che egli e suo fratello, l'altro figlio del conte, si affrontino tra intrighi e colpi di scena, per amore della stessa donna: Leonora d'Aragona. Leonora racconta di un trovatore che non ha più dimenticato...

e 1. Comprensione

Il trovatore canta versi dedicati:
- ○ **a.** alla luna
- ○ **b.** alla donna
- ○ **c.** a Dio e agli angeli

Leonora riconosce il Trovatore e
- ○ **a.** ne è felice
- ○ **b.** prega gli angeli di farlo tacere
- ○ **c.** corre subito alla porta

e 2. Analisi

Tra gli aggettivi compresi nella lista trova un sinonimo che corrisponde alle seguenti parole secondo il significato che assumono nel testo: abbagliato, affascinato, lieto, limpido, pacifico, quieto, stupito, taciturno, tranquillo, colmo/affollato/intero

Sereno ....   Muto ....   Pieno ....   Estatico ....

e 3. Riflessione

Pensi che una donna di oggi giudicherebbe una serenata un gesto:
- ○ piacevole e seducente
- ○ ridicolo e assurdo
- ○ vergognoso e imbarazzante
- ○ ipocrita e maschilista

Come immagini la scena teatrale mentre il trovatore canta la sua aria? Insieme ai tuoi compagni, cerca di giungere ad una regia, definendo i consigli che daresti per le scene, le luci, i gesti, ecc.

Giosuè Carducci

1. Il pensiero politico

La storia interiore di Carducci è molto legata agli eventi politici italiani. Egli partecipò con intensità alle vicende che seguirono l'unità d'Italia e fu un oppositore del governo: sosteneva infatti il partito repubblicano rifiutando la soluzione monarchica data all'unificazione e fu violentemente anticlericale. In seguito le sue posizioni si attenuarono e da "populista" sostenitore dei diritti della "plebe", divenne più vicino alla posizione borghese man mano che egli stesso si inseriva nella borghesia. Dopo l'incontro con la regina Margherita nel 1878 si attenuò il suo repubblicanesimo fino a diventare un sostenitore della monarchia, con grave scandalo dei circoli giovanili repubblicani. Anche la sua posizione anticlericale si indebolì fino al riconoscimento del valore storico e civile del cristianesimo e del cattolicesimo.

2. La poetica

L'educazione del Carducci è stata essenzialmente classica, fondata su autori greci e latini e sulla tradizione italiana. Disprezzava gli scrittori moderni e il romanticismo. Esaltava gli autori italiani rifiutando il modello straniero. Solo in seguito apprezza V. Hugo, H. Heine e persino C. Baudelaire. Una costante del suo pensiero è l'amore per la patria, a volte espresso in forma retorica, ma sempre intenso e sincero. Un'altra costante è la totale dedizione alla poesia, che egli concepiva come il modo più elevato di esprimere la propria personalità. Carducci fu un uomo vitale, ma anche malinconico, combattivo, ma anche solitario. Il simbolo del suo mondo interiore è la Maremma toscana, in cui ambienta molte sue poesie.

3. Le opere

L'inizio della sua produzione poetica coincide con un profondo interesse per i classici: espressione di questo suo classicismo sono le raccolte *Juvenilia* (1850-60) e *Levia Gravia* (1861-71).
In un secondo momento egli unisce al modello classico spunti dal mondo moderno ed esprime la sua insofferenza per la classe dirigente e il suo clericalismo ipocrita. In contrapposizione al presente "vile", stanno i grandi del passato più vicino: Garibaldi, Mazzini, gli eroi del Risorgimento, mentre in seguito si accosta agli scrittori moderni (Hugo, Heine) da cui ricava espressioni più vicine alla lingua parlata, a volte persino dure e volgari.
Nelle *Rime Nuove*, pubblicate nel 1887, vi sono sia poesie ispirate ai classici, che poesie intime. Nelle prime lo spunto viene da grandi personaggi del passato (Omero, Virgilio, Petrarca, Dante) o da opere d'arte o momenti storici che egli rievoca. Nelle seconde invece ricorda even-

🔍 L'Italia dall'Unità al 1901

L'Unità d'Italia fu proclamata nel 1861, ma il Regno d'Italia non includeva ancora tutto il territorio nazionale. Il 1866 fu l'anno della terza guerra d'indipendenza che portò all'annessione del Veneto. Nel 1870 fu conquistata Roma che divenne capitale d'Italia. Nel 1876 la sinistra parlamentare ottenne il potere. Con la legge elettorale del 1882 venne esteso il diritto di voto, ma furono ancora esclusi gli analfabeti e coloro che non possedevano proprietà. Dopo l'Unità inizia una politica di espansione coloniale in Africa (Eritrea e Somalia). Nel 1892 nasce il Partito Socialista Italiano. In questo periodo la crisi economica e un forte contrasto politico tra conservatori e liberali causarono forti proteste, specialmente da parte delle classi più povere.
Nel 1898 scoppiarono tumulti contro l'alto costo della vita. La reazione del governo Rudinì fu durissima e a Milano furono uccisi molti dimostranti a colpi di cannone. Il responsabile della strage (il generale Beccaris) fu premiato dal re Umberto I. Molti socialisti furono arrestati. Il 29 luglio 1900 un anarchico, Gaetano Bresci, venne dall'America per vendicare i morti di Milano e uccise il re Umberto I. Gli succedette Vittorio Emanuele III che diede l'incarico di formare il nuovo governo al liberale Zanardelli. Il periodo che segue è caratterizzato da una politica liberale e da un intenso sviluppo economico dovuto soprattutto alla diffusione dell'industria.

ti della sua vita privata, come la morte del figlio Dante (in *Pianto antico*) o un viaggio in Maremma (*Traversando la maremma toscana, Davanti a San Guido*) o il ricordo di una donna amata in gioventù. Lo stato d'animo è malinconico e triste (*San Martino*; vedi testo 47). Vi sono poi rievocazioni storiche (*La leggenda di Teodorico*) e nei dodici sonetti di *Ça ira* egli celebra la rivoluzione francese che considera uno dei momenti più alti della storia contemporanea. Vi sono poi poesie in cui egli rievoca il passato ellenico che rappresenta un rifugio in un mondo di pura bellezza lontano dal presente triste.

Più si inserisce nel nuovo Stato italiano, più forte diventa la sua insofferenza per la mediocrità e meschinità del suo tempo e cerca rifugio nel sogno e nell'arte. Nell'87 escono le *Odi barbare*. Sono chiamate così perché, mentre le rime classiche greche e latine sono caratterizzate dalla lunghezza o brevità delle sillabe, quelle delle lingue moderne (cioè "barbare") si basano sulla distinzione tra sillabe accentate o non accentate. Egli scrive rime che rendono il ritmo dei versi latini, ma devono essere lette secondo l'accento delle lingue moderne: per questo egli le definisce "barbare". I temi sono quelli delle *Rime Nuove*, ma con un accentuarsi del motivo dell'evasione nel passato o nell'arte. Nel 1897 e '98 viene composta l'ultima raccolta *Rime e Ritmi* in cui si percepisce un'inquietudine e un nervosismo, dietro l'ottimismo ufficiale, che anticipa il clima del Decadentismo.

Vengono riproposte le forme metriche "barbare" che, pur nel richiamo ai classici, aprono la via allo scardinamento delle forme metriche tradizionali. Dietro quella solennità classica si affaccia già il "verso libero" che verrà usato nel Novecento per esprimere in forme metriche nuove la sensibilità irrequieta dell'epoca. Carducci fu autore anche di opere in prosa e di critica letteraria.

Giosuè Carducci

Nasce a Val di Castello in Versilia nel 1835. Trascorre l'infanzia nella Maremma toscana, scenario di molte sue poesie. Inizia fin da piccolo lo studio dei classici latini e italiani.

Si laurea nel 1856 alla Scuola Normale di Pisa.

Nel '58 il fratello Dante si toglie la vita e subito dopo muore il padre. Più tardi nel '70 muore il figlioletto Dante e nell'81 l'amata moglie Lidia.

Da giovane deve provvedere al sostegno della famiglia con un intenso lavoro di insegnante ed editore.

Nel 1860 il ministro Mamiani gli offre la cattedra di letteratura italiana all'Università di Bologna dove insegnerà fino al 1904.

Dal padre eredita la forte passione politica. In un primo tempo egli è repubblicano, in seguito diventa monarchico e il suo iniziale anticlericalismo si attenua. Nell'ultimo periodo della sua vita egli conosce onore e fama.

Nel 1890 è nominato senatore e nel 1906 gli è conferito il Premio Nobel. Muore nel 1907 a Bologna.

In alto: ritratto di Giosué Carducci da vecchio.

In centro: veduta della Bologna dell'Ottocento.

In basso: diploma del premio Nobel ricevuto da Carducci.

Pagina a sinistra in alto: ritratto di Giosué Carducci in età giovanile.

Pagina a sinistra in basso: ritratto di Umberto I.

T47 Giosuè Carducci: San Martino

La nebbia a gl'irti colli
Piovigginando sale,
E sotto il maestrale
Urla e biancheggia il mar;

5 Ma per le vie del borgo
Dal ribollir de' tini
Va l'aspro odor de i vini
L'anime a rallegrar.

Gira su' ceppi accesi
10 Lo spiedo scoppiettando:
Sta il cacciator fischiando
Su l'uscio a rimirar

Tra le rossastre nubi
Stormi d'uccelli neri,
15 Com'esuli pensieri,
Nel vespero migrar.

La nebbia sale con la pioggia verso i colli che sono rigidi,
duri, perché hanno ormai solo alberi spogli, e sotto
il vento maestrale (vento freddo che viene da nord-ovest)
il mare rumoreggia e manda spuma bianca.

Ma l'aspro odor dei vini
proveniente dai tini che ribollono
si spande lungo le vie del paese
a rallegrare la gente.

Lo spiedo gira scoppiettando
sulla legna che brucia.
Il cacciatore sta sulla porta
a guardare, fischiando,

gli stormi di uccelli neri
che volano nel cielo
della sera tra nuvole rossastre,
simili a pensieri che si allontanano

---

e 1. Comprensione

In questa breve lirica Carducci descrive un paesaggio. È l'immagine di un momento della vita di un borgo della Maremma toscana. Quale stagione dell'anno è descritta? Quali elementi del testo ti consentono di rispondere?

....

....

La lirica comunica uno stato d'animo in parte gioioso e in parte triste. In quali parti?

a. Gioioso: versi .... **b.** Triste: versi ....

e 2. Analisi

Nella poesia vi è una similitudine. La sai individuare?

....

Nella poesia vi sono riferimenti a suoni, odori e colori, proprio per rendere sensibile il paesaggio.
Prova a trovarli.

Suoni: ....

Odori: ....

Colori e sensazioni visive: ....

....

Tatto, sensazioni di pelle: ....

....

T48 Giosuè Carducci: Pianto antico

L'albero a cui tendevi
La pargoletta mano,
Il verde melograno
Da' bei vermigli fior,

5 Nel muto orto solingo
Rinverdì tutto or ora,
E giugno lo ristora
Di luce e di calor.

Tu fior de la mia pianta
10 Percossa e inaridita,
Tu de l'inutil vita
Estremo unico fior,

Sei ne la terra fredda
Sei ne la terra negra;
15 Né il sol più ti rallegra
Né ti risveglia amor.

Il verde melograno
coi bei fiori rossi,
quell'albero verso cui allungavi
la tua piccola mano,

è da poco diventato di nuovo
verde nell'orto silenzioso
e solitario e si nutre del calore
e della luce di giugno.

Tu invece che sei il fiore della mia pianta
(la mia vita) ferita e privata di gioia,
tu che sei il fiore grande e unico
della mia vita ora inutile,

tu stai nella terra
priva di calore e di luce
e il sole non ti rallegra più
né l'amore ti risveglia.

---

e 1. Comprensione

La poesia è divisa in due parti:

a. quale situazione esprime la prima parte, dal verso 1 al verso ....?

....

b. e quale la seconda, dal verso .... al verso 16?

....

Due versi nella prima parte anticipano la situazione della seconda. Quali? ....

Nelle prime due quartine il poeta ricorda il bambino vicino ad un albero del suo giardino.

Nelle ultime due strofe questo ricordo si trasforma in due metafore, una riferita al padre e una al figlio.

Quali sono? ....

....

e 2. Analisi

Nell'ultima parte della poesia vi sono ripetizioni di pronomi, verbi, ecc.: individua queste coppie:

....

....

....

Secondo te, perché il poeta usa queste ripetizioni? Il poeta intitola la poesia *Pianto antico*: perché "antico", secondo te?
Cosa ha di "antico" la sofferenza dell'uomo Carducci? E in che modo, il fatto di essere nella mani del poeta Carducci
trasforma quel pianto ben preciso, a Bologna, a fine Ottocento, in un pianto antico ed universale?
All'interno del movimento "estetista", come si dice di solito in altre culture europee, il decadentismo italiano
(cfr. p.152 -153) si articola in vari movimenti, in varie correnti, in diverse esperienze. Una di queste, e secondo
molti una delle più interessanti anche se non delle più appariscenti, è quella delle poesia crepuscolare,
molto attenta a quello che succedeva nel resto d'Europa.

*l'*Ottocento

Il Decadentismo

1. Caratteristiche del Decadentismo

Verso la fine dell'Ottocento il termine "decadentismo" viene usato in senso negativo, per definire le caratteristiche del movimento di pensiero che si stava sviluppando in reazione al positivismo e al naturalismo; il termine viene però adottato e trasformato in senso positivo da coloro che sentivano propria la crisi che domina quel periodo.

Infatti, la fine del 19° secolo è un periodo di profonda crisi storica, sociale, economica, per tutta l'Europa: tramonta così la fede positivistica nella ragione e nel progresso e la convinzione che sia possibile indagare, analizzare e controllare il reale in modo oggettivo. La realtà non appare più come un oggetto da esplorare con gli strumenti della ragione, ma un universo dalle mille sfaccettature

diverse, nel quale c'è qualcosa che sfugge al pensiero logico: è l'età dell'irrazionalismo e dell'esistenzialismo.

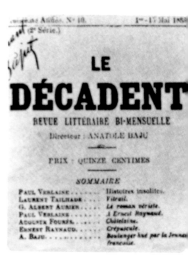

Ecco allora che si sviluppa la tensione a cercare e indagare che cosa c'è oltre la realtà visibile, a scoprire il "mistero" nascosto al di là del reale, che sfugge all'uomo comune: ma per questo compito servono strumenti nuovi, quali l'intuito e l'immaginazione, una sensibilità eccezionale, una disposizione ad ascoltare la realtà per coglierne i messaggi più nascosti e incomprensibili, un sentimento di tensione, di ansia, di inquietudine che non permettono di trovare pace.

La crisi della realtà diventa presto anche crisi della personalità dell'uomo: l'io pensante, razionale, non è più la base della conoscenza: anche l'uomo, come la realtà, va in mille pezzi: il diffondersi del sentimento dell'ansia, la scoperta dell'inconscio, la valorizzazione dell'immaginazione, sono i segni più evidenti dell'irrazionalismo.

Il Decadentismo è un movimento che investe tutta l'Europa, e trova espressione non solo nella poesia e nella letteratura, ma anche nel teatro, nella musica, nella filosofia, nelle arti figurative.

2. L'artista decadente

In questa situazione anche l'artista e il letterato perdono la certezza nel loro compito di analizzare e criticare la realtà e di essere gli interpreti della società borghese e dei suoi valori.

L'artista decadente quindi si sente sempre più lontano dalla società e dall'uomo comune: il disadattamento e l'incapacità di inserirsi nella realtà comune gli aprono strade diverse.

Il letterato si può allora identificare con l'unica persona eccezionale in grado di cogliere il mistero e il messaggio nascosto della realtà: non gli resta che isolarsi dal contesto sociale e storico, dal mondo comune, che viene aspramente criticato, per chiudersi in se stesso e coltivare la sua sensibilità esasperata, per esplorare tramite la poesia e l'arte gli aspetti più sconosciuti e misteriosi della natura e dell'uomo, i simboli dell'universo, oppure per chiudersi nel sogno di paradisi artificiali: ecco allora i "poeti-veggenti", i "poeti maledetti", i simbolisti, i cantori dell'estetismo e del sensualismo, i teorizzatori dell'identità tra vita e arte. Ancora, il senso di isolamento e disadattamento può portare l'artista ad una crisi esistenziale caratterizzata dall'ansia e dalla malattia, dall'incapacità di comunicare e di mantenere relazioni con gli altri, da una frattura profonda tra l'uomo e la storia, la società, il suo tempo, da un eccessivo intimismo, dal culto del passato e del sogno, da quel sentimento definito "male di vivere".

3. Il Decadentismo in Italia

In Italia possono essere fatti rientrare nella poetica del Decadentismo di fine Ottocento innanzitutto **Giovanni Pascoli** e **Gabriele D'Annunzio**: nella loro interpretazione della crisi di fine secolo, nella loro ricerca artistica e stilistica, si possono trovare le radici di movimenti quali le avanguardie e il crepuscolarismo, e di artisti, da Svevo e Pirandello fino a Montale, che caratterizzeranno il corso del '900.

Tematiche decadenti si possono trovare anche nell'opera di **Antonio Fogazzaro** e nel movimento artistico della **Scapigliatura** milanese (vedi pag. 138): quest'ultimo movimento si lega al Decadentismo più per l'atteggiamento di violenta rottura con la tradizione, per la ribellione alle convenzioni del mondo borghese dei suoi interpreti, che per gli esiti artistici delle opere letterarie che ha prodotto.

Antonio Fogazzaro

Antonio Fogazzaro (Vicenza 1842 - 1911), con la sua visione del cristianesimo, che riteneva andasse riformato per accogliere le scoperte del progresso scientifico, il suo spirito inquieto, la sua critica alla società contemporanea, ha interpretato con uno spirito decadente non sempre consapevole la crisi di fine secolo che investe l'Italia.

Ha scritto poesie, saggi, ma soprattutto romanzi, tra i quali ricordiamo *Malombra*, *Piccolo mondo antico*, *Piccolo mondo moderno*, *Il santo*, *Leila*. Si oppone decisamente al verismo e al naturalismo, mettendo al centro della sua opera l'attenzione per le atmosfere, per l'interiorità, per la psicologia dei suoi personaggi, accostata ad un gusto particolare per il mistero, l'irrazionalità, il mondo onirico e paranormale. Il romanzo che più si avvicina alle tematiche decadenti è *Malombra*, nel quale, in un'atmosfera da storia dell'orrore, con castelli misteriosi, deliri, allucinazioni, tempeste notturne, appare una delle prime figure di "inetto" della letteratura italiana nel personaggio di Corrado Silla, debole, passivo, fallito, che bene incarna la mancanza di valori sicuri e profondi che l'autore sentiva nella società dell'epoca.

In alto: ritratto di Antonio Fogazzaro e una bozza di stampa con correzioni autografe di *Piccolo mondo antico*.

A fianco: frontespizio del romanzo *Piccolo Mondo Antico*.

Pagina a sinistra in alto: copertina della rivista "Le décadent".

Pagina a sinistra in basso: in un quadro di Giovanni Boldini, il conte Roberto de Montesquiou, personaggio di *A Rebours* romanzo di Karl Huysman preso a modello dell'intellettuale decadente.

l'Ottocento

I poeti crepuscolari

1. Le origini del crepuscolarismo

I primi anni del Novecento in Italia sono segnati da una parte da tensioni ideologiche e sociali, e dall'altra dallo sviluppo di una borghesia industriale che punta solo al profitto e al denaro riprendendo il modello della borghesia dell'Europa nord-occidentale.

In questo quadro, neppure le speranze di sviluppo e pace sociale rappresentate da Giolitti fermano il disagio e la ribellione di buona parte degli ambienti culturali e intellettuali italiani. Questi segni di delusione e di disagio esistenziale si focalizzano in reazioni spesso confuse e contraddittorie, ma che comunque sono espressione della nuova sensibilità novecentesca, e che sono comuni alla maggior parte della letteratura di questi anni in Europa.

Tra queste reazioni, in particolare, il rifiuto della tradizione letteraria, rappresentata da Pascoli, D'Annunzio e Carducci, caratterizza i due movimenti letterari più importanti del primo decennio del '900: crepuscolarismo e futurismo.

2. La poetica crepuscolare

Il crepuscolarismo non è un vero e proprio movimento letterario, una scuola ben definita, come è stato il futurismo: sotto questo nome vengono raccolti diversi poeti accomunati dal rifiuto di quella che ormai si era affermata come la tradizione letteraria dell'epoca:

- il culto dell'eroe e del poeta-vate tipico di D'Annunzio,
- la retorica magniloquente di Carducci,
- l'austerità seriosa di Pascoli.

A questa tradizione i poeti crepuscolari, collegandosi direttamente con il simbolismo franco-belga, oppongono il rovesciamento delle passioni romantiche, caratterizzato da sentimenti di noia esistenziale e inquietudine, da un vuoto di ideali e di miti, da un senso di una profonda delusione sia esistenziale sia storica. Il tono è spento, basso, spinto verso il banale e la quotidianità; l'estraneità verso i tempi moderni comporta la riscoperta dell'infanzia, della memoria, dei momenti passati.

Il ruolo del poeta viene spogliato di ogni connotazione eccezionale, e riportato ad una dimensione quotidiana piccolo-borghese: l'unica possibilità è rifugiarsi in una provincia umile e dimessa, della quale i crepuscolari raccontano i luoghi deserti e tristi, i giardini, i monasteri, i salotti borghesi polverosi, le corsie degli ospedali, le suore, i vecchi, gli ammalati, i mendicanti, quelle che, con le parole di Gozzano, sono "le belle cose di pessimo gusto".

Per i poeti crepuscolari non c'è la possibilità di una consolazione, di una speranza, di un riscatto alla loro condi-

---

🔍 L'Italia Giolittiana

Giovanni Giolitti (1842-1928) è stato Presidente del Consiglio per circa un decennio, dal 1903 al 1914, ed ha segnato profondamente con la sua politica l'Italia prima della guerra. Aveva ereditato un'Italia profondamente in crisi, attraversata da forti tensioni sociali e da profonde e drammatiche differenze tra Nord e Sud all'interno, e con una fallimentare politica colonialista ed espansionistica.
Giolitti riesce, nel giro di pochi anni, a sviluppare una politica di ripresa dell'economia e di forte espansione industriale, portata avanti anche grazie ad un atteggiamento aperto e collaborativo nei confronti delle forze liberali e socialiste, le cui ali più moderate possono allearsi con la borghesia illuminata per garantire all'Italia un decennio di benessere e di sviluppo. Ma le parti più estremiste della destra nazionalista e della sinistra rivoluzionaria stanno già lavorando per portare il paese verso la catastrofe della Prima Guerra Mondiale.

zione di emarginazione e di isolamento: possono solo descriverla, con toni patetici oppure con lucidità, disincanto e ironia, risultando in questo fondamentali interpreti dei più importanti sentimenti che caratterizzano la condizione dell'uomo e dell'artista del '900.

3. I poeti crepuscolari

Tra i diversi autori che si possono riconoscere nella poetica crepuscolare, ricordiamo i due esponenti più significativi:

Sergio Corazzini (1886-1907), morto giovanissimo di tubercolosi. Intorno a lui si riuniva un circolo detto "scuola romana"; la poesia di Corazzini è caratterizzata da una malinconia patetica, dai toni dimessi, che non lasciano spazio all'ironia, come invece succede in altri poeti crepuscolari; tipicamente novecentesco è il rapporto che egli stabilisce tra malattia e poesia: la malattia è metafora dell'impotenza che caratterizza sia la vita sia la poesia.

Corrado Govoni (1884-1965): le sue prime opere sono nella tradizione simbolista, ma ben presto se ne distacca per accogliere i temi del cre-

puscolarismo; la sua terza raccolta, *Fuochi d'artificio* (1905), propone un gusto particolare per immagini fantasiose e impressioni visive, uditive, tattili, accostate liberamente: sono caratteristiche che lo porteranno dal crepuscolarismo verso il futurismo; è stato un autore molto fecondo, sempre coerente con la sua poetica in tutte le sue opere.

4. Guido Gozzano

Nato a Torino nel 1883 da una famiglia agiata, trascorre la sua breve esistenza (morirà nel 1916) segnata dalla tubercolosi senza avvenimenti straordinari, tra Torino e i suoi salotti borghesi e i suoi circoli letterari e la campagna del Piemonte; unica eccezione è un viaggio in India, compiuto nel tentativo di migliorare la sua malattia.

Nel 1907 pubblica la sua prima raccolta di poesie, *La via del rifugio*, nel 1911 escono i *Colloqui*, suo capolavoro poetico; di lui ci sono rimasti inoltre un poemetto incompiuto, *Le farfalle*, una ricca raccolta di lettere e una serie di scritti in prosa.

Nella sua opera, i temi comuni agli altri artisti crepuscolari, il senso di isolamento e malinconia, la delusione esistenziale e storica, il ripiegamento su se stesso, la regressione nel passato, la malattia vissuta come simbolo della vita e della poesia, l'attrazione sentimentale per le "belle cose di pessimo gusto", sono caratterizzati da una disincantata lucidità e da una forte ironia, che spesso viene rivolta verso se stesso, diventando autoironia, che toglie ogni speranza e ogni tono patetico.

La lingua che Gozzano usa nelle sue poesie è notevole, soprattutto nella scelta delle parole e nella ricerca di particolari sonorità.

In alto: Guido Gozzano con Amalia Guglielmetti.

A sinistra: Il Palombaro, autografo di Corrado Govoni, fra Crepuscolarismo e Futurismo.

Pagina a sinistra in alto: ritratto di Sergio Corazzini.

Pagina a sinistra in basso: ritratto di Giovanni Giolitti.

T49 Guido Gozzano: Toto Merùmeni

Col suo giardino incolto, le sale vaste, i bei
balconi secentisti[1] guarniti di verzura[2],
la villa sembra tolta da certi versi miei[3],
sembra la villa - tipo, del Libro di Lettura…

Pensa migliori giorni la villa triste, pensa
gaie brigate[4] sotto gli alberi centenari,
banchetti illustri nella sala da pranzo immensa
e danze nel salone spoglio[5] da gli antiquari.

Ma dove in altri tempi giungeva Casa Ansaldo,
Casa Rattazzi, Casa D'Azeglio, Casa Oddone[6],
s'arresta un automobile fremendo e sobbalzando,
villosi[7] forestieri picchiano la gorgòne[8].

S'ode un latrato e un passo, si schiude cautamente
la porta… In quel silenzio di chiostro e di caserma
vive Totò Merùmeni con una madre inferma,
una prozia canuta[9] ed uno zio demente.

II
Totò ha venticinque anni, tempre sdegnosa,
molta cultura e gusto in opere d'inchiostro[10],
scarso cervello, scarsa morale, spaventosa
chiaroveggenza: è il vero figlio del tempo nostro.
Non ricco, giunta l'ora di "vender parolette"[11]
(il suo Petrarca!…) e farsi baratto o gazzettiere[12],
Totò scelse l'esilio. E in libertà riflette
ai suoi trascorsi che sarà bello tacere.

Non è cattivo. Manda soccorso di denaro
al povero, all'amico un cesto di primizie;
non è cattivo. A lui ricorre lo scolaro
pel tema, l'emigrante per le commendatizie[13].

Gelido, consapevole di sé e dei suoi torti,
non è cattivo. È il buono che derideva il Nietzsche[14]:
"… in verità derido l'inetto che si dice
buono, perché non ha l'ugne[15] abbastanza forti…"

---

1 Il poeta usa più volte questo nome con valore di aggettivo.
2 Piante.
3 Gozzano si riferisce alla villa dei nonni.
4 Gruppi di persone.
5 Che è stato spogliato.
6 Sono nobili e potenti famiglie piemontesi.

7 Avvolti in pellicce.
8 Il battente della porta ha la forma della testa di un mostro mitologico.
9 Con i capelli bianchi.
10 Citazione da Ariosto.
11 Altra citazione, da Petrarca, per indicare la professione di avvocato.
12 Dispregiativi: il primo per indicare chi approfitta della sua posizione o della sua carica, il secondo significa giornalista.

Contesto
La poesia fa parte dei Colloqui; attraverso il personaggio di Totò, tipicamente novecentesco, opposto al superuomo di Nietzsche, Gozzano delinea il suo autoritratto.

e 1. Comprensione
Quali sono le caratteristiche fondamentali della personalità di Totò? Scegline alcune dall'elenco qui sotto:

1. indifferenza   **5.** estraneità al mondo
2. bontà   **6.** entusiasmo
3. eroismo   **7.** mediocrità
4. eccentricità   **8.** passionalità

e 2. Collegamento
Gozzano cita esplicitamente Nietzsche:
la sua figura e le sue opere hanno influenzato
in maniera significativa diversi poeti e scrittori
del '900; quali tra gli altri autori che hai incontrato
risentono delle idee di Nietzsche?

e 3. Riflessione
Molti critici hanno sottolineato come Gozzano si ponga
in opposizione a D'Annunzio, nei temi della sua poesia,
nelle scelte formali e stilistiche e soprattutto per il ruolo
che attribuisce alla poesia e ai poeti.
Prova a delineare quali sono le principali caratteristiche
del poeta dannunziano e di quello di Gozzano.

Dopo lo studio grave, scende in giardino, gioca
coi suoi dolci compagni sull'erba che l'invita;
i suoi compagni sono: una ghiandaia roca[16],
un micio, una bertuccia[17] che ha nome Makakita…

III
La Vita si ritolse tutte le sue promesse.
Egli sognò per anni l'Amore che non venne,
sognò pel suo martirio attrici e principesse,
ed oggi ha per amante la cuoca diciottenne.
Quando la casa dorme, la giovinetta scalza,
fresca come una prugna al gelo mattutino,
giunge nella sua stanza, lo bacia in bocca, balza
su lui che la possiede, beato e resupino[18]…

IV
Totò non può sentire. Un lento male indomo[19]
inaridì le fonti prime del sentimento;

l'analisi e il sofisma fecero di quest'uomo
ciò che le fiamme fanno d'un edificio al vento.
Ma come le ruine[20] che già seppero il fuoco
Esprimono[21] i giaggioli dai bei vividi fiori,
quell'anima riarsa esprime a poco a poco
una fiorita[22] d'esili versi consolatori…

V
Così Totò Merùmeni, dopo tristi vicende,
quasi è felice. Alterna l'indagine e la rima.
Chiuso in sé stesso, medita, s'accresce, esplora,
intende la vita dello Spirito che non intese prima.

Perché la voce è poca, e l'arte prediletta
immensa, perché il Tempo – mentre ch'io parlo! – va,
Totò opra[23] in disparte, sorride, e meglio aspetta.
E vive. Un giorno è nato. Un giorno morirà.

---

13 Lettere di raccomandazione.

14 Citazione da "Così parlò Zarathustra".

15 Unghie.

16 Un uccello dalla voce stridula.

17 Una piccola scimmia.

18 Supino, steso sulla schiena.

19 Che non si può dominare, curare.

20 Rovine.

21 Fanno nascere, fanno germogliare.

22 Fioritura.

23 Opera, agisce.

---

e 4. Analisi

**Totò è il ritratto dell'eroe decadente dannunziano, visto con gli occhi
disincantati dell'ironia; trova nel testo i versi nei quali sono descritti
alcuni dei particolari che caratterizzano questo "eroe":**

la decadenza dell'ambiente nel quale vive: versi: ……………….

le caratteristiche negative della famiglia d'origine: versi: ……………….

i gusti esotici ed estetizzanti: versi: ……………….

e 5. La fonte del titolo

Il nome del protagonista di questa poesia, Merùmeni, è ricavato
dal titolo di una commedia latina di Terenzio: *Heautontimoroumenos*,
che significa "il punitore di se stesso".

Che collegamento puoi fare tra il significato del nome
del personaggio di questa poesia e la sua vita

Guido Gozzano con la madre

Giovanni Pascoli

1. Le opere

Pascoli inizia a comporre poesia in gioventù, ma comincia a pubblicare le sue opere piuttosto tardi. La sua prima raccolta esce nel 1891, con il titolo *Myricae*: il titolo, in latino, si riferisce alle tamerici, semplici piante selvatiche che richiamano la campagna e le cose umili; il libro è infatti organizzato come il diario di una giornata in campagna. Nel 1897 escono i *Poemetti*, nei quali il poeta riporta temi e suggestioni presi dalla poesia straniera, in particolare inglese, inseriti nella storia di una famiglia contadina.

Nel 1903 vengono pubblicati i *Canti di Castelvecchio*, nel 1904 i *Poemi conviviali*, dove trovano posto personaggi e vicende dell'antichità e della mitologia classica, e due anni dopo *Odi e Inni*.
Le canzoni di Re Enzo, Poemi italici, Poemi del Risorgimento escono postumi, dopo la morte del poeta: qui trovano posto la retorica patriottica e civile e il recupero erudito e letterario del Medioevo, tema tipico dell'arte di fine '800. Accanto alla poesia in italiano, Pascoli compone liriche in latino; notevole è anche la sua produzione di critico letterario.

2. I temi della poesia pascoliana: tra classicismo e decadentismo

Già in *Myricae* sono presenti i temi principali dell'opera di Pascoli: le cose semplici, la campagna assolata e ricca della sua terra, la natura, la famiglia, il mondo quotidiano, l'infanzia, ma anche l'idea del male e dell'irrazionalità sempre presenti nell'uomo e nella società. Sono elementi che il poeta racconta e riscopre con uno stupore, una malinconia, e una sottile inquietudine che attraversano tutta la sua produzione. La sua infatti non è una poesia puramente descrittiva: le piccole cose, la natura, sono simboli da indagare fino nelle parti più nascoste, per poter rivelare il mistero e il segreto che conservano e che sfugge all'uomo comune; in questo modo il poeta fugge dalla realtà per rifugiarsi in un mondo interiore, nel mito dell'infanzia e del nido familiare, unica protezione dei valori dell'uomo contro la storia e la società irrazionali e violente, che offendono i poveri, gli umili, i semplici.

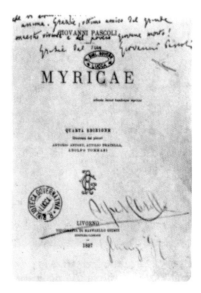

Di fronte a questa visione pessimistica del vivere sociale Pascoli torna all'innocenza dell'infanzia: egli infatti teorizza in un famoso saggio la sua "poetica del fanciullino": la poesia nasce dalla capacità tipica dei bambini di notare e di stupirsi delle cose più semplici e più piccole: "...è dentro di noi un fanciullino... noi cresciamo e lui resta piccolo... e senza lui, non solo non vedremo tante cose a cui non badiamo per solito, ma non potremmo nemmeno pensarle e ridirle": il poeta è quindi colui che sa scoprire ed ascoltare questo fanciullino, questo bam-

---

🔍 **L'emigrazione**

Gli ultimi decenni dell'Ottocento e i primi del Novecento sono per tutta l'Europa un periodo complesso e difficile sul piano storico e sociale, caratterizzato da grandi tensioni internazionali, da forti spinte imperialistiche e coloniali e da una profonda crisi economica, detta la "grande depressione". Anche l'Italia risente della generale crisi, e reagisce con la chiusura alle proteste dei movimenti operai e con l'introduzione di una serie di misure protezionistiche per difendere i prodotti agricoli nazionali, misure che danneggiano i piccoli agricoltori.
Si assiste quindi in questi decenni ad un fenomeno di enormi proporzioni: in trent'anni circa otto milioni di italiani sono costretti a lasciare la patria per emigrare in Nord Europa e in America e fuggire così dalla disoccupazione e dalla miseria.

bino, nascosto in tutti gli uomini, capace di superare l'odio e l'ingiustizia del mondo contemporaneo per ispirare pietà e fratellanza.

In questo senso la poesia ha un profondo valore morale e sociale. La poesia di Pascoli è influenzata anche dalla sua cultura classica: egli non riprende, come Carducci, stili e contenuti del mondo antico, ma rende protagonisti dei suoi versi i grandi personaggi del mito e della storia, attribuendo loro i suoi sentimenti di inquietudine e stupore. Se gli esiti della poesia di Pascoli risultano a volte eccessivi nella commozione, nell'infantilismo patetico, nel moralismo e nel populismo retorici, il rifiuto della società, la fuga dalla realtà, la sensazione della continua presenza del mistero e dell'irrazionalità ne fanno a pieno titolo un rappresentante del decadentismo europeo.

3. La lingua di Pascoli

La poesia di Pascoli è caratterizzata da un simbolismo ricco e particolare, tipico della tradizione simbolista europea: le cose piccole e umili che egli ama descrivere nei più nascosti particolari vengono trasfigurate e deformate a rappresentare il tormentato misticismo dell'animo del poeta, innalzate a simboli del mistero della vita.

Notevolissima è in Pascoli la musicalità della parola e del verso: usa infatti in modo originale e raffinatissimo la rima, l'allitterazione, l'onomatopea, cioè la riproduzione dei suoni e dei rumori della natura, e la sinestesia, realizzata mettendo una accanto all'altra parole che si riferiscono

a diversi sensi: immagini, suoni, odori. Interessante è anche la sua capacità di usare in modo sperimentale parole provenienti da settori e linguaggi diversi: termini tecnici del mondo della campagna, espressioni dialettali e popolari, forme auliche e classiche, parole straniere.

La lingua di Pascoli, infine, rompe definitivamente la tradizione sconvolgendo la sintassi, frantumando la frase, creando un complesso insieme di lampi, di sensazioni immediate, di frammenti musicali che a volte risultano eccessivi e di maniera.

Giovanni Pascoli

Nasce a San Mauro di Romagna il 31 Dicembre 1855, in una famiglia numerosa, ben presto colpita da numerose disgrazie. Nel 1867 il padre del poeta viene assassinato per motivi mai chiariti da persone mai scoperte: è un'esperienza che segna profondamente l'animo di Pascoli. Negli anni successivi muoiono anche la madre e quattro fratelli. Pascoli studia in collegio a Urbino e nel 1873 ottiene una borsa di studio per la Facoltà di Lettere a Bologna. Negli anni dell'università si avvicina alle idee socialiste e anarchiche, partecipa a numerose manifestazioni e fa propaganda: a causa della sua attività politica perde la borsa di studio, viene arrestato e incarcerato. Quest'ultima esperienza sconvolge la sua vita: da allora si ritira dalla politica e dalla vita sociale, finisce gli studi e si dedica all'insegnamento di latino, greco e letteratura italiana, prima nei licei, poi in diverse università. Muore a Bologna il 6 aprile 1912.

Pascoli è stato un uomo solo e chiuso, segnato dal trauma della morte dei genitori e dal profondo senso di ingiustizia che gli ispirava la società. Senza nessuna fiducia nell'uomo e nel mondo, senza il sostegno di una fede o di un'ideologia, non gli è restato altro che chiudersi in se stesso per coltivare i suoi personali miti: il nido familiare, la campagna, l'infanzia.

In **alto**: ritratto di Giovanni Pascoli.

In **centro**: la casa di Giovanni Pascoli.

In **basso**: disegno di Pascoli per *La cavallina storna*.

Pagina a sinistra in alto: la prima edizione di *Myricae*, con dedica all'amico Alfredo Caselli.

Pagina a sinistra in basso: sbarco di emigranti in un porto americano.

T50 Giovanni Pascoli: Il gelsomino notturno[1]

E s'aprono i fiori notturni[2],
nell'ora che penso a' miei cari.
Sono apparse in mezzo ai viburni
le farfalle crepuscolari[3].

Da un pezzo si tacquero i gridi:
là sola una casa bisbiglia.
Sotto l'ali dormono i nidi,
come gli occhi sotto le ciglia.

Dai calici aperti si esala
l'odore di fragole rosse.
Splende un lume là nella sala.
Nasce l'erba sopra le fosse[4].

Un'ape tardiva sussurra
trovando già prese le celle.
La Chioccetta[5] per l'aia[6] azzurra
va col suo pigolìo[7] di stelle.

Per tutta la notte s'esala
l'odore che passa col vento.
Passa il lume su per la scala;
brilla al primo piano: s'è spento...

È l'alba: si chiudono i petali
Un poco gualciti: si cova,
dentro l'urna molle e segreta,
non so che felicità nuova[8].

Si aprono i fiori notturni nell'ora
in cui io penso ai miei cari.
Sono apparse in mezzo alle piante
di viburno le farfalle del tramonto.

Da un po' di tempo le voci e le grida tacciono,
non si sentono: solo in una casa si parla sottovoce,
nei nidi gli uccelli dormono sotto le ali,
come gli occhi sotto le ciglia.

Dai calici aperti dei fiori si alza
un odore di fragole rosse.
Una luce splende nella sala della casa.
L'erba cresce sopra le tombe.

Un'ape in ritardo ronza trovando
le celle dell'alveare già occupate.
La costellazione delle Pleiadi attraversa
il cielo azzurro seguita dalle stelle luccicanti.

Per tutta la notte si sparge
un odore portato dal vento.
La luce sale lungo le scale;
brilla al primo piano: si spegne…

è l'alba: i petali un po' appassiti
si chiudono; dentro all'ovario del fiore,
umido e nascosto, cresce
non so quale felicità nuova.

---

1 La poesia è stata scritta per il matrimonio di un amico di Pascoli, poi è stata inclusa nella raccolta *Canti di Castelvecchio*; nel testo infatti si alternano immagini della vita notturna della campagna e della natura, a scene che alludono ad un rapporto amoroso.

2 I gelsomini sono fiori molto profumati che aprono i loro petali al tramonto del sole.

3 Le farfalle dalle ali grigie o scure, che vivono di notte, si chiamano falene.

4 Anche sulle tombe, simboli della morte, c'è un segno di vita.

5 Nel gergo dei contadini la Chioccetta è la costellazione delle Pleiadi; una chioccia è una gallina che cova le uova o ha i pulcini.

6 L'aia è il cortile della casa di campagna, della fattoria.

7 Il pigolio è il verso che fanno i pulcini.

8 Nell'ovario del fiore, fecondato nel corso della notte, sta germogliando una nuova vita.

---

e 1. Analisi

È notte, e non si sente più il rumore del giorno; tuttavia il mondo della natura non è immobile: completa le frasi cercando nella poesia cosa fanno i diversi elementi naturali:

I fiori notturni → si aprono   Le farfalle crepuscolari → sono apparse

I nidi → ....   L'erba → ....

Un'ape → ....   La Chioccetta → ....

e 2. Analisi: le figure retoriche

L'uso contadino di chiamare Chioccetta la costellazione delle Pleiadi porta il poeta a costruire una metafora che occupa i versi 15 e 16 usando parole che si riferiscono alla campagna e alle galline: cerca di spiegare la metafora completando qui sotto:

Chioccetta = costellazione delle Pleiadi   Aia = ...   Pigolìo = ...

T51 Giovanni Pascoli: Italy[1]

Sacro all'Italia raminga[2] CANTO PRIMO[3]

A Caprona[4], una sera di febbraio,
gente veniva, ed era già per l'erta,
veniva su da Cincinnati, Ohio.
La strada, con quel tempo, era deserta.
Pioveva, prima adagio, ora a dirotto,
tamburellando su l'ombrella aperta.
La Ghita e Beppe di Taddeo lì sotto
erano, sotto la cerata ombrella
del padre: una ragazza, un giovinotto.
E c'era anche una bimba malatella,
in collo a Beppe, e di su la sua spalla
mesceva giù le bionde lunghe anella.
Figlia d'un altro figlio, era una talla[5]
del ceppo vecchio nata là: Maria:
d'ott'anni: aveva il peso d'una galla[6].
Ai ritornanti per la lunga via,
già vicini all'antico focolare,
la lor chiesa sonò l'Avemaria[7].
Erano stanchi! avean passato il mare!
Appena appena tra la pioggia e il vento
l'udiron essi or sì or no sonare.
Maria cullata dall'andar su lento
sembrava quasi abbandonarsi al sonno,
sotto l'ombrella. Fradicio e contento
veniva piano dietro tutti il nonno.

III

E i figli la rividero alla fiamma
del focolare, curva, sfatta, smunta.
"Ma siete trista! siete trista, o mamma!"
Ed accostando agli occhi, essa, la punta
del pannelletto, con un fil di voce:
"E il Cecco è fiero? E come va l'Assunta?[8]"
"Ma voi! Ma voi!" "Là là, con la mia croce." (…)
Beppe sedé col capo indolenzito
tra le due mani. La bambina bionda
ora ammiccava qua e là col dito.
Parlava, e la sua nonna, tremebonda,
stava a sentire e poi dicea: "Non pare
un luì quando canta tra la fionda[9]?"
Parlava la sua lingua d'oltremare:
"...a chicken-house" "un piccolo luì..."
"...for mice and rats"[10] "che goda a cinguettare,
zi zi" "Bad country, Joe, your Italy!"

Sacro all'Italia degli emigranti

A Caprona, una sera di febbraio, venivano delle persone,
per la strada in salita, venivano da Cincinnati, Ohio.
La strada, con quel tempo, era deserta.
Pioveva, prima piano, poi in modo violento,
facendo rumore sull'ombrello aperto.
La Ghita e Beppe, figli di Taddeo, erano sotto l
'ombrello di tela impermeabile del padre:
erano una ragazza e un giovane.
E c'era anche una bambina malata,
che stava in braccio
a Beppe e sulle sue spalle
scendevano i lunghi
capelli biondi e ricci.
La bambina, Maria, era figlia di un altro figlio di Taddeo;
era un germoglio del vecchio ceppo della famiglia,
nata là, in America: aveva otto anni: pesava molto poco.
La chiesa suonò l'Avemaria agli emigranti che salivano
per la lunga strada, ed erano ormai
vicini alla vecchia casa.
Erano stanchi! Avevano attraversato il mare!
Tra il rumore della pioggia e del vento, sentirono
appena le campane suonare a tratti.
Sotto l'ombrello, Maria sembrava quasi addormentarsi,
cullata dal passo lento. Dietro a tutti il nonno camminava
piano, bagnato ma contento.

III

E i figli rividero la mamma curva, consumata, magra,
alla fiamma del camino.
"Ma siete triste! Siete triste, mamma!"
E lei, portandosi vicino agli occhi il bordo del grembiule,
disse con un filo di voce: "e Cecco, sta bene?
E come sta Assunta?"
"Ma voi! Ma voi!" "Là, là, siete la mia pena." (…)
Beppe sedeva con la testa dolorante tra le mani.
La bambina bionda adesso
indicava qua e là con il dito.
Parlava: e la sua nonna, tremando,
stava a sentire e poi diceva:
"non sembra un uccellino che canta tra i rami?"
La bambina parlava la sua lingua di oltremare:
un pollaio, un uccellino… per topi e ratti,
che gode a cinguettare, zi, zi"
Brutto paese, Beppe, la tua Italia.

---

1 *Italy* è un poemetto di 450 versi pubblicato nella raccolta Poemetti. Qui ne presentiamo solo una breve selezione.

2 La dedica richiama il tema del poemetto: l'emigrazione di tanti italiani andati all'estero per lavorare.

3 Il poemetto è diviso in due canti, a loro volta suddivisi in ventinove capitoli.

4 Caprona è un paesino della Toscana; la storia raccontata nel poemetto, il ritorno di una famiglia di emigranti per cercare di far guarire la figlioletta malata, si rifà ad un avvenimento davvero successo nel piccolo paese.

5 Una "talla" è una talea, un germoglio, una pianta molto giovane.

6 Una "galla" è una piccola protuberanza che

si forma sulle piante.

7 Le campane suonano l'Avemaria verso sera, al tramonto.

8 La nonna chiede notizie delle persone emigrate.

9 La bambina parla inglese, e la nonna non lo capisce.

10 La bambina si lamenta della povera casa dei nonni.

Critica

Foscolo e il rinnovamento della poesia italiana

Fu, in fatto di teoria della poesia e di critica o storia letteraria, tra i profondi rinnovatori, tra i primissimi che trassero profitto[1] dalle dottrine che un secolo innanzi[2] aveva enunciate il Vico; ed ebbe piena coscienza dell'intimo nesso[3] di poesia e vita, e a coloro che erano dotti[4] di regole e di modelli d'arte, ma non avevano mai accolto nel loro seno[5] le umane passioni né combattuto le lotte della volontà, che non avevano trepidato[6] e sofferto e amato e odiato, negò la possibilità di produrre e di giudicare poesia. La polemica contro gli accademici, i letterati da tavolino e gli "uomini claustrali[7]", contro le scuole della vecchia Italia, corre attraverso di tutte le sue pagine; e la sua idea positiva è l'interpretazione storica della poesia, della vera poesia, la quale, nutrendosi degli affetti e passioni degli uomini nei vari tempi, non può essere compresa se non a quel modo. Romantico in questa parte, e romantico nel miglior senso, culminante nell'ammirazione del "poema primitivo"; ma in pari tempo classico, perché non gli piacque la "tinta[8] sentimentale", e "spesso artefatta", degli scrittori moderni, e amò la naturalezza degli antichi che "descrivevano le cose come le vedevano, senza volerle ingrandire agli occhi dei lettori sazievoli[9]", e mise al sommo dell'arte l' "armonia". Allo stile andante e scorrevole preferì sempre quello energico, condensato e sobrio[10], lo stile degli scrittori greci a quello moderno francese, che "stempera[11] un pensiero in dieci periodi". Alle teorie romantiche sul dramma "nazionale" e sul dramma "storico" oppose che la poesia non è punto[12] legata ai "soggetti nazionali" e non sa che cosa farsi dell'esattezza storica. Possedeva fortissimo il senso della forma poetica, che non è quella estrinseca[13], conforme a modelli e regole, e il senso della grande poesia; onde[14] giudicò in modo nuovo Dante e gli altri poeti, e s'avvide[15] che molto di ciò che ancora i letterati del suo tempo chiamavano poesia non era tale, e che di poesia l'Italia fu quasi affatto[16] priva nei due secoli, pur così pieni di versi, che corsero tra Tasso e Alfieri.

Benedetto Croce

1 Che seppero imparare.

2 Prima.

3 Profonda unitarietà.

4 Sapienti.

5 Vissuto direttamente, in prima persona.

6 Atteso con passione e paura.

7 Persone che se ne stanno chiuse in un convento, staccate dalla vita quotidiana.

8 Colorazione, aspetto, caratteristica.

9 Che devono essere saziati, riempiti di cose strabilianti e meravigliose.

10 Non troppo ricco stilisticamente.

11 Diluisce.

12 Per niente.

13 Esteriore.

14 E per questa ragione.

15 Si rese conto.

16 Del tutto, completamente.

"Lirica" secondo Leopardi

Si badi a non confondere il senso che Leopardi attribuisce alla parola "lirica" con quello moderno che include in esso qualsiasi forma, anche la più complessa e differenziata, di poesia. La lirica per Leopardi è tale[1] proprio perché si contrappone da un lato alla narrativa (all'epos[2]), [...] e dall'altro lato al dramma, come genere imitativo[3], inventivo, che importa[4] una volontà di costruzione, di ordinamento, di regolarità imposta dall'esterno, e insomma di studio e di artificio allo scopo di divertire e ingannare l'ozio di uomini corrotti dalla civiltà.
La lirica è il canto che non conosce durata, né regola, né ordine, all'infuori della sincerità dell'ispirazione; che esprime il palpito[5] del cuore nella sua immediatezza e "momentaneità"; è la voce pura e semplicissima del sentimento, che non racconta e tanto meno appresenta[6] (non immagina trame, né crea personaggi in un ambiente fittizio[7] inventato), sì[8] soltanto dice liberamente, schiettamente[9], le sue pene e le sue gioie nell'attimo stesso in cui le prova.
E' insomma, in un certo senso, la lirica quale la intendevano i rètori[10], come un genere distinto e per eccellenza personale, soggettivo; ma depurato di ogni intrusione[11] di elementi narrativi e drammatici, da ogni funzione educativa e civile, e ricondotto alla sua origine, alla sua prima natura di puro movimento affettivo e melodico.
Solo se si tien presente il vero significato che Leopardi attribuisce alla parola "lirica", si potrà veramente intendere il valore e tutta la portata della sua poetica[12], e derivarne un criterio per l'intelligenza[13] e la valutazione della sua poesia.
Con l'avvertenza tuttavia che il processo[14] dell'attività letteraria di Leopardi si adegua con piena coerenza all'espressione più matura e consapevole della sua poetica solo nel momento della composizione di grandi idilli.

Natalino Sapegno

1 E' quello che è "lirica".

2 Parola greca da cui deriva "epica" e sta per narrazione di fatti eroici.

3 Realistico, che imita la realtà.

4 Richiede.

5 Battito.

6 Mette in scena.

7 Finto, che non esiste se non sulla scena.

8 Bensì, ma.

9 Sinceramente.

10 Maestri di letteratura, critici dell'antichità.

11 In cui non si possono trovare.

12 Idea di poesia e letteratura.

13 Comprensione.

14 Il progredire nel tempo.

Critica

Manzoni e la lingua italiana

La misura della grandezza de *I Promessi Sposi* è data anche dalla novità della soluzione linguistica, tale da aver fatto del capolavoro manzoniano il modello della lingua parlata e scritta dell'Italia unita. La lingua del *Fermo e Lucia*[1], come dice lo stesso Manzoni, è «un composto di frasi un po' lombarde, un po' toscane, un po' francesi, un po' anche latine», con una eterogeneità[2] espressiva che era il corrispettivo di quella tematica: lo scrittore, infatti, nell'accingersi[3] a scrivere un romanzo storico, cioè un'opera realistica intenzionalmente rivolta a un pubblico vasto, si trova a dover affrontare il problema della mancanza di una lingua adatta al compito, essendo la lingua scritta quella di una letteratura classicistica, astratta e lontana dall'uso comune, e mancando del tutto una lingua parlata media fuori dei dialetti regionali. [...]
Attorno alle questioni linguistiche, sorte[4] durante il lavoro concreto del romanzo, Manzoni si arrovellò[5] per decenni, lasciando una massa di scritti editi e soprattutto inediti, in parte raccolti nel postumo[6] *Sentir messa* (1885). Il problema di fondo di Manzoni è quello di una lingua «viva e vera», che faccia parte cioè di un concreto contesto storico e sia giustificata dalla pratica della comunicazione reale, non essendo per lui pensabile una letteratura realistica senza uno strumento espressivo che fondi la sua esistenza sulla realtà dei rapporti sociali: quella che egli chiama necessità di «sliricarsi[7]» ha come corrispettivo linguistico il passaggio da una lingua soggettiva, liricamente espressiva e "poetica", com'è essenzialmente quella della tradizione letteraria italiana, a una lingua oggettiva, della comunicazione comune, uguale tanto per lo scrittore che per i lettori. Da un punto di vista teorico Manzoni insiste quasi ossessivamente sul concetto di "lingua d'uso", anche qui rompendo tutti i ponti[8] con le concezioni tradizionali miranti sempre a un'idea di lingua letteraria bella per se stessa, per le doti di armonia o sublimità o antichità: la lingua è, invece, per Manzoni un puro strumento avvalorato[9] dall'uso concreto che di essa si fa, fuori del quale diventa artificiosa e libresca, avulsa[10] da qualsiasi realtà.

Elio Gioanola

---

1 La prima versione de I promessi sposi.

2 Presenza di elementi di diversa natura e origine.

3 Nel momento in cui inizia.

4 Che sono nate, venute alla luce.

5 Si preoccupò di trovare una soluzione.

6 Testo pubblicato dopo la morte dell'autore.

7 Abbandonare le forme della poesia lirica.

8 I legami, i collegamenti.

9 Che riceve il suo valore, che viene giustificato.

10 Staccata.

Verga, il pessimismo sociale estremo

In Verga la rappresentazione popolare[1] è solo un momento di un quadro più vasto, e non rappresenta un fattore particolarmente significativo. Dietro ai proletari dei *Malavoglia* e di tante novelle siciliane del Verga, c'è una visione di carattere più metafisico[2] che storico, un atteggiamento morale più ontologico[3] che terreno, un'indignazione e un pessimismo più universali che umani. Verga non assegna al "popolo" un posto privilegiato nella grande vicenda del dolore.
Quel che affascina lo scrittore non è la sofferenza dei ceti subalterni[4], considerati come aventi leggi e manifestazioni proprie, bensì la ciclica inesorabile riconferma di una legge comune a tutti i ceti, a tutti gli uomini, a tutte le creature viventi: dal miserabile asino della novella *Rosso Malpelo*, ai pescatori dei *Malavoglia*, all'aspirante borghese *Mastro Don Gesualdo*, fino ai personaggi immaginati ma non compiuti[5] degli ultimi romanzi del "ciclo dei vinti". [...]
E quando lo scrittore esce da questa sua condizione di marmoreo[6] e impassibile testimone, è solo per giudicare erroneo, anzi folle e disperato, ogni tentativo di sottrarsi[7] con la violenza, l'organizzazione, il programma politico, ad una condizione di inferiorità e di dolore, che il destino ci ha assegnato. La ribellione popolare si muove in Verga tra i due poli della violenza cieca e animalesca [...] e del facile tradimento di classe.
Non c'è via di mezzo tra questi due estremi: ossia, non c'è speranza concreta di miglioramento, perché la "lotta per l'esistenza, per il benessere, per l'ambizione" non comporta deviazioni dalla sua linea di ferreo e tremendo egoismo.
Il paradosso, solo apparente a guardar bene, dell'arte verghiana sta in questo: che *proprio* il rifiuto della speranza populista e delle suggestioni socialiste porta lo scrittore siciliano alla rappresentazione più convincente, che sia stata data del mondo popolare in Italia durante tutto l'Ottocento.

Alberto Asor Rosa

---

1 Del popolo.

2 Generale.

3 Che riguarda le cose come sono in sé, più che come si realizzano nelle situazioni concrete.

4 Classi sociali oppresse.

5 Realizzati.

6 Distaccato, freddo come una statua di marmo.

7 Liberarsi.

Critica

Dal Romanticismo alla Scapigliatura

Nel 1861, alla proclamazione del nuovo Regno italico, il Romanticismo è oramai agonizzante[1]. Infatti al momento di tensione, alle istanze rivoluzionarie, ai più o meno «eroici» idealismi, che avevano offerto materia[2] agli scrittori del nostro Romanticismo, il quale era stato – se si eccettuano le tre grandi esperienze di Foscolo, Manzoni e Leopardi – un tutt'uno col Risorgimento, subentrano nuovi, più «prosaici», ma reali e impellenti problemi connessi alla raggiunta unità (cui mancano ancora però il Veneto, Roma, Trento e Trieste).
Sono questi gli anni in cui comincia ad aprirsi quella frattura[3] fra la borghesia, la classe politica che aveva realizzato il Risorgimento e l'Unità e dei cui ideali il Romanticismo era stato portavoce, e la letteratura e gli intellettuali più sensibili, frattura destinata a farsi sempre più profonda nei decenni successivi, tranne alcuni casi isolati, quali quelli di Giovanni Prati e di Aleardo Aleardi, che tendono a perpetuare, in toni languidi, patetici[4] e retorici, gli ideali che avevano illuminato le precedenti generazioni, che risultano oramai svuotati di ogni carica vitale ed emotiva.
Gli anni a cavallo fra il '60 e il '70 sono quelli in cui si colloca un tentativo di rivolta ad opera di alcuni intellettuali del Nord, conosciuta con il nome di Scapigliatura (nome che questi intellettuali si diedero dal titolo del romanzo di Cletto Arrighi: *La Scapigliatura e il 6 febbraio*, pubblicato nel '62). La Scapigliatura fiorì a Milano, la città che, fin dai tempi dell'Illuminismo, si era dimostrata la più aperta e disponibile a recepire[5] le esperienze culturali d'Oltralpe[6], e si presentò subito come una fronda[7] antiromantica e antiborghese.
Nel loro programmato disordine gli scapigliati esprimono la volontà di contestazione, di rivolta contro il perbenismo[8] di una borghesia che non riusciva più a mascherare, sotto finti idealismi, le sue vere intenzioni, che erano in realtà la corsa al potere e la corsa al profitto.

Giovanni Getto, Giolle Solar

La lingua di Pascoli

Lingua nuova è per buona parte quella usata da Pascoli per ampliamento della lingua tradizionale. In quanto la sua lingua annette alla lingua normale le lingue speciali e fin quelle specialissime che sono le sequenze foniche dei nomi propri, è evidentemente una lingua nuova.
E se naturalmente una lingua del tutto non esperita [...] in Pascoli non c'è, una qualche traccia della relativa[1] nostalgia, almeno indiretta, si può forse ritrovare. Pensate alla nota che chiude Myricae. Il suo finale cita una traduzione di una fra le liriche più popolari della raccolta, Orfano: «La naiv, dadora, flocca flocca flocca...[2]». Una traduzione «in che lingua? In una lingua fraterna», risponde Pascoli senza precisare meglio (si tratta di una variante ladina[3]). E non precisa meglio perché essa non ha una storia e un nome riconosciuto, perché è una lingua priva di tradizione letteraria, una lingua del tutto vergine. Pascoli contempla con interno compiacimento il trasferimento del proprio mondo linguistico in un ambiente come questo, sprovvisto di un'esperienza anteriore. Ora, la linea[4] pascoliana persiste ed è ancora attuale, specialmente se si adotta il punto di vista da cui ci siamo posti, quello linguistico; ed è attualità vivacissima se si pensa agli esperimenti compiuti in questi ultimi anni da un animoso poeta, romagnolo del resto, ma che ha cominciato a scrivere in friulano, Pier Paolo Pasolini[5] [...]

Pascoli e il suo fermento nuovo si vengono a trovare in lotta e in concorrenza con qualche cosa di marcito dalla tradizione («noi, marci di storia», scrisse una volta Bacchelli): dunque, con uno strumento marcito dalla tradizione, di cui si riesce a ripristinare la vitalità.

Gianfranco Contini

Ritratto di Giovanni Pascoli insieme a Ermenegildo Piscopio

---

1 Sta morendo.

2 Argomenti.

3 Rottura, distanza.

4 Che amano lasciarsi andare all'auto-osservazione, alla contemplazione della propria infelicità, senza reagire.

5 Accogliere, accettare.

6 La Francia.

7 Movimento contestatore, ribelle.

8 Desiderio, spesso ipocrita e solo superficiale, di ordine, rispetto delle convenzioni sociali.

---

1 Che la riguarda.

2 "La neve, ricca, fiocca" (cade).

3 Lingua parlata nelle valli Alpine tra Sud Tirolo e Veneto.

4 Tradizione.

il primo Novecento

Il primo Novecento

1. L'età giolittiana

Gli anni compresi fra l'inizio del secolo e lo scoppio della prima guerra mondiale vengono detti oggi "età giolittiana" dal nome di Giovanni Giolitti (1842-1928), statista che fu a lungo capo del governo italiano e influenzò tutta la vita politica del periodo con la sua personalità (cfr. 154). Giolitti cercò di rafforzare lo stato liberale e di smorzare i conflitti sociali favorendo lo sviluppo economico e l'entrata nella vita politica delle aristocrazie operaie del Nord.

Incoraggiò, dunque, non la violenza, ma il libero gioco delle forze in contrasto, poiché il governo non doveva identificarsi con nessuna delle parti, ma facilitarne l'incontro.

2. L'incremento dell'industria

Grazie all'azione del governo vi fu un intenso sviluppo industriale ed un miglioramento del tenore di vita. Fu rafforzato molto, in tal modo, il ruolo della borghesia; vi fu anche un'evoluzione del proletariato operaio del Nord, ma la condizione dei contadini e dei braccianti, sia del Nord che del Sud, rimase invariata. Lo sviluppo tumultuoso dell'industria provocò anche l'accentramento urbano nel triangolo industriale (Milano, Torino, Genova) e l'aumento del dislivello tra il Nord ed il Sud fece crescere le tensioni sociali e provocò una massiccia emigrazione all'estero.

3. Il dibattito culturale

Le tensioni provocate da uno sviluppo sociale non omogeneo, l'affacciarsi di nuove classi (il proletariato, i ceti medi) ed i contrasti che nascevano in essi e fra di essi favorirono un intenso dibattito culturale. Si verificò, infatti, la crescita di inquietudini intellettuali e morali, la tendenza ad una visione della vita di tipo spiritualistico, in

---

Per la prima volta guerra totale

La Prima Guerra Mondiale esplode a causa delle molteplici ragioni di attrito tra la Germania e l'Inghilterra (concorrenza industriale e navale), tra la Germania e la Francia (possesso di Alsazia e Lorena), fra l'Austria e la Russia (questione balcanica), fra l'Austria e l'Italia (Trento e Trieste).

Il conflitto assume per la prima volta nella storia, il carattere di guerra totale, perché impegna a fondo non solo gli eserciti, ma tutte le energie economiche, politiche e morali dei popoli in lotta. Perfino la cultura si offre come strumento di propaganda.

In Italia l'interventismo ha la meglio, perché il governo ed il re, sostenuti da demagogiche manifestazioni di piazza, impongono, di fatto, la dichiarazione di guerra.

Il 1917 è l'anno più duro.

Il proletariato industriale torinese, infatti, alimenta una sommossa che rivela in pieno la protesta contro la prosecuzione del conflitto. La guerra modifica la situazione mondiale facendo perdere all'Europa il suo primato sugli Stati Uniti. La conferenza di Parigi, inoltre, approva lo statuto della Società delle Nazioni, che, in linea di principio, avrebbe dovuto mutare la logica dei rapporti internazionali, ma di fatto viene utilizzata dalle grandi potenze solo per la salvaguardia dei loro interessi particolari.

polemica con le correnti ideologiche che avevano caratterizzato il positivismo. Crebbe, inoltre, il nazionalismo.
L'Italia in questo periodo fu dunque teatro di uno scontro
vivacissimo di idee.

4. Le riviste

Le riviste, luogo naturale dello scontro ideologico, assun-
sero un'importanza fino ad allora sconosciuta. Altro importante strumento di diffusione divenne *la terza pagina*
dei giornali, nata nel 1901 sul *Giornale d'Italia*, poi adottata anche da tutti gli altri giornali. Questo strumento avvi-
cinò un pubblico assai più largo di quello che leggeva libri e riviste. Nacque anche un genere nuovo, l'*elzeviro*,
cioè l'articolo di fondo dal carattere prettamente letterario della terza pagina. Tra le riviste più famose si segna-
lano *Il Marzocco*, fondata nel 1896, poi, nel 1903, la *Critica* di Benedetto Croce; *Il Leonardo*, pubblicato tra il 1903
ed il 1907; il "Regno" che, uscito tra il 1903 ed il 1906, fu
l'organo delle correnti nazionalistiche. Ancora più importante *La voce* che ebbe tra i suoi collaboratori intellettuali come Benedetto Croce e Luigi Einaudi.

5. Il pubblico

L'aumento dell'alfabetizzazione, il costituirsi di uno strato
più ampio ed articolato di ceti medi, la diffusione della
lettura e della cultura anche fra i gruppi operai, avevano
allargato il pubblico. Cominciò, dunque a costituirsi il
pubblico di massa, con il quale la letteratura dovette fare
i conti. Conseguenza di ciò fu uno stratificarsi delle opere letterarie su più piani e questo costrinse lo scrittore a
prenderne coscienza ed a fare le sue scelte.

6. La narrativa

Il genere letterario più ricco di opere e più diffuso tra il
pubblico fu la narrativa. La novella e, soprattutto, il romanzo riuscirono a soddisfare tutte le esigenze del lettore, sia di quello che chiedeva solo evasione, sia di quello
che chiedeva un dignitoso intrattenimento, sia, infine, di
quello che chiedeva un'interpretazione del mondo. Caratteristica della narrativa del primo novecento, non fu
più solo la dissoluzione del naturalismo, ma l'invenzione
di un romanzo tutto diverso, fondato su altri principi artistici. Si fece il verso al romanzo verista, perché se la condizione dell'uomo era quella che era, tragica e dolorosa,
che senso aveva l'analisi di una società, il racconto di
una storia? Il romanzo non poteva che essere l'analisi
dell'uomo, la presa di coscienza della sua miseria, la polemica contro il senso comune. La nuova narrativa fu
concepita, allora, come uno strumento per la diffusione
di idee, l'accentuazione di un personaggio che diviene
portavoce dell'autore. Si verificò la rottura del rapporto
fra personaggi e società, l'intromissione dell'autore nel
racconto attraverso procedimenti e tecniche varie, lo
spostamento di punto di vista da questo a quel personaggio, il recupero del passato attraverso la *memoria*.

In alto: pubblicazioni di inizio secolo.

Nella pagina a fianco in alto: il *Quarto Stato*, di Giuseppe Pellizza
da Volpedo, quadro simbolo dell'Italia fra i due secoli.

Nella pagina a fianco in basso: la guerra diviene di posizione
ed è combattuta in trincea.

il primo Novecento

Gabriele D'Annunzio

1. Un uomo a cavallo tra due secoli

Gabriele D'Annunzio è stato uno degli scrittori più rappresentativi del periodo a cavallo tra Ottocento e Novecento.

Dal punto di vista artistico, è stato pronto a cogliere ogni suggestione letteraria, abbracciando, nella sua vasta produzione, diversi generi: prosa e poesia, teatro drammatico e opera, romanzo e novella, discorso e articolo giornalistico.

Inoltre, con i suoi atteggiamenti eccessivi, i suoi valori radicali, in parte ripresi poi dall'ideologia fascista, non sempre condivisibili ma per lo più sempre sinceri, con le sue passioni sempre esibite, ha segnato profondamente i decenni che vanno dalla fine dell'Ottocento allo scoppio della Seconda Guerra Mondiale.

2. Le prime opere

Le prime opere di D'Annunzio lasciano chiaramente vedere l'ampiezza degli studi e degli interessi del giovane poeta, che sperimenta stimoli e modelli raccolti dalla cultura non solo italiana, ma anche europea. Pubblica la sua prima raccolta di poesie, *Primo Vere*, all'età di sedici anni: pur essendo ancora acerba e scolastica, il poeta già dimostra di saper cogliere le idee più nuove dell'epoca, avendo come modello le *Odi barbare* di Carducci, uscite solo due anni prima. La seconda raccolta, *Canto Novo*, è del 1882: accanto al modello carducciano, propone una sensualità e una fisicità che sono proprie di D'Annunzio. Nello stesso anno pubblica le novelle *Terra vergine*, che, insieme a quelle che scriverà in seguito, nel 1902 saranno raccolte in *Le novelle della Pescara*: sono racconti di tipo verista, che si rifanno al naturalismo francese, ambientati nell'Abruzzo contadino, ma arricchiti da particolari orridi e sensuali.

Le successive raccolte di poesie, *Intermezzo di rime*, su modello decadente e parnassiano, e *Isaotta Gottadàuro ed altre poesie*, dove si ritrovano la lirica italiana del '300 e i preraffaelliti inglesi, sono contraddistinte da metri e soluzioni formali tradizionali e preziose. Nel 1889 esce *Il piacere*, primo romanzo di D'Annunzio: la prosa è lirica, raffinata, la debole trama ruota intorno alla vita dissoluta del protagonista, che l'autore condanna solo esteriormente; questa dimensione della "bontà", della condanna della lussuria e del desiderio di purezza, ripreso dai grandi romanzieri russi, caratterizza anche i due romanzi successivi, *Giovanni Episcopo* e *L'innocente*. Le poesie di quegli anni sono raccolte in due libri, *Elegie romane* (1892) e *Poema paradisiaco* (1893): quest'ultimo, in particolare, influenzato dal simbolismo decadente francese, è notevole per lo stile, musicale e lirico.

🔍 Roma capitale

Il Regno d'Italia viene proclamato nel 1861, ma solo nel 1870 si realizzano le condizioni affinché anche lo Stato Pontificio e Roma siano annessi all'Italia. Nel 1870, infatti, il governo italiano autorizza l'occupazione di Roma, mettendo fine al potere temporale dei papi. Roma può così diventare, nel 1871, la capitale del Regno d'Italia: questa sua nuova condizione comporta dei profondi cambiamenti nel suo aspetto. Dalla distruzione di interi quartieri che avevano ancora una struttura e un aspetto medievali, si sviluppa infatti un'architettura neo-rinascimentale molto scenografica, il cui simbolo più imponente è l'Altare della Patria, un enorme monumento che nasconde i Fori dell'antica Roma. Una caratteristica di questa nuova architettura è infatti di non tener conto di ciò che la circonda e, come si è detto sopra, di ciò che viene distrutto per farle spazio. Malgrado questo, alcuni quartieri di fine Ottocento hanno un loro equilibrio che invece manca del tutto negli edifici che ospitano i ministeri della nuova capitale e che sono di solito eccessivi nella decorazione, nel fasto, nelle dimensioni.

3. Il mito del Superuomo

Ormai per D'Annunzio la poetica della bontà e della ricerca di purezza e redenzione è superata: nel decennio successivo tutta la sua opera sarà influenzata da una personale versione del mito del superuomo, che il poeta elabora partendo da F. Nietzsche e R. Wagner: il culto della bellezza e dell'arte, della sensualità e del vitalismo, l'esaltazione della razza, della violenza e della tecnologia moderna, la celebrazione delle personalità superiori alle quali tutto è concesso, il senso di decadimento dell'età contemporanea, sono tutte idee che hanno una forte presa sulla società borghese dell'epoca e contribuiscono ad accrescere la popolarità di D'Annunzio. I romanzi della fine dell'800 sono centrati sul mito del superuomo, così come le opere che il poeta inizia a scrivere per il teatro, caratterizzate da intrighi, lussuria, ferocia e da una lingua retorica ed enfatica: ricordiamo *La città morta* (1898), *La figlia di Iorio* (1903) e *La fiaccola sotto il moggio* (1905). Il ritorno alla poesia avviene con il suo capolavoro: le

Laudi, composte da tre libri, ai quali poi se ne aggiungeranno altri due: i primi, *Maia* e *Elettra*, sono legati al superomismo e ad un patriottismo nazionalista e antidemocratico che piacerà al fascismo; il terzo libro, *Alcyone*, è invece un'immersione nella natura attraverso la descrizione, in toni diversi, di un'estate, dall'esaltazione dionisiaca e solare, alla malinconia della decadenza, espressa con una lingua musicale, originale e raffinata.

4. D'Annunzio notturno

Dopo il primo decennio del '900 D'Annunzio trova una vena più malinconica e raccolta, privata e autobiografica. Si apre l'ultimo periodo della sua storia, detto "notturno". Nel 1916 compone il *Notturno*, un diario autobiografico sul periodo della guerra, e sempre autobiografico è *Le faville sotto il maglio*, in vari volumi usciti tra il 1924 e il 1928, prose nostalgiche sul passato, scritte però con la consapevolezza di essere una persona e un artista eccezionale. Con questa svolta privata si chiude l'opera di un artista che, malgrado le polemiche e le critiche, influenzerà a lungo tutta la letteratura italiana.

Gabriele D'Annunzio

Nato nel 1863 in Abruzzo, è un autore molto precoce e a 16 anni pubblica la prima raccolta di poesie, *Primo vere*, che ha subito successo. Nel 1881 si stabilisce a Roma, dove continua a scrivere e pubblicare in poesia e in prosa, si dedica alla vita mondana e alle avventure amorose; malgrado sia costretto a sposarsi e a lavorare per un giornale per mantenere la famiglia, continua una vita dissoluta e disordinata, definendo così la sua immagine di poeta raffinato e sensuale. Tuttavia, abbandonata la moglie e sommerso dai debiti, deve lasciare Roma: in Abruzzo e a Napoli passa anni tristi e di miseria, malgrado il successo delle sue opere in Italia e all'estero. Nel 1895 inizia il suo amore con l'attrice Eleonora Duse: per lei inizia a scrivere opere teatrali, e con lei, dopo un altro periodo a Roma, dove viene eletto deputato in Parlamento, si trasferisce vicino a Firenze. Sono anni felici, di vita sfarzosa, appariscente ed elegante, ricca anche di opere letterarie.

Lasciata l'attrice nel 1904, continua una vita scandalosa, dispendiosa e dissoluta, tanto che presto ricominciano i problemi economici: è costretto infatti ad espatriare, e trascorre 5 anni in Francia, dove però non cambia abitudini di vita.

Lo scoppio della I° guerra mondiale lo riporta in Italia, dove, malgrado abbia 52 anni, si arruola; la sua popolarità è al massimo: incarna il poeta-vate, il superuomo eroico, che si realizza nell'azione e nella guerra.

Alla fine del conflitto mondiale D'Annunzio si trasferisce sul lago di Garda, nella villa detta "Il Vittoriale degli italiani", dove resta fino alla morte, avvenuta nel 1938.

Con l'avvento del fascismo si ritrova onorato, ma anche emarginato dalla vita sociale: passa gli ultimi tristi anni rinchiuso nella sua villa-museo, con pochi amici, dedicandosi all'arte e alla letteratura.

Qui sopra: ritratto di Gabriele D'Annunzio in divisa di Ardito fiumano.

A sinistra: caricatura di D'Annunzio in stile liberty, 1906.

Nella pagina a fianco in alto: D'Annunzio sulla spiaggia di Francavilla a Mare nel 1887.

Nella pagina a fianco in basso: la presa di Roma.

T52 Gabriele D'Annunzio: La sera fiesolana[1]

Fresche le mie parole ne la sera
ti sien come il fruscìo che fan le foglie
del gelso ne la man di chi le coglie
silenzioso e ancor s'attarda a l'opra lenta
su l'alta scala che s'annera
contro il fusto che s'inargenta
con le sue rame spoglie
mentre la Luna è prossima a le soglie
cerule[2] e par che innanzi a sé distenda un velo
ove il nostro sogno si giace
e par che la campagna già si senta
da lei sommersa nel notturno gelo
e da lei beva la sperata pace
senza vederla.

Laudata sii[3] pel tuo viso di perla,
o Sera[4], e pe' tuoi grandi umidi occhi ove si tace
l'acqua del cielo!

Dolci le mie parole ne la sera
ti sien come la pioggia che bruiva
tiepida e fuggitiva,
commiato lacrimoso de la primavera[5],
su i gelsi e su gli olmi e su le viti
e su i pini dai novelli rosei diti
che giocano con l'aura che si perde,
e su 'l grano che non è biondo ancora
e non è verde,
e su 'l fieno che già patì la falce
e trascolora[6],
e su gli olivi, su i fratelli olivi
che fan di santità pallidi i clivi
e sorridenti[7].

Le mie parole nella sera ti siano fresche
come il rumore lieve che fanno
le foglie del gelso nella mano di chi
le raccoglie in silenzio e si attarda nel lento lavoro
sull'alta scala che appare nera
contro il tronco color dell'argento
con i suoi rami nudi mentre
la Luna si avvicina all'orizzonte e
sembra che stenda un velo davanti a sé
dove si stendono i nostri sogni e
sembra che la campagna si senta
già coperta da lei nel gelo della notte
e che beva da lei la pace attesa
anche se ancora non la vede.

Che tu sia lodata per il tuo viso del colore
delle perle, o Sera, e per i tuoi occhi grandi e umidi,
nei quali riposa l'acqua del cielo!

Le mie parole nella sera ti siano dolci
come la pioggia che sussurrava tiepida
e breve, saluto lacrimoso della primavera,
sui gelsi e sugli olmi e sulle viti e
sui pini dai germogli rosati come dita
che giocano con l'aria che passa,
e sul grano che non è ancora
maturo ma non è più verde,
e sul fieno che è già stato tagliato
dalla falce e sta cambiando colore,
e sugli ulivi, sui fratelli ulivi
che fanno sembrare
le colline pallide
come santi e sorridenti.

---

e 1. Comprensione

Nel testo D'Annunzio personifica numerosi elementi della natura: trovane alcuni e riportali qui sotto:

la sera ....

D'Annunzio, a proposito di questa poesia, ha individuato 3 parti ben definite, alle quali ha dato un titolo; metti
in ordine di successione i titoli delle tre parti della poesia e individua quali versi appartengono ad ognuna di esse:

"Le colline": versi ....   "La pioggia di giugno": versi ....   "La natività della luna": versi ....

e 2. Analisi

**Già nel sonetto *Alla sera* (pag. 114) di Foscolo hai incontrato l'allitterazione; qui, nei versi 1-2 c'è un'altra allitterazione.
Qual è il suono che si ripete?**

Laudata sii per le tue vesti aulenti,
o Sera, e pel cinto che ti cinge come il salce
il fien che odora[8]

Io ti dirò verso quali reami
d'amor ci chiami il fiume[9], le cui fonti
eterne a l'ombra de li antichi rami
parlano nel mistero sacro dei monti;
e ti dirò per qual segreto
le colline su i limpidi orizzonti
s'incurvino come labbra che un divieto
chiuda[10], e perché la volontà di dire
le faccia belle
oltre ogni uman desire
e nel silenzio lor sempre novelle
consolatrici, sì che pare
che ogni sera l'anima le possa amare
d'amor più forte.

Laudata sii per la tua pura morte,
o Sera, e per l'attesa che in te fa palpitare
le prime stelle!

Che tu sia lodata per i tuoi abiti profumati,
o Sera, e per la cintura che ti circonda
come il ramo di salice stringe il fieno profumato!

Io ti racconterò verso quali regni
di amore ci chiama il fiume,
le cui sorgenti eterne parlano all'ombra di alberi
secolari nel sacro mistero dei monti;
e ti dirò per quale segreto le colline si incurvano
sull'orizzonte limpido come labbra chiuse
da un divieto e ti dirò perché
la voglia di dire il segreto le renda
belle oltre ogni immaginazione umana
e nel silenzio loro sono sempre
una nuova consolazione,
così che sembra che ogni sera
l'anima le possa amare
con un amore più forte.

Che tu sia lodata per il tuo tramonto puro,
o Sera, e per l'attesa che fa brillare in te
le prime stelle.

---

1 Fiesole è una cittadina vicino a Firenze. La poesia è tra le più antiche della raccolta Alcyone, e viene messa dal poeta all'inizio del libro, con altre poesie dedicate all'arrivo dell'estate.

2 La luna non è ancora spuntata dall'orizzonte, se ne vede solo la luce.

3 Il riferimento è al Cantico delle creature, di San Francesco d'Assisi.

4 La sera viene personificata.

5 È il periodo dell'anno nel quale si passa dalla primavera all'estate.

6 Il fieno, seccandosi, ingiallisce.

7 Anche questi versi ricordano San Francesco d'Assisi.

8 I fasci di fieno vengono legati con un ramoscello di salice.

9 Il fiume è l'Arno, che scorre vicino a Fiesole.

10 L'immagine del profilo delle colline come labbra chiuse è molto insolita.

Cosa vuole evocare D'Annunzio con questa figura retorica?

○ **a.** Tranquillità e calma   ○ **b.** Il freddo dell'inverno   ○ **c.** Il rumore delle foglie

D'Annunzio usa le rime, ma in maniera particolare, come hai già visto in Leopardi:

○ **a.** le rime seguono uno schema determinato   ○ **b.** le rime sono disposte in maniera libera   ○ **c.** le rime sono del tutto casuali

Anche le preposizioni articolate sono particolari in D'Annunzio: prova a trovarne alcune, ad esempio quelle nel

verso 1 e 19: ....   verso 3: ....   verso 4: ....   altri versi: ....

Secondo te, perché evita di raddoppiare la consonante? Per una ragione sonora? Quale?

e **3. Collegamento**
Anche Ugo Foscolo ha dedicato un sonetto alla sera (cfr. testo pag 114): secondo te, ci sono delle sensazioni che entrambi i poeti ricevono da questo particolare momento della giornata?

Luigi Pirandello

1. La formazione politico-culturale

Pirandello si formò nella cultura positivistica, partecipando però, contemporaneamente, a quelle tendenze che, nella nuova Italia, lamentavano il fallimento degli ideali risorgimentali.

In alcune novelle (*Mal giocondo*, 1889, *Zampogna*, 1909) e nel romanzo *I vecchi e i giovani* inveì contro questa Italia affarista, lamentò quella che gli sembrava corruzione e decadenza. Pirandello guardò alla democrazia con sprez-

zante antipatia (*Il fu Mattia Pascal*, 1904) e vide i dirigenti delle leghe socialiste come ambiziosi ed arruffapopoli. Per lui voler modificare i rapporti di classe era non solo inutile, ma dannoso.

La sua visione della *vita* era fondata sul contrasto fra la vita (come fluire ininterrotto) e le *forme* (nelle quali l'uomo è costretto a fissarla). L'uomo è prigioniero di schemi e l'unica soluzione è la distruzione di sé.

2. La poetica

Nel suo saggio, *L'Umorismo* (1908), Pirandello definì l'umorismo come "il sentimento del contrario", cioè la presenza del critico e del poeta nello stesso uomo, il quale, mentre si abbandona al sentimento, è vittima di un demonietto maligno che ne smonta i meccanismi per vedere come sono fatti. Noi avvertiamo il contrasto tra l'essere ed il sembrare, tra la sostanza e le forme, e questo contrasto ci fa ridere. L'umorista scopre e denuncia le menzogne convenzionali, ma, nello stesso momento, ne vede anche il lato doloroso e tragico. Si smonta il meccanismo non per ridere, ma per compatire.

3. La narrativa

Pirandello passò gradatamente da modelli veristici ad altri novecenteschi. Il suo primo romanzo, *L'esclusa* (1983), pur sembrando verista, in realtà rompeva quegli schemi per la novità grottesca dell'invenzione e dello stile.
Del tutto nuovo fu *Il fu Mattia Pascal* (1904): la storia di un uomo che, ritenuto morto, si lascia credere tale, cambia nome e città, ma, soffocato dalle convenzioni sociali, finge un nuovo suicidio per riprendersi il vecchio nome.

🔍 Socialisti, Comunisti, Popolari

Il quadro politico italiano, al termine della Prima Guerra Mondiale, appare profondamente mutato: è in corso un rapido processo di sindacalizzazione, i piccolo-borghesi si aggregano in movimenti autonomi in aperta polemica con tutti gli altri movimenti.

Il Partito Socialista: era rivoluzionario e rifiutava ogni collaborazione con i governi borghesi, si proponeva di socializzare i mezzi della produzione e dello scambio, di distribuire collettivamente i prodotti, di abolire la leva militare, di promuovere il disarmo universale, in seguito all'unione di tutte le repubbliche proletarie internazionali.

Il Partito Popolare: nell'immediato dopoguerra giunge a maturazione il lungo processo di accostamento dei cattolici allo Stato italiano. Benedetto XV autorizzò Don Luigi Sturzo a fondare un partito dichiaratamente cattolico: nel 1919 nasce il Partito Popolare Italiano, che si batteva per la fine del latifondo e per la difesa della piccola e media proprietà contadina, per il decentramento amministrativo, per la libertà di insegnamento a favore delle scuole private.

Il Partito Comunista: nel 1921 si riunì a Livorno il XVII Congresso del Partito Socialista, nel quale i dissidenti, guidati da Antonio Gramsci, uscirono dal Partito e fondarono il Partito Comunista d'Italia. Questo partito doveva avere un'organizzazione fortemente centralizzata, doveva periodicamente eliminare i sospetti piccolo-borghesi, espellere gli opportunisti, impegnarsi per l'instaurazione della dittatura del proletariato.

Nemmeno così, tuttavia, può ritornare alla famiglia di un tempo ed allora si rassegna a restare ai margini della vita. Con quest'opera muore l'Ottocento verista e nasce il mondo tormentato del Novecento.

I vecchi e i giovani (1913) è un vasto affresco dell'ultimo Ottocento, mentre *Uno, nessuno, centomila* (1926) è la sintesi di tutte le sue teorie relativistiche. Nel titolo *No-*

velle per un anno sono comprese numerose novelle, che è possibile ordinare secondo un criterio, dapprima regionalistico, poi sociale, per concludersi con novelle di tipo surrealistico, invenzioni ai margini della realtà.

4. Il teatro

Il teatro pirandelliano si definì come negazione di quello naturalista. In *La ragione degli altri* (1889) vi è un modo diverso di considerare la vita: le cose sono quali sembrano e cambiano significato col passare del tempo. Ne *Il berretto a sonagli* (1917) e *Pensaci Giacomino!* (1916) si propongono prospettive nuove, trascinando i personaggi a gesti assurdi e rivoluzionari.

Il personaggio pirandelliano, proprio perché vede le cose, gli uomini, le loro passioni con *I sentimento del contrario*, deve smascherare il sistema di convinzioni dentro cui questi si adagiano. In *Così è (se vi pare)* (1917) si afferma l'impossibilità di conoscere la verità e la pietà rimane l'unico rimedio. Con i *Sei personaggi in cerca d'autore* (1921) Pirandello diede inizio a quella che lui chiamò la trilogia del "teatro nel teatro" (*Ciascuno a suo modo*, 1924; *Questa sera si recita a soggetto*, 1930): il teatro diviene il luogo di rappresentazione dei conflitti propri della vita dell'uomo.

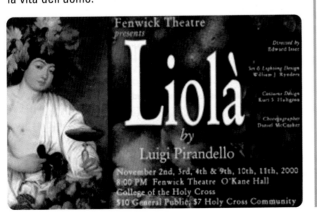

Luigi Pirandello

Nato ad Agrigento nel 1867, studiò filologia romanza a Roma e a Bonn, facendo proprie molte delle inquietudini del mondo tedesco di fine secolo.

Sposatosi, visse a Roma, dove si dedicò all'attività letteraria e giornalistica. Il fallimento di un'impresa nella quale aveva investito i suoi capitali e quelli della moglie lo costrinse a dedicarsi all'insegnamento presso il Magistero Superiore Femminile.

Furono anni molto tristi, anche a causa di una malattia mentale della moglie.

Dopo la Prima Guerra Mondiale la sua attività si rivolse quasi interamente al teatro.

Nel 1921 la rappresentazione di *Sei personaggi in cerca d'autore* gli diede improvvisamente una risonanza

europea, poi anche mondiale. La sua vita cambiò completamente: costituì una compagnia teatrale e scrisse moltissimo. Fu membro e presidente dell'Accademia d'Italia.

Nel 1934 gli venne assegnato il premio Nobel per la letteratura. Morì a Roma nel 1936.

In alto: Luigi Pirandello in divisa di Accademico d'Italia.

In basso: pergamena del premio Nobel ricevuto nel 1934.

A sinistra: scena tratta da Sei personaggi in cerca d'autore e a metà pagina la locandina di una rappresentazione di Liolà.

Nella pagina a fianco in alto: ritratto di Pirandello.

Nella pagina a fianco in basso: comizio in piazza nell'immediato dopoguerra.

T56 Luigi Pirandello: Così è (se vi pare)

La signora Frola s'introdurrà tremante, piangente con un fazzoletto in mano, in mezzo alla ressa degli altri, tutti esagitati.

SIGNORA FROLA. Signori miei, per pietà! Lo dica lei a tutti, signor Consigliere!

AGAZZI. *(facendosi avanti, irritatissimo).* Io le dico, signora, di ritirarsi[1] subito! Perché lei, per ora, non può stare qua!

SIGNORA FROLA. *(smarrita).* Perché? Perché? *(alla signora Amalia).* Mi rivolgo a lei, mia buona signora...

AMALIA. Ma guardi ... guardi, c'è lì il Prefetto...

SIGNORA FROLA. Oh, lei, signor Prefetto! Per pietà! Volevo venire da lei!

IL PREFETTO. No, abbia pazienza, signora! Per ora io non posso darle ascolto. Bisogna che lei se ne vada! Se ne vada via subito di qua!

SIGNORA FROLA. Sì, me n'andrò! Me n'andrò oggi stesso! Me ne partirò, signor Prefetto! per sempre me ne partirò![2]

AGAZZI. Ma no, signora! Abbia la bontà di ritirarsi per un momento nel suo quartierino[3] qua accanto! Mi faccia questa grazia![4] Poi parlerà col signor Prefetto!

SIGNORA FROLA. Ah! Sì? E allora, sì ... sì, mi ritiro subito! Volevo dir loro questo soltanto: che per pietà, la finiscano![5] Loro[6] credono di farmi bene e mi fanno tanto male! Io sarò costretta ad andarmene, se loro seguiteranno a far così; a partirmene oggi stesso, perché lui sia lasciato in pace! - Ma che vogliono, che vogliono ora qui da lui?[7] Che deve venire a fare qua lui? - Oh, signor Prefetto!

IL PREFETTO. Niente, signora, stia tranquilla! Stia tranquilla, e se ne vada, per piacere!

AMALIA. Via, signora, sì! Sia buona!

SIGNORA FROLA. Ah, Dio, signora mia, loro mi priveranno dell'unico bene, dell'unico conforto che mi restava; vederla almeno da lontano la mia figliola! *(piange)*

IL PREFETTO. Ma chi gliclo dice? Lei non ha bisogno di pentirsene! La invitiamo a ritirarsi ora per un momento. Stia tranquilla!

SIGNORA FROLA. Ma io sono in pensiero per lui! Per lui, signor Prefetto! Sono venuta qua a pregare tutti per lui; non per me!

IL PREFETTO. Sì, va bene! E lei può star tranquilla anche per lui, gliel'assicuro io. Vedrà che ora si accomoderà ogni cosa.

SIGNORA FROLA. E come? Vi vedo qua tutti accaniti addosso a lui!

IL PREFETTO. No, signora! Non è vero! Ci sono qua io per lui! Stia tranquilla!

SIGNORA FROLA. Ah! Grazie! Vuol dire che lei ha compreso...

IL PREFETTO. Sì, sì, signora io ho compreso.

SIGNORA FROLA. L'ho ripetuto tante volte a tutti questi signori: è una disgrazia già superata, su cui non bisogna più ritornare.

IL PREFETTO. Sì, va bene, signora, ... se le dico che io ho compreso!

SIGNORA FROLA. Siamo contente di vivere così, la mia figliuola è contenta. Dunque ... Ci pensi lei, ci pensi lei ...

---

1 Andare via.

2 Partirò via da qui.

3 Nel suo alloggio.

4 Mi faccia questo favore

5 La smettano.

6 "Loro" è l'uso del "Lei" al plurale.

7 Dal signor Ponza.

8 La signora Ponza, che è Lina per la signora Frola, ma poi, più sotto è Giulia per il signor Ponza.

Il contesto

In una cittadina di provincia arriva un funzionario statale con la moglie e la suocera. La signora Frola prende alloggio separatamente e pare sia obbligata a comunicare con la figlia solo per mezzo di bigliettini. Nell'ambiente piccolo-borghese questo strano comportamento suscita le più varie supposizioni ed una inquieta curiosità, che cresce a causa delle giustificazioni contraddittorie fornite rispettivamente dalla signora Frola e dal signor Ponza.

La prima sostiene che il genero, geloso, le proibisce di comunicare con la madre in altro modo, nonché di frequentare chicchessia. Il secondo sostiene, invece, che la suocera è impazzita per la morte della figlia continuando a crederla viva, e che egli con la seconda moglie si sforza di assecondarla in questa follia per risparmiarle il dolore di riconoscere la verità.

Ma la signora Frola capovolge la situazione dichiarando che è pazzo lui, credendo di avere sposato una seconda moglie. Ma qual è la verità? Non resta che costringere la moglie a svelare in presenza dei due chi essa veramente sia, solo così potrà essere ricostituita la normalità.

perché, se no, non mi resta altro che andarmene, proprio! e non vederla più, neanche così da lontano... Lo lascino in pace, per carità!

A questo punto, tra la ressa si farà un movimento; tutti faranno cenni; alcuni guarderanno verso l'uscio; qualche voce repressa si farà sentire.

VOCI. Oh Dio... eccola, eccola!

SIGNORA FROLA. Che cos'è? Che cos'è?

SCENA NONA
La signora Ponza che si farà avanti rigida, in gramaglie col volto nascosto da un fitto velo nero, impenetrabile.

SIGNORA FROLA. *(cacciando un grido straziante, di frenetica gioia).* Ah! Lina... Lina... Lina[8]...

E si precipiterà e s'avvinghierà alla donna velata. [...]
Ma contemporaneamente, dall'interno, si udranno le grida del signor Ponza che subito dopo di precipiterà sulla scena.

PONZA. Giulia! ... Giulia! ... Giulia! ...

[...] Il signor Ponza s'accorgerà subito della suocera così perdutamente abbracciata alla moglie e inveirà furente. Ah! L'avevo detto io! Si sono approfittati così, vigliaccamente, della mia buona fede?

SIGNORA PONZA. *(volgendo il capo velato quasi con austera solennità).* Non temete! Non temete! Andate via.

PONZA. *(alla signora Frola).* Andiamo, sì, andiamo ...

SIGNORA FROLA. [...] Sì, sì ... andiamo, caro, andiamo.

E tutti e due abbracciati, carezzandosi a vicenda, tra due diversi

pianti, si ritireranno bisbigliandosi tra loro parole affettuose. Silenzio. Dopo avere seguito con gli occhi fino all'ultimo i due, tutti si rivolgeranno ora, sbigottiti e commossi, alla signora velata.

SIGNORA PONZA. *(dopo averli guardati attraverso il velo, dirà con solennità cupa).* Che altro possono volere da me, dopo questo, lor signori? Qui c'è una sventura, come vedono, che deve restar nascosta, perché solo così può valere il rimedio che la pietà ha presentato.

IL PREFETTO. Ma noi vogliamo rispettare la pietà, signora. Vorremmo però sapere che lei ci dicesse -

SIGNORA PONZA. *(con un parlare lento e spiccato).* - Che cosa? La verità? E' solo questa; che io sono, sì, la figlia della signora Frola.

TUTTI *(con un sospiro di soddisfazione)* - Ah!

SIGNORA PONZA. *(subito, come sopra).* - E la seconda moglie del signor Ponza.

TUTTI *(stupiti e delusi, sommessamente)* - Oh! E come?

Signora Ponza. *(subito, come sopra).* - Sì; e per me nessuna! Nessuna!

IL PREFETTO. Ah, no, per sé, lei, signora: sarà l'una o l'altra!

SIGNORA PONZA. Nossignori. Per me, io sono colei che mi si crede *(guarderà attraverso il velo, tutti, per un istante; e si ritirerà. Silenzio).*

LAUDISI. Ed ecco, o signori, come parla la verità! *(volgerà attorno uno sguardo di sfida derisoria).* Siete contenti? *(scoppierà a ridere).* Ah! Ah! Ah! Ah!

---

1. Comprensione dei fatti

	vero	falso
a. Tutti vogliono che la signora Frola vada via per sempre	○	○
b. La signora Frola è sicura che il Prefetto ha capito la situazione	○	○
c. Il signor Ponza è arrabbiato con la signora Frola	○	○
d. La verità della vicenda è una sola	○	○

2. Comprensione dei significati

Comprendere gli eventi è semplice: basta sapere l'italiano, e tu ormai lo sai. Comprendere il significato profondo di una frase può essere più difficile. Soprattutto se è una frase di Pirandello. Cosa significa secondo te "io sono colei che mi si crede"?

3. I personaggi dissociati

I personaggi di Pirandello sono dissociati, non conoscono neppure la loro identità. Il Prefetto, persona razionale, che rappresenta il buon senso, dice, rispondendo alla signora Ponza che afferma di essere più persone insieme:

"Ah, no, per sé, lei, signora: ...." Negli stessi anni, un grande psicologo stava affrontando

gli stessi temi, a Vienna: .... Esistono secondo te dei paralleli, per quello che ne sai?

4. Le istruzioni di scena

Ci sono molte istruzioni per la regia e per gli attori (e spesso le abbiamo tagliate un po'). Secondo alcuni le istruzioni di scena, sono le parti che in un romanzo sarebbero la narrazione, le descrizioni. Cosa ne pensi? È profondamente teatrale oppure potrebbe essere anche un romanzo? Discuti la tua opinione con i tuoi compagni.

il primo Novecento

I poeti ermetici

1. L'Ermetismo

La lirica degli anni Trenta, dal 1930 circa alla Seconda Guerra Mondiale, è stata battezzata col termine *Ermetismo*, che indica non solo un modo di rappresentare, ma anche di vedere le cose e che può essere esteso anche ai prosatori ed ai saggisti. *Gli ermetici* (chiamati anche "lirici nuovi" in un'antologia curata nel '43 da Luciano Anceschi) costituirono una vera e propria "scuola" sia per il loro ritrovarsi in comuni maestri (Mallarmé, Rimbaud, Valéry, Ungaretti), sia perché tutti rappresentano il contrasto fra il mondo reale, disgregato ed inorganico, ed un sognato mondo di favola.

2. La poetica

Alle radici di questa poesia è presente una fortissima esigenza autobiografica. Infatti, la solitudine più desolata e consapevole, il lirismo individuale sono i presupposti di tutta la lirica moderna. In questa solitudine, dunque, il poeta esplora la sua coscienza e ne fa emergere i dati più oscuri ed irreali: da qui il predominio del subcosciente e del sogno. La poetica di questa generazione tende, perciò, ad un tono alto e si pone in aperta polemica con tutta la tradizione più vicina, contro la retorica di D'Annunzio, il sentimentalismo del Pascoli, il rivoluzionarismo dei Futuristi.

Si punta ad una essenzialità poetica, che rappresenti la tragica condizione esistenziale dell'uomo. Mentre da una parte si nota una difesa dei valori poetici, dall'altra, invece, un'evasione dalla realtà che impedisce di denunciare la tragica situazione di quegli anni.

3. La tecnica

Si impiega una tecnica che si serve, fondendole assieme, di tutte le conquiste dai Simbolisti a Ungaretti e Montale. E' fondamentale l'uso dell'*analogia* (viene sostituito il paragone con l'identità, eliminando la parola "come") e della sinestesia (associazione tra due parole relative a due sfere sensoriali diverse; es. *parole calde, silenzio verde*). C'è la convinzione che la poesia sia tanto maggiore, quanto più si allontana dal linguaggio comune e, dunque, dal modo comune di vedere e sentire.

Perciò, lo scrittore scrive in modo da allontanare la realtà in un mondo di mito: con l'insistenza su poche parole, ma sempre uguali, con la scelta molto accurata di parole

---

🔍 Il Ventennio

Il fascismo è un tipo di totalitarismo nuovo ed originale, che non si fonda solo sull'uso tradizionale della polizia e dell'esercito, ma inventa uno scenario demagogico che gli consente di organizzare il consenso di massa, soprattutto della piccola borghesia. La politica economica del fascismo passa attraverso diverse fasi: liberista negli anni 1922-1925 (con forte sviluppo della produzione), poi interventista dopo il 1925. La crisi internazionale del 1929 aumenta gli interventi della mano pubblica nell'economia e costringe lo Stato a farsi banchiere e finanziatore della grande industria. Dopo la guerra d'Etiopia e le sanzioni, viene lanciata l'autarchia e lo Stato sostiene la domanda interna. In breve, la politica economica si basa sulla compressione dei salari e sulla distruzione delle organizzazioni sindacali e politiche del proletariato. Con la politica estera il fascismo deve, nei fatti, moderare la volontà di potenza, dichiarata soprattutto ad uso demagogico interno. La cultura di questo ventennio è borghese, cioè fatta da borghesi e rivolta a borghesi. L'Italia, infatti, è divisa in due strati: in alto, aristocratici e borghesi; in basso, piccolo borghesi ed operai, tutti confusi nel termine popolo. Il fascismo è il primo regime in grado di programmare ed attuare una politica totalitaria dell'informazione attraverso l'uso spregiudicato di tutti gli strumenti possibili: dalla stampa al cinema.

ritenute "musicali", con la soppressione dell'articolo, con l'uso di un tono sentenzioso ed epigrammatico. Viene, perciò, usata una serie di artifici di tecnica per ottenere un effetto sempre identico.

4. La lirica

Questo tipo di lirica esprime proprio i sentimenti della società di quest'epoca: una libertà repressa, ma insopprimibile, che trova espressione nell'opera singola. Il lavoro letterario è, allora, l'attività suprema e globale dell'uomo, la ricerca della forma come moralità. L'arte è intesa come artigianato e mestiere e l'esercizio di questo mestiere è un compito pieno che assolve da ogni altro dovere. Questo atteggiamento portò, tuttavia, a volte, a considerare la poesia come un alibi che copriva il proprio disinteresse e conformismo di fronte alle vicende del mondo ed al destino degli uomini. Fu, in ogni caso, chiusura "ermetica" in se stessi.

5. Gli Ermetici

I più, fra gli Ermetici, composero seguendo questa scuola fino alla guerra e durante la guerra stessa. Poi l'esperienza umana del conflitto ed i nuovi valori introdotti dalla Resistenza e dalla Liberazione portarono parecchi a cambiare la loro tematica in un "post - ermetismo" che tende ad esprimere, con moduli e tecniche tipici dell'ermetismo, temi sociali nel senso più largo del termine. Della scuola "ermetica" vanno ricordati **Alfonso Gatto** (1909-1976) per le sue descrizioni di paesaggi e le sue memorie; **Libero de Libero** (1906-1981) per l'asprezza del linguaggio e per il tono alto del discorso; **Mario Luzi** (1914) all'inizio formatosi sui modelli del simbolismo europeo, poi dai toni più semplici ed umani; **Vittorio Sereni** (1913) che esprime la desolata esperienza della guerra e della prigionia. Ma soprattutto va ricordato il premio Nobel, **Salvatore Quasimodo**.

Salvatore Quasimodo

Nacque a Modica, in provincia di Ragusa, nel 1901. Nel 1908 si stabilì a Messina e vi rimase fino al 1920, compiendo gli studi secondari. Si trasferì, quindi, a Roma, per frequentare la facoltà di ingegneria, ma non riuscì a superare il biennio. Costretto a lavorare per vivere, si stabilì nel 1926 in Calabria. Qui cominciò a scrivere i primi versi, che furono pubblicati su *Solaria*. Nel 1938 si dedicò al giornalismo e nel 1941 fu nominato, per chiara fama, professore di letteratura italiana presso il Conservatorio di Musica di Milano. Le sue opere sono state raccolte in due volumi: *Tutte le poesie* (1960) e *Il poeta e il politico* e *Altri saggi* (1960). Nel 1959 ottenne il premio Nobel per la letteratura. Morì a Napoli nel 1968.

Giuseppe Ungaretti

Nacque ad Alessandria d'Egitto nel 1888 da genitori lucchesi, vi rimase fino al 1912. Poi si recò a Parigi dove fu a contatto con le correnti di avanguardia e dove conobbe Papini, Soffici, Palazzeschi. Venne in Italia nel 1914 e dal 1915 al 1918 combatté sul Carso e sull'Isonzo.
Durante e appena finita la guerra pubblicò *Il porto sepolto* (1916) e *Allegria di naufragi* (1919). Le liriche raccolte nel 1933 con il titolo di *Sentimento del tempo* parteciparono al nuovo clima di restaurazione classicista.
Nel 1936 Ungaretti si trasferì a San Paolo del Brasile, professore di italiano in quell'università e lì nel 1939 gli morì il figlio Antonello. Nel 1942 ritornò a Roma perché fu nominato titolare di letteratura italiana moderna e contemporanea. Tutta la sua opera fu raccolta più tardi nei volumi Il dolore (1947), *La terra promessa* (1945 e 1950), *Un grido e paesaggi* (1952), *Il taccuino del vecchio* (1960), *Il deserto e dopo* (1961), *Morte delle stagioni* (1967).

Qui sopra: ritratti di Quasimodo e di Giuseppe Ungaretti.

In alto: da sinistra Alfonso Gatto, Oreste Del Buono e Vittorio Sereni.

Nella pagina a fianco in alto: la rivista Primato che diede inizio alla famosa inchiesta sull'ermetismo, 1940.

Nella pagina a fianco in basso: la Marcia su Roma.

T57 Salvatore Quasimodo: Uomo del mio tempo

Sei ancora quello della pietra e della fionda[1],
uomo del mio tempo. Eri nella carlinga[2],
con le ali maligne[3], le meridiane di morte[4],
- t'ho visto - dentro il carro di fuoco[5], alle forche,
alle ruote di tortura. T'ho visto: eri tu
con la tua scienza esatta persuasa allo sterminio[6],
senza amore, senza Cristo. Hai ucciso ancora,
come sempre, come uccisero i padri, come uccisero
gli animali che ti videro per la prima volta.

E questo sangue odora come nel giorno
quando il fratello disse all'altro fratello[7]:
"Andiamo ai campi". E quell'eco[8] fredda, tenace,
è giunta fino a te, dentro la tua giornata.
Dimenticate, o figli, le nuvole di sangue
salite dalla terra, dimenticate i padri:
le loro tombe affondano nella cenere,
gli uccelli neri, il vento, coprono il loro cuore.

1 Dell'età della pietra, quando l'unico strumento di guerra era il sasso lanciato dalla fionda.

2 Parte dell'aeroplano destinata a contenere il motore.

3 Cattive.

4 Gli strumenti di misurazione del cruscotto, volti a segnare il momento della strage, il momento in cui l'esplosivo doveva essere sganciato.

5 Il carro armato.

6 Così superba di sé stessa, eppure piegata, persuasa a farsi strumento di morte.

7 Come in quel giorno, quando disse *Caino al fratello Abele "usciamo fuori"*. E come furono per i campi, Caino insorse contro il fratello Abele, e lo uccise (Genesi, 4,8).

8 L'eco di quelle parole.

1. Comprensione
Segna la risposta corretta.

Con l'espressione sei ancora quello della pietra e della fionda l'autore intende che:
- a. gli uomini giocano ancora con le fionde
- b. l'essere umano non cambia mai
- c. l'uomo ha un cuore di pietra

Per Quasimodo la scienza:
- a. aiuta l'uomo a migliorare
- b. è sempre uno strumento di precisione
- c. diventa uno strumento di morte

Bisogna dimenticare i padri perché:
- a. la loro eredità è un'eredità di morte
- b. sono passati molti anni
- c. le loro tombe sono ormai cenere

2. La lingua
Ti pare che la lingua di Quasimodo sia nel solco della tradizione della poesia che hai letto nei capitoli precedenti o c'è qualcosa di diverso? Consideri questa lingua:
- a. "letteraria"   b. "quotidiana"

Se anche la consideri "quotidiana", quasi un parlare tranquillo, la senti come:
- a. banale, normale, non-poetica   b. maestosa nella sua semplicità

Giustifica la tua risposta portando esempi dal testo, leggendone ad alta voce delle parti.
L'argomento che tratta Quasimodo è tremendo; il male è:
- a. occasionale, dovuto alle condizioni del momento   b. connaturato alla natura dell'uomo, come a quella degli animali

Eppure la lingua è piana, scorrevole: l'unico riferimento classico è alla Bibbia. Ti pare che la scelta linguistica:
- a. sia inadatta, diminuisca l'impatto e il valore dell'accusa agli uomini di essere animali violenti da sempre
- b. proprio per la sua pulizia esalti la drammatica denuncia del male insito nella violenza umana

Discuti le tue impressioni con i tuoi compagni

3. Riflessione
Per migliorare il mondo bisogna "uccidere il padre", sembra dire Quasimodo citando Freud.
Che cosa significano, qui, i padri? È possibile dimenticare la storia? È un consiglio folle o è l'unica via di salvezza?

T58 Giuseppe Ungaretti: Chiaroscuro

Anche le tombe sono scomparse

Spazio nero infinito calato
da questo balcone
al cimitero

Mi è venuto a ritrovare
il mio compagno arabo
che s'è ucciso l'altra sera

Rifà giorno

Tornano le tombe
appiattite nel verde tetro
delle ultime oscurità
nel verde torbido
del primo chiaro

---

e 1. Comprensione

Spesso comprendere le poesie ermetiche è difficile perché molte informazioni sono date in maniera implicita,
non chiaramente. Ad esempio:

la sequenza temporale tra la prima e la seconda parte della poesia è:
○ **a.** notte e giorno   ○ **b.** giorno e notte

l'amico arabo (a proposito, ricordi dove è nato Ungaretti?: ....) è venuto a trovarlo
○ **a.** realmente, di persona   ○ **b.** nel ricordo, nella memoria

e 2. Analisi

Il titolo di questa poesia è *Chiaroscuro*. Prova a scrivere qui sotto tutti gli elementi in antitesi tra loro.

Es. Spazio nero / balcone (che di solito dà luce)

....
....
....
....

Osserva il testo: in Ungaretti vi è spesso una opposizione del principio maschile del giorno e del principio femminile
dell'acqua e della notte.

Perché, secondo te, il poeta ricorre a questo gioco di opposti?
Con quale elemento il poeta si identifica maggiormente?

e 3. La lingua di Quasimodo e Ungaretti

La lingua di Quasimodo è maestosa nella sua semplicità. Quella di Ungaretti è rotta, scarnificata, di una semplicità
dura, aspra. Quale preferisci? Perché?

e 4. Riflessione

Quasimodo e Ungaretti parlano di tombe in questi due componimenti. In che cosa si assomigliano
ed in che cosa differiscono questi due poeti? Quale dei due si ribella e quale è privo di speranza?
A chi ti senti più vicino?

il primo Novecento

Il movimento futurista

1. La poetica del Futurismo

Il Futurismo è stato un movimento complesso, di portata europea, che ha coinvolto non solo il campo della letteratura e dell'arte, ma anche il costume, la politica, i comportamenti della società dell'epoca, e al quale hanno aderito artisti di diversa provenienza.

Il Futurismo, fondato da **Filippo Tommaso Marinetti**, nasce nel primo decennio del '900 e si sviluppa per circa trenta anni; come il crepuscolarismo, rifiuta la tradizione del passato, non per rinchiudersi in un mondo intimo e quotidiano, ma per esaltare tutto ciò che è nuovo, moderno, aggressivo e spettacolare: da qui nasce l'esaltazione della guerra "sola igiene del mondo", e della lotta, l'amore per il pericolo, la velocità, la macchina e il mondo industriale e il disprezzo per la tradizione e la morale, per la decadenza, per la contemplazione, per le accademie e i musei. Per diffondere le loro idee, i futuristi usano uno strumento nuovo: il "manifesto", con il quale si vuole arrivare all'opinione pubblica in maniera diretta e fortemente polemica. Il primo manifesto è il *Manifesto del futurismo*, pubblicato da Marinetti sul giornale francese *Le Figaro* nel 1909; ad esso seguono numerosi altri manifesti dedicati alle diverse arti.

2. L'influsso del Futurismo russo

Il Futurismo italiano ha grande influenza anche all'estero, in particolare in Russia: nel periodo a cavallo della Rivoluzione d'Ottobre (1917) il Futurismo russo si sviluppa come un movimento culturale e politico di rottura con la tradizione. Il suo più importante portavoce è Vladimir V. Majakovskij (1893-1930), poeta e autore di testi teatrali.
Il Futurismo russo, a differenza di quello italiano, non punta solo alla rottura polemica con il passato e alla sperimentazione di ogni novità, ma ha un forte legame con l'azione politica e sociale: l'arte e le tecniche espressive dei futuristi russi vengono intese come mezzi per agire sulla società: al linguaggio prezioso e irreale del simbolismo, a quello convenzionale della tradizione, viene infatti sostituito il linguaggio della strada, del popolo, scorretto e aggressivo, ma capace di interpretare i problemi del popolo, vero protagonista della storia. Il passaggio dal clima rivoluzionario al regime sovietico dominato dalla burocrazia, delude e mette in crisi il movimento russo; Majakovskij è il simbolo di questo fallimento: morirà suicida nel 1930.

3. La letteratura futurista

L'impossibilità di descrivere in modo razionale e organizzato la realtà, porta la poesia e la prosa futurista alla di-

Il Futurismo è stato un movimento che non ha coinvolto solo la letteratura, ma ha invaso tutti i campi dell'arte: la pittura e la scultura, la musica e la danza, il cinema e il teatro, l'architettura.
In particolare, i risultati più notevoli li ha ottenuti nel campo della scultura e della pittura, con pittori quali **Umberto Boccioni, Carlo Carrà, Gino Severini, Giacomo Balla**: il *Manifesto tecnico della pittura futurista* viene pubblicato nel 1910, il *Manifesto della scultura futurista* è del 1912. In linea con le diverse avanguardie dell'arte contemporanea, rivolte tutte al rifiuto della rappresentazione naturalistica della realtà, l'arte futurista propone una diversa idea dello spazio, nel quale si deve cogliere il movimento, l'azione, il flusso della vita; interessante è inoltre l'uso di materiali nuovi e accostati in modo originale, di colori vivaci e linee impetuose, nervose, dinamiche.

struzione della metrica e all'uso del verso libero, alla rottura della sintassi, all'abolizione dell'aggettivo e dell'avverbio, all'assenza di punteggiatura, all'utilizzo di analogie, onomatopee, rumori e suoni, segni matematici, ad una originale organizzazione grafica per realizzare la cosiddetta "poesia visiva".

Le tecniche letterarie futuriste vengono riassunte in due espressioni: il "paroliberismo", o "parole in libertà", e l' "immaginazione senza fili", che permettono di creare analogie imprevedibili attraverso successioni di immagini non legate tra loro logicamente, che rappresentano in modo diretto le sensazioni del poeta. Nel campo della prosa, il Futurismo teorizza la nascita del "romanzo sintetico", nel quale si trasferiscono le tecniche delle parole in libertà e dell'immaginazione senza fili.

4. Poeti futuristi

Al Futurismo sono legati i nomi di numerosi artisti: molti di loro hanno attraversato un periodo futurista, per poi maturare diverse scelte artistiche e culturali: ricordiamo in particolare le figure di **Corrado Govoni** e di **Aldo Palazzeschi** (1885-1974), che hanno alternato ad un periodo futurista opere che si rifanno alla poetica crepuscolare. Le loro figure permettono di sottolineare la vicinanza di due movimenti artistici apparentemente lontani, ma che si contraddistinguono tutti e due per la carica di novità e per l'azione di rottura con la tradizione.

Tra gli artisti che si sono riconosciuti nel movimento Futurista vanno ricordati, oltre a Marinetti, il gruppo fiorentino di **Giovanni Papini**, **Ardengo Soffici** e **Aldo Palazzeschi**.

5. L'importanza del Futurismo

L'importanza del Futurismo italiano sta nel suo essere stato un movimento autentico di rottura della tradizione e di sperimentazione di nuove tecniche artistiche. I suoi risultati migliori li possiamo trovare non tanto nel campo letterario, quanto su quello della pittura e delle arti figurative, con le opere di Boccioni, Balla, Carrà. L'influenza del Futurismo italiano, della sua carica di novità e di sperimentalismo, sarà notevole all'estero, in Russia, in Francia e in Germania, e si estenderà dal dadaismo e dal cubismo fino alle avanguardie artistiche degli anni sessanta.

Filippo Tommaso Marinetti

Nato ad Alessandria d'Egitto nel 1876, la sua prima lingua è il francese: infatti, le sue prime opere sono in francese, fortemente influenzate dal Simbolismo. Partecipa come volontario alla Prima Guerra Mondiale, e nel dopoguerra si lega al regime fascista e a Mussolini. Muore a Bellagio nel 1944. È l'iniziatore del movimento Futurista: suo infatti è il *Manifesto del Futurismo* del 1909; nel 1910 pubblica il romanzo *Mafarka il futurista*, nel 1912 cura l'antologia *Poeti futuristi*, nel 1914 esce *Zang-tumb-tumb*, romanzo che porta alle estreme conseguenze la tecnica del paroliberismo; il saggio *Guerra sola igiene del mondo* è del 1915; la sua attività artistica continua con numerose opere fino alla morte.

Tutta la sua opera, sempre fortemente sperimentale,

esalta la vita moderna, la velocità, il mito del superuomo ripreso da D'Annunzio. Per anni il Futurismo e in particolare Marinetti sono stati trascurati dalla critica, che oggi invece mostra molto interesse per la loro opera.

In alto: ritratto di Marinetti dipinto da Carlo Carrà nel 1919.

Al lato: copertina di *Zang, tumb, tumb*, disegnata da Marinetti nel 1914 per il libro più significativo del movimento futurista.

In basso: schizzi realizzati da Marinetti.

Nella pagina a fianco in alto: il gruppo futurista. Da sinistra Russolo, Carrà, Marinetti, Boccioni, Severini.

Nella pagina a fianco in basso: Carlo Carrà, *Ciò che mi ha detto il tram*, 1911.

T59 Filippo Tommaso Marinetti: All'automobile da corsa[1]

Veemente dio d'una razza d'acciaio,
Automobile ebbrrra di spazio,
che scalpiti e frrremi[2] d'angoscia
rodendo il morso con striduli denti...
Formidabile mostro giapponese,
dagli occhi di fucina[3],
nutrito di fiamma
e d'olî minerali,
avido d'orizzonti e di prede siderali[4]...
io scateno il tuo cuore che tonfa diabolicamente,
scateno i tuoi giganteschi pneumatici,
per la danza che tu sai danzare
via per le bianche strade di tutto il mondo!...
Allento finalmente
le tue metalliche redini,
e tu con voluttà ti slanci
nell'Infinito liberatore!
All'abbaiare[5] della tua grande voce
ecco il sol che tramonta inseguirti veloce
accelerando il suo sanguinolento[6]
palpito, all'orizzonte...

Guarda, come galoppa, in fondo ai boschi, laggiù!...
Che importa, mio dèmone bello?
Io sono in tua balìa[7]!... Prrrendimi!... Prrrendimi!...
Sulla terra assordata, benché tutta vibri
d'echi loquaci;
sotto il cielo accecato, benché folto di stelle[8],
io vado esasperando la mia febbre
ed il mio desiderio,
scudisciandoli[9] a gran colpi di spada.
E a quando a quando alzo il capo
per sentirmi sul collo
in soffice stretta le braccia
folli del vento, vellutate e freschissime...
Sono tue quelle braccia ammalianti e lontane
che mi attirano, e il vento
non è che il tuo alito d'abisso,
o Infinito senza fondo che con gioia m'assorbi!...
Ah! ah! vedo a un tratto mulini
neri, dinoccolati,
che sembran correr su l'ali
di tela vertebrata

---

1 La poesia, scritta inizialmente in francese, è stata tradotta dallo stesso autore.

2 La ripetizione di "r" in questi primi versi, e anche più avanti nella poesia, vuole riprodurre il rombo del motore dell'automobile, secondo la tecnica dell'onomatopea, usata spesso dai futuristi.

3 La "fucina" è il laboratorio del fabbro, dove viene lavorato il metallo.

4 L'automobile è un mostro che vuole conquistare spazi oltre la terra, spaziali, celesti.

5 Il rombo del motore viene accostato, qui come nel verso 64, all'abba-

iare di un cane; in altri versi (4, 15, 30, 59) l'automobile richiama l'immagine di un cavallo.

6 il colore del sole al tramonto viene reso con un aggettivo molto forte, che, come il termine "galoppa" del verso 22, avvicina il sole al mondo animale.

7 L'uomo è al servizio della macchina.

8 Anche la terra e il cielo sono sopraffatti, resi sordi e ciechi, dalla forza della macchina.

9 Colpendoli come con una frusta.

---

e 1. Comprensione

Nel testo sono presenti numerosi elementi naturali che vengono superati, vinti dall'automobile.
Quali sono questi elementi naturali sottomessi alla forza e al dinamismo della macchina?

1 Il sole
2 ....
3 ....
4 ....
5 ....

e 2. Analisi

L'automobile, simbolo della società tecnologica e del progresso, viene paragonata dall'autore ad una divinità,
mostruosa e diabolica: sottolinea nel testo tutte le parole e le espressioni che richiamano questo paragone.

come su gambe prolisse[10]...
Ora le montagne già stanno per gettare
sulla mia fuga mantelli di sonnolenta frescura,
là, a quella svolta bieca.
Montagne! Mammut, in mostruosa mandra[11],
che pesanti trottate, inarcando
le vostre immense groppe,
eccovi superate, eccovi avvolte
dalla grigia matassa delle nebbie!...
E odo il vago echeggiante rumore
che sulle strade stampano
i favolosi stivali da sette leghe[12]
dei vostri piedi colossali...
O montagne dai freschi mantelli turchini!...
O bei fiumi che respirate
beatamente al chiaro di luna!
O tenebrose pianure!... Io vi sorpasso a galoppo
su questo mio mostro impazzito!...

Stelle! mie stelle! l'udite
il precipitar dei suoi passi?...
Udite voi la sua voce, cui la collera spacca...
la sua voce scoppiante, che abbaia, che abbaia...
e il tuonar de' suoi ferrei polmoni
crrrrollanti a prrrrecipizio
interrrrrminabilmente?...
Accetto la sfida, o mie stelle[13]!...
Più presto!... Ancora più presto!...
E senza posa, né riposo!...
Molla i freni! Non puoi?
Schiàntali, dunque,
che il polso del motore centuplichi i suoi slanci!
Urrrrà! Non più contatti con questa terra immonda!
Io me ne stacco alfine, ed agilmente volo
sull'inebriante fiume degli astri
che si gonfia in piena nel gran letto celeste!

---

10 I mulini sono descritti con metafore animali: "dinoccolato" si dice di una persona alta e magra, le pale sembrano ali, o lunghe gambe.

11 Mandria.

12 Sono gli stivali che nelle fiabe permettono di percorrere distanze enormi in poco tempo.

13 Le stelle, lontane nel cielo, sembrano sfidare la macchina a raggiungerle: alla fine il mostro meccanico vince sulla natura, permettendo all'uomo di staccarsi dalla terra "immonda", sporca e corrotta.

---

e **3. Analisi**

Nel glossario che conclude questa antologia trovi alcune figure retoriche che Marinetti usa in maniera molto intensa: leggi la definizione delle varie figure e indica alcuni esempi nel testo:

a. onomatopea: *versi:* ....

b. iperbole: *versi:* ....

c. ossimoro: *versi:* ....

d. allitterazione: *versi:* ....

e. personificazione: *versi:* ....

Adesso confronta la tua analisi con quella dei compagni e discutete per trovare l'esempio più perfetto di:

a. onomatopea: ....

b. iperbole: ....

c. ossimoro: ....

d. allitterazione: ....

e. personificazione: ....

il primo Novecento

Eugenio Montale

1. I motivi della poesia montaliana

Fino dalle prime opere Montale si oppone alla tradizione poetica solenne sul modello di Carducci e D'Annunzio (i "poeti laureati") per comporre una poesia essenziale e severa, povera, a prima vista, ma nella quale egli recupera Dante e gli stilnovisti, Leopardi e Gozzano, la poesia metafisica europea e la lirica anglo-americana.

Il motivo che domina tutta la sua opera è lo scacco dell'individuo di fronte all'impossibilità di conoscere la realtà, di vivere la storia con i suoi terribili sconvolgimenti, di essere parte di una società priva di valori profondi.

La poesia non può dare soluzioni a questo dolore, può solo registrarlo con lucidità e coerenza; lo stesso poeta dice più volte di non avere risposte: può solo testimoniare la sua volontà di "resistenza nella vita"; nello stesso tempo però egli non smette di cercare la "maglia rotta nella rete", "l'anello che non tiene", il miracolo che possa offrire una via di uscita a questa situazione esistenziale drammatica: un miracolo che spesso è negativo, è la scoperta del nulla, del vuoto.

Eppure il poeta identifica due possibili vie di scampo: una è costituita dalle figure femminili, dalla donna, l'altra è la memoria.
Le figure femminili presenti nella poesia di Montale sono considerate *visiting angels*, presenze consolatrici, angeliche, sul modello di Petrarca, guida per il poeta che deve attraversare il buio della vita, messaggere di speranza. Anche la memoria, il ricordo, hanno una funzione consolatrice di fronte alla furia distruttrice della storia, possono fornire al poeta un mezzo per difendersi dalla mancanza di significato del presente.

2. Caratteristiche della poesia di Montale

La poesia di Montale, pur avendo a volte un aspetto esteriore semplice e lineare, è il frutto di un lavoro molto raffinato sulla lingua e sul ritmo del verso.
Dal punto di vista metrico, il poeta usa il verso libero, ma recupera spesso i versi tradizionali, con un gusto per il ritmo che lascia vedere la sua iniziale formazione musicale, evidente anche nell'uso raffinatissimo delle rime, delle assonanze, delle allitterazioni.
Il lessico di Montale è molto ricco e particolare: accanto a termini letterari troviamo parole prese dal linguaggio comune e dalla tecnica.
Tutta la sua poesia è dominata da simboli, che rappresentano il mondo e le cose: alla lezione dei simbolisti francesi Montale accosta la tecnica del "correlativo oggettivo", teorizzata dal poeta inglese T. S. Eliot, secondo la quale gli stati d'animo sono direttamente rappresentati da oggetti, che sostituiscono i sentimenti e le situazioni.

🔍 Il "Ventennio"

Grazie alla sua elevata cultura industriale, la Germania dimostrò nel dopoguerra una grande capacità di ripresa. Ma la fortissima svalutazione del Marco favorì l'avanzata delle correnti nazionalistiche e reazionarie. Dopo la Rivoluzione d'Ottobre, nel 1928 iniziò in Russia la politica dei piani quinquennali: la Russia riuscì ad ammodernare le proprie strutture produttive, pagando, però, il prezzo della dittatura di Stalin.
Nel frattempo in America prevaleva la filosofia dell'isolazionismo. In questo contesto, la politica italiana tenta l'invasione dell'Etiopia, voluta dal Duce, che provoca una notevole tensione internazionale, favorevole al nazismo e all'espansione germanica nell'Europa centrale.
La guerra civile spagnola, nella quale intervennero Italia e Germania a difesa del generale Francisco Franco, fu il primo atto di aggressione che il fascismo ed il nazismo attuarono contro l'Europa democratica.

3. Gli *Ossi di seppia*

Pubblicata in prima edizione nel 1925, è la prima raccolta di Montale. È formata da cinque sezioni che ruotano intorno ad alcuni temi comuni: il mare e il paesaggio arido, aspro, roccioso della sua terra natale, la Liguria, è la metafora, il simbolo dell'esistenza dolorosa e negativa, della realtà illusoria e incomprensibile. Montale, in sintonia con molti artisti del '900, rappresenta qui l'uomo come un essere in crisi, che sente su di sé tutta la sofferenza del "male di vivere", pur sperando sempre in un "miracolo" che lo salvi.

4. Le *Occasioni* e *La bufera e altro*

Le Occasioni (1939) si staccano dall'ambiente della Liguria per soffermarsi su attimi e situazioni casuali (le "occasioni", appunto), che mettono in moto i sentimenti e la memoria del poeta. Divisa in quattro sezioni, compare in questa raccolta la donna angelo-demone, salvatrice e messaggera, piena di luce in un mondo oscuro e cupo; l'uso del simbolismo e del correlativo oggettivo è qui maturo e raffinato.
Ne *La bufera e altro* (1956) accanto alla donna-angelo compare un elemento nuovo e drammatico, violento e infernale: la guerra (la "bufera" appunto), la II° guerra mondiale: essa è vista non solo come fenomeno storico, ma come il simbolo del dramma, del dolore dell'umanità, e la raccolta, meno compatta delle precedenti, è dominata dai temi del destino e della storia, dalla morte.

5. Le ultime opere

Satura (1971), *Diario del '71 e del '72* (1973), *Quaderno di 4 anni* (1977), sono centrate sulla società di massa del dopoguerra; il tono è dimesso, umile, quando il poeta si occupa dei ricordi e della moglie morta, polemico, amaro e satirico quando tratta temi di attualità, relativi alla società contemporanea. Lo stile si avvicina alla prosa, il lessico accoglie molte parole comuni e termini tecnici, mentre resta sempre raffinato l'uso della metrica.

Eugenio Montale

Nato nel 1896 a Genova, dopo gli studi si dedica alla musica, studiando canto, e alla poesia. Nel 1917 viene arruolato e combatte nella Prima Guerra Mondiale.
Nel 1920, tornato a casa, entra in contatto con i circoli letterari dell'epoca e inizia a pubblicare le sue poesie. In quegli anni ha un'intensa attività letteraria e culturale: nel 1925 escono gli *Ossi di seppia*, prima notevole raccolta di poesie, si schiera con un gruppo di intellettuali antifascisti, scrive saggi letterari.

Nel 1927, spinto da ragioni economiche, si trasferisce a Firenze, dove vivrà per 20 anni; sono anni ricchi di contatti con il mondo culturale e letterario antifascista: senza lavoro proprio a causa delle sue idee politiche, dal 1938 vive solo di traduzioni e articoli, mentre continua a dedicarsi alla poesia: nel 1938 escono Le *Occasioni*, nel 1943 una parte di *La bufera e altro*, raccolta uscita completa nel 1956.
Dopo la seconda guerra mondiale inizia a collaborare con il quotidiano "Il Corriere della Sera" che, nel 1948, lo assume: da allora si trasferisce a Milano, dove vivrà fino alla morte.

L'attività di giornalista, critico letterario e musicale, inviato speciale e prosatore occupa gli anni del dopoguerra; alla poesia torna solo nel 1966, con *Xenia*, e poi con *Satura* (1971); nel 1967 è nominato senatore a vita, nel 1975 riceve il premio Nobel per la letteratura. Continua a comporre e pubblicare poesie (*Diario del '71 e del '72*, *Quaderno di 4 anni*) fino alla morte, avvenuta a Milano nel 1981.

Qui sopra: Eugenio Montale nel 1955.
Al lato: frontespizio della prima edizione di *Ossi di Seppia*.
Nella pagina a fianco in alto: Montale in età giovanile.
Nella pagina a fianco in basso: la guerra in Spagna provocò 500.000 morti proponendosi come anteprima del secondo conflitto mondiale.

T60 Eugenio Montale: Mottetto XII[1]

Ti libero la fronte dai ghiaccioli
Che raccogliesti traversando l'alte
Nebulose; hai le penne lacerate
Dai cicloni, ti desti[2] a soprassalti.

Mezzodì[3]: allunga nel riquadro[4] il nespolo[5]
L'ombra nera, s'ostina in cielo un sole
Freddoloso; e l'altre ombre che scantonano[6]
Nel vicolo non sanno che sei qui.

---

1 I Mottetti sono 20 brevi testi dedicati alla donna-angelo
che fanno parte della raccolta delle Occasioni.
Il Mottetto è un antico componimento musicale francese.

2 Ti svegli: la donna dorme un sonno agitato.

3 Mezzogiorno.

4 Il riquadro di una finestra.

5 Il nespolo è un albero.

6 Che se ne vanno alla svelta, svoltando nel vicolo.

---

e 1. Comprensione

La poesia rappresenta tre spazi, tre ambienti, caratterizzati da simboli e immagini importanti.
Lo spazio esterno è negativo: quali sono le tre immagini buie che lo definiscono?

L'altre ombre

....

....

La donna angelo proviene da uno spazio oltre la terra, enigmatico e attraversato da tempeste:
cosa c'è in questo spazio celeste?

....

Il poeta protegge il sonno della donna in una stanza, unico luogo tranquillo e protetto:
da quale parola si capisce dove sono i due personaggi?

....

e 2. Analisi

"Sole freddoloso" è una figura retorica chiamata "ossimoro":
un ossimoro mette una accanto all'altra due parole che,
apparentemente, nella lingua comune, sono in contrasto,
si contraddicono.
Secondo te, cosa vuole esprimere il poeta con questa immagine?

e 3. Collegamento

Nel primo capitolo hai visto che tipo di donna-angelo avevano
creato gli stilnovisti, soprattutto Dante, e come Petrarca aveva
evoluto il tema.
Discuti con la classe sul rapporto tra quella donna e questa,
sei-sette secoli dopo.

Eugenio Montale riceve il Premio Nobel nel 1975

T61 Eugenio Montale: Forse un mattino[1]

Forse un mattino andando in un'aria di vetro,
arida, rivolgendomi[2], vedrò compirsi il miracolo[3]:
il nulla alle mie spalle, il vuoto dietro
di me, con un terrore di ubriaco.

Poi, come s'uno schermo, s'accamperanno di gitto[4]
Alberi case colli per l'inganno consueto[5].
Ma sarà troppo tardi; e io me n'andrò zitto
Tra gli uomini che non si voltano, col mio segreto.

---

1 La poesia fa parte degli *Ossi di seppia*; è stata definita "metafisica", in quanto sviluppa il tema dello scontro tra la ragione, la realtà, e l'irrazionale, la rivelazione improvvisa e non spiegabile.

2 Voltandomi indietro.

3 Il "miracolo" visto in senso negativo, come scoperta improvvisa del nulla, è uno dei temi della poesia di Montale.

4 Torneranno al loro posto di colpo, di getto.

5 La vita quotidiana è dominata dall'inganno.

---

e 1. **Riflessione**
Perché secondo te, il poeta se ne andrà zitto, mantenendo il segreto sul miracolo che ha visto compiersi?

e 2. **Collegamento**
Gli "uomini che non si voltano" sono presenti anche nella poesia precedente: in quali versi e con quali parole sono definiti nel *Mottetto XII*?

e 3. **Analisi**
Cosa intende secondo te il poeta con "un'aria di vetro"? Scegli uno o più aggettivi che spieghino l'espressione.

- ○ **a.** Limpida
- ○ **b.** Fredda
- ○ **c.** Lucente

- ○ **a.** Pesante
- ○ **b.** Asciutta
- ○ **c.** Tagliente

La mia poesia
In questo pezzo tratto da un'intervista che Montale ha concesso nel 1951, egli parla del rapporto tra la poesia e la politica, tra l'arte e la storia, dichiarando che la poesia rifiuta le ideologie e si occupa della condizione umana.

L'argomento della mia poesia (e credo di ogni possibile poesia) è la condizione umana in sé considerata; non questo o quell'avvenimento storico. Ciò non significa estraniarsi da quanto avviene nel mondo; significa solo coscienza, e volontà, di non scambiare l'essenziale con il transitorio.
Non sono stato indifferente a quanto è accaduto negli ultimi trent'anni; ma non posso dire che se i fatti fossero stati diversi anche la mia poesia avrebbe avuto un volto totalmente diverso. Un artista porta in sé un particolare atteggiamento di fronte alla vita e una certa attitudine formale a interpretarla secondo schemi che gli sono propri. [...]

Avendo sentito fin dalla nascita una totale disarmonia con la realtà che mi circondava, la materia della mia ispirazione non poteva essere che quella disarmonia. Non nego che il fascismo dapprima, la guerra più tardi, e la guerra civile più tardi ancora mi abbiano reso infelice; tuttavia esistevano in me ragioni di infelicità che andavano molto al di là e al di fuori di questi fenomeni ritengo, si tratti di un inadattamento, di un *maladjustement* psicologico e morale che è proprio a tutte le nature a sfondo introspettivo, cioè a tutte le nature poetiche.
Coloro per i quali l'arte è un prodotto delle condizioni ambientali e sociali dell'artista potranno obiettare:
il male è che vi siete estraniati dal vostro tempo: dovevate optare per l'una o per l'altra delle parti in conflitto. [...]

Rispondo che io ho optato come uomo; ma come poeta ho sentito subito che il combattimento avveniva su un altro fronte, nel quale poco contavano i grossi avvenimenti che si stavano svolgendo.

Altri scrittori del primo Novecento

Nel ventennio fascista la letteratura in prosa fu guidata dagli stessi atteggiamenti psicologici che caratterizzarono la poesia: sopravvalutazione della letteratura, realtà filtrata attraverso la memoria, uso della fantasia, dei sogni.

1. I Rondisti

Questa concezione della letteratura fu sperimentata dai *Rondisti* (scrittori che pubblicarono nella rivista *La Ronda*). Tra questi **Vincenzo Cardarelli** (1887-1959), che fondò nel 1919 la rivista *La Ronda*. Tra le sue prose si ricordano *Viaggi nel tempo*, *Il sole a picco*, *Il cielo sulle città*. Cardarelli fu il sostenitore più vivace di un "Neoclassicismo" formale ed accademico che si ispirava a Leopardi ed al Cinquecento. Altri rondisti furono **Antonio Baldini** (1899-1962), autore di fantasie, diari e saggi critici e **Bruno Barilli** (1880-1952), giornalista e compositore.

2. I Solariani

Si definirono in tal modo quei letterati che collaborarono con la rivista *Solaria*. Non furono tanto dei narratori, quanto dei prosatori che tendevano a rappresentare se stessi anche quando componevano novelle o romanzi: **Giovanni Comisso** (1895-1969), dalla prosa curatissima, come pure **Gianna Manzini** (1896-1974).

3. Il Romanzo

Da una parte si mirò alla disgregazione del tessuto narrativo ottocentesco, ma dall'altra si verificò un ritorno vero e proprio al romanzo. Dal momento, però, che la dissoluzione del romanzo ottocentesco era stata causata dal processo psicologico e culturale dei tempi, sulle orme di Joyce, Musil, Woolf e altri sperimentatori, non era possibile tornare indietro. Quindi, i romanzi non furono più come quelli dell'Ottocento: l'attenzione fu dedicata all'uomo nella sua drammatica solitudine; la tecnica usata fu quella della "deformazione", che serviva a rappresentare un mondo governato dall'irrazionalità e dal caso.

Questi elementi sono evidenti nello scrittore **Federico Tozzi** (1883-1920), che nei suoi romanzi *Con gli occhi chiusi* (1919), *Il Podere* (1921), *Tre Croci* (1918) rappresenta la figura dell'inetto, dell'uomo incapace di accettare le leggi della conflittualità che reggono il mondo, un mondo che gli appare incomprensibile ed assurdo.

Rilevante è anche la figura di **Italo Svevo** (1861-1928), romanziere della Trieste legata alla mitteleuropea, all'Europa dell'impero Austro-Ungarico (il suo vero nome era Ettore Schmitz). Amico di James Joyce, profondo innovatore, la sua sofisticata e raffinata scrittura non fu compre-

🔍 La seconda guerra mondiale

Il I° settembre 1939, con l'invasione della Polonia da parte dell'esercito tedesco di Hitler, inizia la Seconda Guerra Mondiale. È un conflitto davvero mondiale: in circa due anni coinvolge tutti i continenti, trascinando nella guerra numerosissimi Stati e aprendo moltissimi fronti. Nel corso di sei anni si svolge una guerra totale, che, ancora più della I° Guerra Mondiale, coinvolge non solo i militari, ma soprattutto le popolazioni civili, che vede la tragedia del popolo ebraico e che, con il lancio della prima bomba atomica su Hiroshima, apre l'epoca del terrore nucleare. Non è solo una guerra tra popoli e nazioni, ma anche uno scontro ideologico tra Stati come la Germania, l'Italia e il Giappone che volevano creare un nuovo ordine a spese delle democrazie, del popolo ebraico, del bolscevismo russo, e le altre potenze occidentali che, insieme alla Russia, combattevano per la libertà e per la democrazia.

sa e per decenniè stato dimenticato, mentre oggi *Una vita* (1892), *Senilità* (1898) e *La Coscienza di Zeno* (1923) sono inclusi tra i capolavori del Novecento.

4. I Surrealisti

Il movimento surrealista esplose nei primi anni del secolo in Francia e Spagna e si irradiò in tutta Europa. L'espressione dei Surrealisti forzava il reale, per farne rappresentazione simbolica. Tra i vari autori, uno dei più significativi fu **Dino Buzzati**, per anni ignorato dalla critica, ma oggi sempre più rivalutato. Un altro surrealista fu **Alberto Savino**, scrittore e pittore, fratello del più noto pittore **Giorgio De Chirico**, che si proponeva di rendere "il viscere della realtà", cioè la profondità che non tutti riescono a vedere e che l'artista deve "svelare".

Si sta riscoprendo oggi la figura di **Tommaso Landolfi**, nato nel 1908, frequentatore degli ermetici, autore di una trentina di volumi tra liriche, romanzi e racconti. In un suo libro, *La bière du pecheur* (il titolo francese suggerisce ambiguamente due significati: la *bara* del peccatore, la *birra* del pescatore), si pone in netta polemica ed antitesi con D'Annunzio: "Tutto si potrà trovare nelle mie passate opere ed in me, fuorché… la vita". Il suo male di vivere si traduce in favole o simboli, nei quali il reale è continuamente forzato a sfiorare il surreale. Tra le opere più significative i *Racconti* (tutti i racconti fino al '61), *La pietra lunare* (1939), *Rien va* (1963), *Des mois* (1967), *Le labrene* (1974), *Racconto d'autunno* (1975).

5. La letteratura d'opposizione

Negli anni tra il 1930 ed il 1945 circa si formarono alcuni scrittori molto diversi tra loro, ma che possono essere raggruppati sotto alcuni denominatori comuni. Alcuni li definiscono come "Realisti degli anni Trenta", "letteratura d'opposizione" li definiscono altri, perché si distinsero soprattutto per la loro opposizione al fascismo. Il loro fu quasi un antifascismo inconsapevole, presente nei libri quasi all'insaputa dell'autore, ma certamente percepito da critici e lettori.

Fra questi citiamo Alberto Moravia, (cfr. p. 203) che fu costretto a pubblicare sotto pseudonimo, Elio Vittorini, (cfr. p. 203) a cui furono sospese le pubblicazioni su *Solaria*, Cesare Pavese, (cfr. p. 204) che fu mandato al confino, cioè esiliato in un paesino del Sud, lontano dagli intellettuali e dai mezzi di comunicazione di massa.

Dino Buzzati

Nacque a Belluno nel 1906; fu giornalista, novelliere, romanziere, pittore.

Fu poco conosciuto in vita: fu estraneo alla vita politica, diffidente verso la psicanalisi, tormentato dall'orrore per la "città - inferno".

Nel suo primo romanzo, *Bàrnabo delle montagne* (1933), la sua visione del mondo si esprime nel tema dell'attesa "tutti vivono come se da un'ora a un'altra dovesse arrivare qualcuno".

Il suo capolavoro fu *Il deserto dei Tartari* (1940): il sentimento della vita come attesa e angoscia diventa la storia di un ufficiale che passa tutta la vita in una guarnigione nel deserto dei Tartari, in attesa di un attacco che non verrà mai.

Gli stessi motivi si trovano anche in altri suoi romanzi: *Il segreto del bosco vecchio* (1935), *I sette messaggeri* (1942), *Paura alla Scala* (1949), *Un amore* (1963), *Settanta racconti* (1968). Morì a Milano nel 1972.

In alto: ritratto di Dino Buzzati.

In basso: dipinto di Buzzati.

Nella pagina a fianco in alto da sinistra: Vincenzo Cardarelli, Massimo Bontempelli e Alberto Savinio.

Nella pagina a fianco in basso: la bomba atomica lanciata nel 1945 su Hiroshima apre l'epoca della guerra nucleare.

il primo Novecento

T62 Vincenzo Cardarelli: Sole a picco

Chi ha vissuto una sera d'estate in riva a un lago sa che cosa sia la beatitudine. Un calore fermo, avvolgente sale in quell'ora dalle acque che sembrano lasciate lì, immobili e qua e là increspate, dall'ultimo fiato[1] di vento che il giorno andandosene ha esalato, e il loro aspetto è morto e grigio. Si prova allora, più che in qualunque altro istante della giornata, quella dolce infinita sensazione di riposo auditivo[2] che danno le lagune, dove i rumori non giungono che ovattati[3]. Come sanno d'acqua le parole che dicono i barcaioli che a quell'ora stanno a chiacchierare sulla caletta[4] ! Come rimbalzano chiocce[5] nell'aria! I rintocchi delle squille lontane[6] arrivano all'orecchio a grado a grado e rotondi, scivolando dall'alto del cielo pianamente a guisa di lentissimi bolidi[7].

La sera scorre placida, è tutta un estatico bambolarsi[8], un fluire di cose silenziose a fior d'acqua. Naufraga d'un tratto in un chiacchiericcio alto, intenso, diffuso, simile al clamore d'una festa lontana, appena s'accendono i lumi, tra le risate e le voci varie e gaie che escono dagli alberghi dopo cena e il fragore allegro e plebeo d'un pianoforte meccanico che giunge dall'altra riva.

Poi tutto sfuma e rientra ben presto nel gran silenzio lacustre, dove più non si ode che il battere degli orologi che suonano ogni quarto d'ora, a poca distanza l'uno dall'altro, da tutti i punti della sponda, e quel soave, assiduo scampanio delle reti che i pescatori lasciano andare di sera alla deriva, che fa pensare insistentemente a un invisibile gregge in cammino.

---

1 Soffio.

2 Incomincia da questo punto il tema dei rumori ovattati.

3 Il riposo uditivo è quello dei luoghi in cui i rumori giungono smorzati, attutiti.

4 La piccola cala, per lo scivolo delle imbarcazioni nell'acqua.

5 Roche. Dal suono rauco, interrotto.

6 Delle campane. L'aggettivo "lontane" serve a mettere in rilievo come il rumore si senta appena appena.

7 Anche qui "lentissimi" sottolinea la lontananza del rumore. I bolidi sono stelle cadenti o meteore.

8 Imbambolarsi, cullarsi.

---

e 1. Comprensione
Verso sera, sul lago:

○ **a.** sale il vento che muove l'acqua del lago
○ **b.** sale il calore dall'acqua immobile
○ **c.** l'aspetto dell'acqua è vivace e colorato

I rumori sul lago sono: ○ **a.** attutiti   ○ **b.** amplificati   ○ **c.** ripetuti
Dopo cena si sente: ○ **a.** il rumore di una festa   ○ **b.** il suono di un pianoforte   ○ **c.** il rumore dell'acqua

e 2. Analisi
Questo tipo di scrittura era chiamato "prosa d'arte". Perché, secondo te?
Questa prosa è dedicata alle sere d'estate sul lago, al "riposo auditivo": che elementi creano questa sensazione? Quali sono i rumori? Sottolineali poi confronta con i compagni.

e 3. Collegamenti
La descrizione di questa visione del lago fa pensare anche ad un altro lago, il lago di Como, descritto da Alessandro Manzoni ne I Promessi Sposi (cfr. testo 40). Leggi anche la pagina del Manzoni e prova a cogliere differenze e somiglianze fra i due autori.

Vincenzo Cardarelli.
Nacque a Tarquinia nel 1887. Il suo vero nome fu Nazareno Caldarelli. Fondò nel 1919 la rivista *La Ronda*.
Tra le sue prose si ricordano *Viaggi nel tempo, Il sole a picco, Il cielo sulle città*. La raccolta completa delle poesie risale al 1942. Morì a Roma nel 1959.

T63 Emilio Cecchi: Colori

Ci sono animali dal colore assolutamente sbagliato.
Su altri la Natura provò svariati colori, ma senza arrivare a una conclusione soddisfacente.
E lasciò correre per il mondo le diverse prove, quasi dicendo: "Io non ci ho più pazienza; vedetevela un po' fra voialtri". E come si danno quadri d'autore e repliche di bottega[1], così fra gli animali; con la pratica s'impara a distinguere le opere d'ispirazione genuina dalle varianti e dai falsi. Altre bestie portano addosso le tracce d'un ritocco, d'una raschiatura. Probabilmente erano lavori di scuola, sui quali il maestro posò la mano sapiente.

Sulle prime, ad esempio, non ci s'accorge che anche la pantera nera è ritoccata; o, meglio, ridipinta. Sembra uscita di getto, senza la minima sbavatura, dallo stampo della Creazione. L'accozzo de' suoi colori è così elementare: sul nero che la fascia come una maglia elastica, gli occhioni biancastri. Soltanto quando la belva sbadiglia, l'accordo svaria in un istante[2] nel rosso della lingua e nell'avorio dorato delle zanne. Poi il nero si richiude come una scatola, come uno scatto. In un'armonia così austera, a nessuno vien l'idea d'andare a cercare un dubbio, un pentimento.

Eppure, ci fu il dubbio, e ci fu la correzione. A certe epoche, e in una luce diffusa, dentro al pelame si veggono[3] rifiorire coroncine come quelle che screziano il mantello dei leopardi, delle comuni pantere e di altri grossi gatti. È come il lutto dei poveri che, non potendo comprarsi roba nuova, passano al tintore qualche vestito usato. Poi il nero stinge e inverdisce; e di sotto al nero traspariscono i fiori e i quadretti della vecchia stoffa. Quando me n'avvidi, confesso che restai mortificato; come se contemplando un oggetto nuovo, del quale fossi orgoglioso, a un tratto ci avessi scoperto una menda[4]. Grande ammiratore di tali fiere, mi toccava ad ammettere che, in certo modo, eran ritinte. La stessa impressione di chi, adorando una bella donna, viene ad accorgersi che quella ha i capelli truccati. Magari non ci sarà un gran male. Ma avrebbe potuto avvertirlo. Del resto, dopo un momento, le pantere erano tornate a piacermi come prima. Il loro velluto mi pareva come prima tetramente immacolato. Capii che avevo avuto torto ad impermalirmi. E trassi, anzi, un ammonimento.

---

1 I quadri originali del maestro e le copie dei discepoli.

2 L'accordo fra il nero e il biancastro cambia appena in un istante.

3 Si vedono.

4 Un rattoppo.

---

e 1. Comprensione

Il tema di questo testo sono: ⦿ **a.** gli animali ⦿ **b.** i colori ⦿ **c.** i continui tentativi dell'artista

Queste pantere sono: ⦿ **a.** animali veri e propri? ⦿ **b.** esseri simbolici, quasi metafisici?

e 2. Analisi

Prova a mettere a confronto i due testi: in entrambi vengono espresse delle sensazioni.
Nel brano di Cardarelli vengono espresse delle sensazioni uditive, in quello di Cecchi quali sensazioni vengono espresse? Prova a raccogliere nella tabella qui sotto le parole che indicano tali sensazioni.

Cardarelli	Cecchi
....	....
....	....
....	....
....	....
....	....

> **Emilio Cecchi.**
> Nacque a Firenze nel 1884, morì a Roma nel 1966. Fu tra i fondatori della Ronda. Non fu solo scrittore di "elzeviri" o "capitoli", ma autore di ricerche storiche e di pagine critiche, tra le più acute e penetranti del Novecento, sulla letteratura italiana, sulla letteratura inglese, sulle arti figurative.
> Il titolo stesso dei volumi in cui raccolse i "capitoli" corrisponde all'umore della scrittura: *Pesci rossi* (1920), *L'osteria del cattivo tempo, Qualche cosa, Corse al trotto vecchie e nuove, America amara.*

Critica

Ermetica la poesia, ermetica la critica

Ad intendere il valore positivo della poesia ermetica e a rendere più difficile l'apprezzamento del raggiunto fatto artistico del linguaggio analogico e ermetizzante è stata di ostacolo la poetica[1] che ha di sovente accompagnato o seguito quei testi. Una poetica che non manca di alcune ambizioni dell'estetica[2] ed ha insistito sulla poeticità dell'ineffabilmente ambiguo[3], «sulla bivalenza di significato dell'aggettivazione», sulla neutralità e refrattarietà[4] sentimentale della parola per porre infine dell'«oscurità[5]» il carattere proprio della poesia.

Ne è derivata una critica di sostegno che si è avvalsa[6] essa stessa della bivalenza dell'aggettivazione, della neutralità della parola, del gusto di ciò che è *ineffabilmente ambiguo* e infine della trasposizione analogica. *L'amore dell'ambiguo* è apparso adunque il comune piano di quella poesia e di questa critica. Pur riconoscendo il significato polemico della critica ermetizzante, bisogna convenire[7] che essa, almeno per il momento, è mancata di una precisa coscienza[8] teorica e speculativa[9] mentre nel caso della concreta poesia si sono avute esperienze di ben altro valore positivo. Tuttavia tale è l'autoconsapevolezza critica di questa poesia[10], tale [è] ufficialmente la poetica dell'ermetismo: amore della bivalenza aggettivale, delle espressioni polisenso[11], dell'ambiguità e dell'oscurità come essenziali all'arte. Gli ermetici evitano perfino di impegnarsi nei titoli. Pubblicando due poesie su *Corrente*, Montale ha scritto che il titolo di esse «puramente possibile e indicativo, vuol essere il riflettore di un momento».

Come già, per quanto in un senso assai diverso, per Mallarmé[12], qui si vuole mirare ad un tale legame essenziale di immagini che per coglierne il senso unitario sia resa superflua l'elocuzione indicativa[13] e basti l'attenzione del lettore. Ma di fatto poi l'attenzione del lettore non basta. E in un tal procedimento inoltre si nasconde il pericolo di trasformare il gusto della suggestione poetica nella gioia puramente intellettuale dell'indovinare, che è la secca[14] in cui è andata ad arenarsi spesso anche la poesia di Mallarmé.

Ora, comunque siano da considerare queste ricerche[15], piuttosto cronologiche e documentarie che concettuali, delle origini dell'ermetismo critico, è certo che sui due punti della *suggestione* e della *parola pura* si incentrano gli aspetti fondamentali della sua poetica. La quale, partendo dall'idea della suggestione e quindi dal pensiero di una necessaria collaborazione del lettore all'opera d'arte, si completa poi nel concetto di una assoluta purezza della poesia, libera da riferimenti sentimentali, psicologici, ecc.; e perciò accentua il valore magico della parola astratta, isolata, come una trascendente realtà a cui sia affidato il miracoloso equilibrio del canto.

S. F. Romano

Giuseppe Ungaretti fra Montale e Quasimodo.

1 Questo è il soggetto dell'intera, lunga frase: "La poetica (…) è stata di ostacolo ad intendere il valore positivo…". Intendere significa "comprendere".

2 "Poetica" è l'idea della poesia e della letteratura di un dato autore, "estetica" è una filosofia organica della bellezza e del valore letterario.

3 "Ineffabile" è ciò che non può essere detto, "ambiguo" è ciò che, pur detto, ha tuttavia vari significati possibili.

4 Il fatto di respingere il sentimento.

5 Mancanza di chiarezza nei significati.

6 Che ha utilizzato.

7 Ammettere.

8 Consapevolezza.

9 Di pensiero.

10 Gli autori di questo tipo di poesia sono così consapevoli loro stessi dei problemi critici.

11 Che hanno più significati. (Parola creata dallo stesso Romano).

12 Poeta simbolista francese.

13 Un spiegazione che indichi come unire le immagini l'una all'altra.

14 Zona del mare in cui il fondo è molto vicino alla superficie, anche se non si vede, e quindi le navi si "arenano", cioè si fermano incastrate nella sabbia, così come si è fermata la poesia di Mallarmé.

15 Si tratta della ricerca, cioè del saggio, dello stesso Romano, che cerca di capire come si è evoluta ("cronologiche") e su che basi ("documentarie") la critica ermetica.

il secondo Novecento

il secondo Novecento

Il secondo Novecento

1. La fine della guerra

Il 10 luglio del '43 le forze alleate sbarcarono in Sicilia ed iniziarono, risalendo la penisola, a liberare l'Italia occupata dalle truppe tedesche. Alla fine di quell'anno l'Italia era un paese tagliato in due: a sud di Napoli gli alleati ed il re, al nord i tedeschi, che avevano liberato Mussolini e lo avevano messo a capo della cosiddetta repubblica di Salò (dal nome della località sul lago di Garda dove aveva sede). Il settentrione divenne, inoltre, lo scenario principale in cui si sviluppò la resistenza armata, la lotta partigiana contro i nazifascisti. L'Italia dunque tra il '43 ed il '45 non fu solo teatro di scontri tra le forze alleate e naziste, ma fu anche lacerata da un'aspra guerra civile.

2. La ricostruzione

Il paese esce dal conflitto distrutto moralmente e con una situazione economica gravemente compromessa. La produzione industriale nel '45 è scesa a meno di un terzo di quella del '38, e vi è un alto tasso di disoccupazione. L'inchiesta sulla miseria condotta nei primi anni cinquanta rivela che quasi un terzo delle famiglie italiane non consuma mai carne. 2.800.000 famiglie vivono in case sovraffollate (900.000 di queste vivono con una media di quattro persone per stanza o in luoghi di fortuna come magazzini, baracche o addirittura grotte). L'85% delle famiglie povere è concentrata al Sud, dove la povertà raggiunge percentuali molto più alte del resto del paese. Agli inizi degli anni cinquanta solo l'8% delle famiglie italiane possiede allo stesso tempo acqua, elettricità e servizi igienici interni. È su queste macerie che l'Italia inizia il periodo della ricostruzione, che non è solo economica, ma è anche morale e civile. Cresce il bisogno di un'identità diversa e di nuovi valori. È in questo periodo che inizia un nuovo corso della vita artistica e letteraria italiana. Nasce la grande stagione del cinema e della letteratura neorealista.

3. Il neorealismo

L'esperienza del conflitto, della resistenza, il ritorno alla democrazia e la nascita di una nuova società cambiano profondamente il rapporto tra società e cultura. Si impone la necessità di una nuova letteratura che si distacchi profondamente dalla retorica letteraria dell'ultimo ventennio. Matura nel primo dopoguerra il bisogno di una letteratura coscientemente attenta alla realtà sociale, ai percorsi di vita del singolo e della collettività. Una letteratura non so-

---

🔍 Dal Regno alla Repubblica

Finita la guerra e caduto il regime fascista l'Italia tornò alla democrazia. Il 2 giugno del 1946 rappresenta una data storica: in quel giorno, infatti, il popolo italiano fu chiamato a scegliere, attraverso un referendum, tra la vecchia forma istituzionale dello Stato, la monarchia, o passare ad un sistema repubblicano. Vittorio Emanuele III aveva abdicato in favore del figlio, Umberto, nel tentativo di far dimenticare il coinvolgimento della casa reale con il fascismo e la fuga del re a Brindisi, ma l'Italia scelse di divenire una repubblica con il 54,2% di voti a favore. Allo stesso tempo gli italiani votarono per eleggere l'Assemblea Costituente, che avrebbe avuto il compito di redigere la Costituzione della Repubblica. Il voto fu a suffragio universale: per la prima volta, infatti, il diritto di voto era esteso alle donne.

La Costituzione entrò in vigore il 1° gennaio del '48. Essa presentava una serie di articoli molto avanzati. Tuttavia, lo sforzo dell'Assemblea fu vanificato da una sentenza della Corte di Cassazione che introdusse una distinzione tra le parti della Costituzione di immediata applicazione e le "norme programmatiche" che si sarebbero realizzate in un futuro imprecisato. Fu così che rimasero in vigore codici e normative fascisti (come il Testo unico di pubblica sicurezza, del 1931) e che alcune importanti istituzioni furono introdotte solo dopo molti anni. La Corte Costituzionale entrò in funzione nel '56 e solo due anni dopo il Consiglio Superiore della Magistratura. Alcune norme che contraddistinguono un paese civile, come la parità tra i sessi e i diritti politici e civili delle donne, furono applicate solo dopo lunghissimi ritardi.

lo consolatoria di fronte alle tragedie dell'umanità, ma in prima fila contro gli orrori del mondo. Il Neorealismo nasce sulla spinta di una forte passione civile che diviene artistica testimonianza dell'Italia dell'epoca, della sua condizione di arretratezza e di miseria, ma con fiducia nella sua forza di ripresa e di rinnovamento. Negli anni '40 si afferma dunque la letteratura come impegno, come dimostrano i continui dibattiti sul ruolo di politica e cultura e sul ruolo dell'intellettuale nella società, che trovano spazio nelle numerose riviste che vedono la luce nel nuovo contesto democratico; una fra tutte il **Politecnico**, diretto da *Elio Vittorini*. Il Neorealismo esprimeva nella letteratura e nel cinema la responsabilità civile di molti scrittori e registi, ma non ebbe una solida coscienza stilistica. La sua parabola si concludeva già alla metà degli anni cinquanta.

4. Oltre il Neorealismo

Una svolta importante è rappresentata dalla pubblicazione de *Il Gattopardo* (1958) di **Tomasi di Lampedusa**. Nella vicenda del principe di Salina e della sua casata, ambientata in Sicilia all'epoca dello sbarco garibaldino, l'autore propone una visione del divenire storico intrisa di fatalismo e rassegnazione, che ricordano il mondo verghiano e sospingono il romanzo lontano dai modelli neorealisti di letteratura impegnata, avvolgendolo in un'aurea quasi decadentista.

5. Giorgio Bassani (1916-2000)

Un altro romanzo che in certo modo segna il superamento del Neorealismo è *Il giardino dei Finzi Contini* ('62), che narra la storia di una famiglia di origine ebraica (come lo stesso Bassani) nella Ferrara del periodo bellico, in cui, peraltro, sono ambientate molte sue opere fra le quali le *Cinque storie ferraresi* ('55). In Bassani il romanzo approda all'elegia, al conflitto interiore, ad una malinconica visione della fragilità del mondo e degli uomini. Il realismo nella sua poetica diviene memoria lirica, lontana dalle forme documentarie del Neorealismo. La sua concezione pessimista della vita e le suggestioni decadenti della solitudine dell'uomo compaiono, tra le altre opere, anche ne *Gli occhiali d'oro* ('58) e *Dietro la porta* ('58).

6. Carlo Emilio Gadda (1915 -1973)

Nel panorama letterario l'opera di Gadda si distingue per una originalissima e personale ricerca linguistica, che lo porta a mescolare elementi di diversi dialetti con aspetti dell'italiano colto e scientifico, nella descrizione di una realtà caotica e ambigua che le tecniche narrative neorealiste non erano in grado di cogliere. Ricordiamo tra le sue opere più famose, *Quer pasticciaccio brutto de via Merulana* ('57) e *La cognizione del dolore* ('63)

7. La ricerca di un nuovo linguaggio

Nel decennio che va dalla fine della guerra alla metà degli anni '50 la società italiana vive profonde trasformazioni economiche e sociali. Di fronte alla nuova realtà industriale ed al miracolo economico i modelli neorealisti sembrano insufficienti sia nei loro presupposti ideologici che sotto il profilo stilistico - formale. La ricerca di un nuovo linguaggio letterario si concentra nei dibattiti che trovano spazio soprattutto in riviste quali *Officina* e *Rendiconti*, a cui collaborarono importanti figure della cultura italiana quali **Pasolini**, **Fortini** e **Roversi** e *Il menabò*, fondato da **Vittorini** e **Calvino**, che ospita una prima rassegna di scrittori della neo-avanguardia, che in quegli anni definiscono la loro poetica e trovano espressione soprattutto nelle pagine di un'altra rivista: *Il verri*.

8. La neo-avanguardia

In rottura con i modelli della tradizione, ma fortemente in polemica anche con le istanze artistiche contemporanee, gli scrittori neo-avanguardisti rifiutano qualsiasi ideologia alla base dell'opera letteraria, ponendo la ricerca sul linguaggio al centro della loro poetica. Ma per loro il linguaggio della società contemporanea è falso e alienato. Non resta dunque che il suo scardinamento sintattico e semantico come simbolo dell'impossibilità di comunicare, come appare nella raccolta poetica *Laborintus* ('56) di **Edoardo Sanguineti**, che insieme a **Umberto Eco**, **Renato Barilli**, **Nanni Balestrini** ed altri rappresentanti della neo-avanguardia fondarono il *Gruppo '63*, che si separerà alla fine degli anni sessanta.

In **questa pagina**: Umberto Eco.

Nella pagina a fianco in alto: l'arrivo degli alleati.

Nella pagina a fianco in basso: Alcide De Gasperi.

il secondo Novecento

Gli scrittori neorealisti (1)

1. Le origini

"Il libro apparirà al lettore in stridente contrasto con l'immagine pittorica che dell'Italia meridionale si trova frequentemente nella letteratura". Così scriveva **Ignazio Silone** (1900-1978) nella prefazione di *Fontamara*, romanzo uscito in Svizzera nel '30 e rimasto ignorato in Italia per vent'anni. Narra la storia di un piccolo paese dell'Abruzzo, Fontamara appunto, che diviene simbolo di un mondo contadino in cui si affrontano gli emarginati, i "cafoni" e i borghesi, con un impianto narrativo di tipo realistico che si distacca palesemente, per stile e contenuto, dal formalismo allora dominante. Nel '30 appare anche *Gente in Aspromonte*, di **Corrado Alvaro** (1895-1956), scrittore e giornalista che con questo romanzo descrive realisticamente la vita nella sua terra, la Calabria. Un anno prima, nel '29, Alberto Moravia aveva pubblicato *Gli indifferenti*, romanzo che offre un crudo ritratto della borghesia romana degli anni venti. Se dunque la stagione del Neorealismo fiorisce tra il '43 ed il '49, se una sua consapevolezza politico-ideologica si espresse dopo il '47-'48, si deve tener presente che le sue origini risalgono alla fine degli anni venti, e dunque prima della guerra e della resistenza, nella reazione intellettuale alla cultura di regime dominante in quegli anni.

2. La poetica del neorealismo

Il Neorealismo non elaborò una vera e propria poetica. Come disse Italo Calvino: "Il Neorealismo non fu una scuola. [...] Fu un insieme di voci, in gran parte periferiche, una molteplice scoperta delle diverse Italie, anche – o specialmente – delle Italie fino allora più inedite per la letteratura". Tuttavia, attraverso le opere di questo "insieme di voci" è possibile riconoscere alcuni aspetti fondamentali. In primo luogo il Neorealismo si pone in rapporto con l'attualità, con la realtà quotidiana e le problematiche della società contemporanea.

Tuttavia, esso prende le distanze dal naturalismo. È importante tener presente che quando si parla di realismo in letteratura non si intende un'oggettiva descrizione del reale (che peraltro non è mai possibile), ma significa piuttosto il ricorso ad una tecnica narrativa e descrittiva che si ispira alla realtà e trae da essa spunto per un materiale narrativo che di tale realtà diviene paradigma, rivelandone e denunciandone le contraddizioni. In questo modo le tematiche fondamentali del Neorealismo riguardano ad esempio la critica della borghesia durante il ventennio fascista, che si esprimeva nel cosiddetto cinema dei *telefoni bianchi*, le condizioni di miseria durante la guerra e nell'immediato dopoguerra, la condizione dei braccianti nel meridione, la resistenza, la dura ripresa della vita cittadina tra le macerie morali e materiali del conflitto.

🔍 L'urbanizzazione: nuove città

Il volto della società italiana cambia rapidamente. Si sta compiendo, pur tra mille contraddizioni, il passaggio da una società prevalentemente agricola ad un paese fortemente industrializzato e neo-capitalista.

Alla fine degli anni '50 il numero degli italiani impiegati nelle industrie supera quello dei lavoratori delle campagne. L'Italia vive il cosiddetto "miracolo economico".

All'indomani dell'unificazione dell'Italia, nel lontano 1861, D'Azeglio pronunciò la famosa frase "Fatta l'Italia bisogna fare gli italiani". Ora, nella società dei consumi, a "fare gli italiani" ci pensano il mercato, la comunicazione di massa e la televisione, che dal 1954 inizia ad invadere le case. Grandi masse di italiani si spostano, soprattutto emigrando dal Sud verso il Nord (più di un milione tra il '58 ed il '63), cambiando il volto delle grandi aree urbane. Ad essere investite dal fenomeno sono soprattutto Milano, Torino e Genova, ossia le aree delle grandi industrie, ma anche Roma e Bologna.

Se da un lato crescono i simboli della nuova Italia industriale e del benessere (la Torre Velasca, il grattacielo Pirelli a Milano, ecc.) si sviluppano nell'*hinterland* allucinanti periferie dormitorio in cui alloggia la massa anonima della manodopera a basso costo.

3. La realtà del meridione.

Oltre a Silone e Alvaro, altri scrittori affrontarono temi legati alla realtà di povertà e arretratezza del Sud del paese. Tra questi ricordiamo **Carlo Levi** (1902-1975). Antifascista, fu arrestato e obbligato al confino. Da questa esperienza nacque la sua opera più nota: *Cristo si è fermato a Eboli* ('45), in cui rivive l'esperienza umana del confino denunciando allo stesso tempo l'abbandono e l'arretratezza delle popolazioni della Basilicata.

4. Elio Vittorini

Vittorini (1908 -1966) fu uno dei padri della corrente neorealista e tra le voci più originali del dibattito culturale del dopoguerra. La sua terra natale, la Sicilia, farà da sfondo a uno dei suoi romanzi più noti: *Conversazione in Sicilia* ('41), che narra il ritorno del protagonista, Silvestro, nell'isola, con un linguaggio realista che, tuttavia, si carica di simbolismi nella presa di coscienza dell'umanità offesa. *Uomini e no* ('45) è invece basato sulla sua esperienza di partigiano a Milano.

5. Francesco Jovine

Un'altra testimonianza sullo sfruttamento dei contadini e le ingiustizie sociali nel Sud, questa volta in Molise, è il romanzo *Le terre del Sacramento* ('50), di Francesco Jovine (1902-1950), un'opera tipicamente neorealista nell'impianto storico-sociale. Vi si narra la repressione e la cacciata dei braccianti che non volevano abbandonare terre che avevano coltivato, le terre di Sacramento appunto, e che vengono cedute ad una ignota società per azioni.

6. Vitaliano Brancati

Sempre ambientate nel meridione, ma con soggetti più inerenti a problematiche esistenziali venate di erotismo sono le opere di Brancati (1907-1954), del quale ricordiamo tra gli altri, due romanzi di successo: *Don Giovanni in Sicilia* ('41) e *Il bell'Antonio* ('49). La sfera individuale dei suoi personaggi è dominata dal tema ossessionante della donna e dell'eros, ma essi divengono antieroi descritti con toni a volte ironici a volte moraleggianti, nel contrasto con la realtà siciliana, sonnolenta e provinciale, di una borghesia ben diversa da quella protestata dalla ridondante retorica di regime.

Alberto Moravia

Alberto Moravia, pseudonimo di Alberto Pincherle, nasce a Roma nel 1907. A dieci anni si ammala gravemente ed è costretto ad una lunga permanenza a letto. In questo periodo di intense letture si conferma la sua vocazione di scrittore. Nel '29 pubblica il suo primo lavoro, *Gli indifferenti*. Il romanzo viene censurato dal fascismo che ne proibisce la diffusione. Colpito dalle leggi razziali deve affrontare un periodo di clandestinità. In *La ciociara* ('57) Moravia ripercorre in modo autobiografico la dura esperienza della guerra. Le opere tra il '47, in cui pubblica *La romana*, ed il '59, anno dei *Nuovi racconti romani*, sono quelle che maggiormente si avvicinano al linguaggio neorealista e sono state spesso utilizzate come soggetti cinematografici. Ricordiamo inoltre *Il conformista* ('51), *Il disprezzo* ('54) e *Racconti romani* ('54). Nel '60 pubblica *La noia*. In quegli anni Moravia, sensibile anche alle istanze della neo-avanguardia, si avvicina al romanzo sperimentale e approfondisce tematiche legate alla psicanalisi. Tra le altre opere ricordiamo *La vita interiore* ('78), *Io e lui* ('71), *La cosa* ('83), *L'uomo che guarda* ('85). Nell'83 è deputato al parlamento europeo. Muore a Roma nel 1990

ALBERTO MORAVIA

GLI INDIFFERENTI

ROMANZO

MILANO — MCMXXIX
EDIZIONI «ALPES»

Qui sopra in alto: ritratto di Alberto Moravia.

Qui sopra in basso: frontespizio della prima edizione de *Gli indifferenti*, 1927.

Nella pagina a fianco in alto: ritratto di Ignazio Silone.

Nella pagina a fianco in basso: la Torre Velasca a Milano.

Gli scrittori neorealisti (2)

7. La resistenza

La lotta armata contro i nazifascisti tra il '43 ed il '45 fu tra i grandi temi della stagione neorealista.

Oltre a *Il sentiero dei nidi di ragno* ('47) di **Calvino**, di cui parleremo in seguito, sulla guerra partigiana scrissero: **Renata Viganò** (1900-1976), che partecipò attivamente alla lotta clandestina e il cui romanzo *L'Agnese va a morire* ('49), tradotto in molte lingue, è forse uno degli esempi più intensi della letteratura neorealista di quegli anni;

> **IL NUOVO CORRIERE**
> E' GIUNTA LA GRANDE GIORNATA
> **Milano insorge contro i nazifascisti**
> L'ultimatum del Comitato di Liberazione Nazionale agli oppressori: «Arrendersi o perire!»
> Il proclama del C. L. N.
> **Cronaca di ore memorabili**

Beppe Fenoglio (1922-1963), che combattè anch'egli tra le file partigiane. Fra le sue opere, ambientate nelle Langhe piemontesi, ricordiamo il romanzo breve *La malora* ('54), che è una delle migliori espressioni del neorealismo letterario e i romanzi pubblicati postumi: *Il partigiano Johnny* ('68) e *La paga del sabato* ('69). Fenoglio descrive con un realismo spinto quasi alla cronaca, ma anche con certa ironia, l'esperienza partigiana che fu al centro della sua breve vita.

8. Primo Levi

Riconducibile per alcuni versi a questo filone memorialistico e di denuncia è l'opera di Primo Levi (1919-1987).

Nasce nel 1919 a Torino da una famiglia ebraica. Divenuto partigiano dopo la caduta del fascismo, viene fatto prigioniero e deportato nel campo di concentramento di Aushwitz dove rimane quasi un anno, tra il '44 ed il '45.

L'esperienza traumatica del lager sarà al centro della sua produzione narrativa, impegnata sia nella realistica descrizione dell'esperienza vissuta, come in *Se questo è un uomo* ('47), sia nel tentativo di capire le ragioni profonde e universali che possono spingere l'essere umano a generare tanta violenza in *I sommersi e i salvati* ('85).

Ricordiamo tra le altre opere *La tregua* ('63) che narra il lento ritorno alla vita dopo l'esperienza del lager, anche se nulla potrà ritornare come prima. Si toglie la vita a Torino nel 1987.

9. Cesare Pavese

Sullo sfondo delle Langhe piemontesi sono ambientate molte opere di Cesare Pavese (1908-1950), poeta e narratore, tra le più grandi voci della letteratura italiana del novecento. Dopo la pubblicazione di *Paesi tuoi*, scritto nel '39 e pubblicato nel '41, egli venne annoverato dalla critica tra gli scrittori neorealisti.

Tuttavia, bisogna tener presente che il percorso artistico ed intellettuale di Pavese si articola in un complesso intreccio tra vita e letteratura che dà luogo ad una ricerca poetica spesso originale, come nella raccolta di poesie *Lavorare stanca* ('36), in cui la poesia-racconto si distacca dai modelli ermetici.

Nella sua prosa confluiscono l'impegno politico, come ne *Il compagno* ('47) ed il realismo simbolico del ritorno miti-

---

🔍 **La Vespa e la "Seicento"**

L'Italia si va riprendendo dalle ferite della guerra, ma la rete di comunicazione, ancora molto dissestata, non consente un rapido sviluppo del mercato automobilistico. Tuttavia, la necessità di mobilità individuale spinge un ingegnere aeronautico, D'Ascanio, a progettare nel 1966 un veicolo rivoluzionario: la Vespa. Alla fine del '49 ne sono stati prodotti 35.000 esemplari ed in dieci anni più di un milione. La Vespa diviene ben presto non solo un successo commerciale, ma un simbolo che accompagna varie generazioni fino agli anni '60 -'70 ed oltre. Diviene un fenomeno di costume, presente in campagne pubblicitarie ed in decine di film. Simbolo del boom economico e dei venti di rinnovamento del '68. A partire dal 1955 la FIAT produce una vettura che diventerà un altro simbolo degli anni '60: la Fiat 600. Ne vengono prodotti vari modelli (tra cui la curiosa seicento multipla). 900.000 esemplari invadono il mercato e rappresentano la vettura dell'italiano medio nell'epoca della motorizzazione di massa, ora possibile grazie ad una rete stradale rinnovata.

co alla campagna quale luogo di recupero dell'infanzia e di purezza, contrapposto al vivere cittadino privo di autenticità, come traspare ne *La bella estate* ('49) che include i racconti *Tre donne sole* e *Il diavolo sulle colline*. Infine il tema della solitudine, presente in tutta l'opera di Pavese e che nei *Dialoghi con Leucò* ('47) acquista i tratti della ricerca filosofica che richiama il Leopardi delle *Operette Morali*, allontanandosi dai canoni della letteratura neorealista.

Nelle ultime opere del dopoguerra, *Prima che il gallo canti* ('48), che contiene il romanzo breve *La casa in collina* e *La luna e i falò* ('50) egli approda alla profonda solitudine interiore ed alla disillusione che lasciano ormai spazio ad ossessive ricorrenze di morte. La parabola umana ed artistica di Pavese si conclude con la famosa frase "Non parole. Un gesto. Non scriverò più" che suggella *Il mestiere di vivere*, diario iniziato ai tempi del confino e pubblicato postumo, nel '52, dopo il suicidio.

10. Vasco Pratolini

Nato a Firenze da una famiglia operaia, Pratolini (1913-1991) ebbe un'infanzia dura, nel quartiere di Santa Croce, che farà spesso da sfondo alle vicende dei suoi romanzi. Ebbe una formazione autodidatta. Nella sua opera si possono distinguere alcune fasi: prima del '45 prevalgono nei suoi romanzi tematiche riconducibili alla sua esperienza autobiografica. Ricordiamo *Il tappeto verde* (41) e *Il quartiere* ('44).

Dopo l'esperienza della resistenza, i temi narrativi di Pratolini assumono una dimensione storico-sociale ed a questa fase risalgono *Cronaca familiare* ('47) e *Cronache di poveri amanti* ('47), ambientato nella Firenze degli anni venti. Qui l'esperienza sentimentale ed individuale si trasforma in storia collettiva ed elegia dell'amicizia e della solidarietà. In seguito Pratolini, dopo il racconto in chiave giocosa *Le ragazze di San Frediano* ('54), lavora ad un grande affresco della società nella trilogia *Una storia italiana*, composta da *Metello* ('55), *Lo scialo* ('60) e *Allegoria e derisione* ('66).

All'indomani della sua pubblicazione *Metello* sollevò un acceso dibattito sul suo coerente o meno impianto neorealista. Sta di fatto, comunque, che alla metà degli anni cinquanta la stagione del Neorealismo volgeva ormai al termine.

Cesare Pavese

Nasce nel 1908 in un paesino delle Langhe piemontesi, terra a cui sarà sempre intimamente legato.
Si forma nel contesto della cultura liberale antifascista piemontese. Compie studi sulla letteratura inglese ed americana ed intraprende un'intensa attività di traduttore. Nel '34 diviene direttore della rivista *Cultura* ed è tra i primi collaboratori della casa editrice Einaudi. Arrestato come dissidente, viene condannato al confino dove inizia a scrivere il diario *Il mestiere di vivere*. Durante l'occupazione tedesca si rifugia con la famiglia della sorella nel Monferrato. Dopo la liberazione si iscrive al Partito Comunista e collabora con *L'Unità*. La personalità di Pavese come uomo ed intellettuale è molto complessa. La sua opera è pervasa da un profondo disagio esistenziale (acuito da amare delusioni amorose) che lo spingerà, a togliersi la vita in una stanza d'albergo di Torino (1950). La profondità umana che pervade la sua opera poetica e narrativa fa di Pavese uno dei maggiori scrittori della letteratura italiana contemporanea.

Qui sopra in alto: uno degli ultimi ritratti di Cesare Pavese.

Qui sopra: partigiani contadini.

Nella pagina a fianco in alto: il Corriere della Sera annuncia la rivolta di Milano contro i fascisti.

Nella pagina a fianco in basso: la Vespa, prodotta dalla Piaggio a partire dal 1946-47.

T64 Ignazio Silone: Fontamara

L'impresario cercò di dire qualche cosa, ma non glielo permettemmo. La nostra pazienza era esaurita.

«Non vogliamo più sentire chiacchiere» gridavamo.

«Basta coi discorsi. Ogni vostro discorso è un imbroglio. Basta coi ragionamenti. L'acqua è nostra e resterà nostra. Ti mettiamo fuoco alla villa, com'è vero Cristo.»

Le parole esprimevano esattamente il nostro stato d'animo; ma quello che ristabilì la calma fu don Circostanza. «Queste donne hanno ragione» si mise a urlare, separandosi dai colleghi e venendo verso di noi. «Hanno dieci volte ragione, cento volte ragione, mille volte ragione.» Noi allora tacemmo di colpo, fiduciose. Don Circostanza prendeva le nostre difese e noi sapevamo che era un grande avvocato. La sua voce suscitò in noi una commozione infantile, veramente inspiegabile. Alcune di noi non riuscirono a nascondere le lagrime. «Queste donne hanno ragione» continuò l'Amico del Popolo. «Io le ho sempre difese e le difenderò sempre. Che cosa vogliono in fondo queste donne? Essere rispettate.» «È vero!» interruppe Marietta e corse a baciargli le mani. «Vogliono essere rispettate e noi dobbiamo rispettarle» continuò don Circostanza rivolto con braccio minaccioso verso i notabili.

«Esse meritano il nostro rispetto. Queste donne non sono prepotenti. Esse sanno che la legge è purtroppo contro di loro, e non vogliono andare contro la legge. Esse vogliono un accordo amichevole col podestà. Esse fanno appello al suo buon cuore. Esse non fanno appello al capo del comune, ma al benefattore, al filantropo, all'uomo che nella nostra povera terra ha scoperto l'America. È possibile un accordo?»

Quando don Circostanza ebbe finito di parlare in nostro favore, noi lo ringraziammo e alcune di noi gli baciarono le mani per le sue buone parole, ed egli si pavoneggiava per i nostri complimenti. Poi vi furono varie proposte di accomodamento. Una proposta fece il canonico don Abbacchio, un'altra il notaio, un'altra il collettore delle imposte. Ma erano proposte impossibili perché non tenevano conto della scarsa quantità d'acqua del ruscello e degli usi dell'irrigazione. L'impresario non diceva nulla. Lasciava parlare gli altri e sorrideva, col sigaro spento a un angolo della bocca.

La vera soluzione la presentò don Circostanza.

Queste donne pretendono che la metà del ruscello non basta per irrigare le loro terre.

Esse vogliono più della metà, almeno così credo di interpretare i loro desideri. Esiste perciò un solo accomodamento possibile. Bisogna lasciare al podestà i tre quarti dell'acqua del ruscello e i tre quarti dell'acqua che resta saranno per i Fontamaresi. Così gli uni e gli altri avranno tre quarti, cioè, un po' più della metà.

«Capisco» aggiunse don Circostanza «che la mia proposta danneggia enormemente il podestà, ma io faccio appello al suo buon cuore di filantropo e di benefattore.»

Gli invitati, riavutisi dalla paura, si misero attorno all'Impresario per supplicarlo di sacrificarsi in nostro favore. Dopo essersi fatto pregare, l'Impresario finalmente cedette. Fu in fretta portato un foglio di carta. Io vidi subito il pericolo.

«Se c'è da pagare qualche cosa», mi affrettai a dire «badate che non pago.»

«Non c'è nulla da pagare» spiegò ad alta voce l'Impresario.

«Niente?» mi disse sottovoce la moglie di Zompa.

«Se non costa niente, c'è imbroglio.»

«Se ci tieni tanto a pagare», le feci osservare,

Sopra: la copertina della prima edizione di Fontamara

Nella pagina a fianco: ritratto di Ignazio Silone e copertina della prima edizione di *Bread and wine* la traduzione di *Pane e vino*, di Ignazio Silone.

Il contesto

La popolazione di Fontamara, piccolo borgo di braccianti abruzzese, vive in condizioni di stentata sopravvivenza.
Agli scarsi raccolti e alle catastrofi naturali si aggiungono le violenze e i soprusi dei potenti della zona.
L'esasperazione raggiunge il massimo quando il nuovo podestà decide di far deviare abusivamente sulle sue terre
un corso d'acqua di vitale importanza per le povere coltivazioni di Fontamara.
Il brano narra il colloquio tra le donne del paese, scese a protestare, e le autorità.

1. Comprensione

	vero	falso
a. Le donne vogliono delle scuse perché sono state insultate	○	○
b. Senza l'acqua del ruscello i fontamaresi non possono coltivare la terra	○	○
c. Le donne credono a don Circostanza	○	○
d. L'impresario non cerca nessun accordo	○	○
e. Don Circostanza vuole aiutare le donne	○	○
f. Le donne scoprono di essere state ingannate	○	○

2. Analisi

Durante il colloquio con le autorità le donne esprimono diversi stati d'animo.
Suddividi il testo in quattro sezioni e attribuisci ad ognuna uno dei seguenti titoli:
La fiducia; *La diffidenza*; *La speranza*; *La rabbia*.

....

....

....

....

3. Riflessione

Le autorità che si contrappongono agli abitanti di Fontamara hanno nomi
significativi. Ad esempio il canonico si chiama don *Abbacchio*, con un chiaro
riferimento a un tipico piatto regionale italiano, mentre il mediatore tra
le donne e le autorità si chiama *Circostanza*.
In base al contesto spiega cosa vuol far intendere Silone con questi nomi.

4. Letteratura e politica

I regimi autoritari, di destra e di sinistra, hanno spesso proibito
durante il loro governo la pubblicazione e la diffusione
di opere letterarie (come nel caso di *Fontamara*).

Secondo te perché la letteratura può essere
così potente da essere censurata?

Pensi che la letteratura possa aiutare a comprendere
meglio il mondo che ci circonda? Perché?
Discutine con tutta la classe.

T65 Alberto Moravia: Non approfondire

Agnese poteva avvertirmi invece di andarsene così, senza neppure dire: crepa.[1] Non pretendo di essere perfetto e se lei mi avesse detto che cosa le mancava, avremmo potuto discuterne. Invece no: per due anni di matrimonio, non una parola; e poi, una mattina, approfittando di un momento che non c'ero, se ne è andata di soppiatto,[2] proprio come fanno le serve che hanno trovato un posto migliore.
Se ne è andata e, ancora adesso, dopo sei mesi che mi ha lasciato, non ho capito perché.
Quella mattina, dopo aver fatto la spesa al mercatino rionale (la spesa mi piace farla io: conosco i prezzi, so quello che voglio, mi piace contrattare e discutere, assaggiare e tastare, voglio sapere da quale bestia mi viene la bistecca, da quale cesta la mela), ero uscito di nuovo per comprare un metro e mezzo di frangia[3] da cucire alla tenda, in sala da pranzo. Siccome non volevo spendere più che tanto, girai parecchio prima di trovare quello che faceva al caso mio, in un negozietto di via dell'Umiltà. Tornai a casa che erano le undici e venti, entrai in sala da pranzo per confrontare il colore della frangia con quello della tenda e subito vidi sulla tavola il calamaio,[4] la penna e una lettera. A dire la verità, mi colpì soprattutto una macchia d'inchiostro,

---

1 Crepare viene alle volte usato nel registro informale al posto di morire.
2 Di nascosto, senza farsi scoprire.

3 Ornamento che si applica all'orlo di un tessuto.
4 Recipiente per l'inchiostro in cui si intinge la penna.

---

e 1. Comprensione
Agnese se n'è andata perché:

- ○ **a.** ha trovato un posto di lavoro migliore
- ○ **b.** era stanca di cucinare tutti i giorni
- ○ **c.** non sopportava più Alfredo
- ○ **d.** sua madre era contraria al loro matrimonio

Quando Alfredo torna a casa:

- ○ **a.** è curioso di sapere chi ha scritto la lettera
- ○ **b.** pensa che Agnese abbia lasciato una bolletta fuori posto
- ○ **c.** non riesce a leggere la lettera perché è macchiata
- ○ **d.** è preoccupato per il tappeto sporco

Come reagisce Alfredo dopo aver letto il messaggio di Agnese?

- ○ **a.** Strappa la lettera e la butta dalla finestra
- ○ **b.** Si rassegna, sapeva che Agnese lo avrebbe lasciato
- ○ **c.** Si precipita a cercare Agnese fuori di casa
- ○ **d.** Non si agita, si comporta come sempre

In alto: ritratto di Moravia dipinto da Carlo Levi nel 1932.
Sopra: caricatura di Moravia degli anni Ottanta.

sul tappeto della tavola. Pensai: "Ma guarda come ha da essere sciattona[5]... ha macchiato il tappeto".

Levai il calamaio, la penna e la lettera, presi il tappeto, andai in cucina e lì, fregando[6] forte col limone, riuscii a togliere la macchia. Poi tornai in sala da pranzo, rimisi a posto il tappeto e, soltanto allora, mi ricordai della lettera. Era indirizzata a me: Alfredo. L'aprii e lessi: "Ho fatto le pulizie. Il pranzo te lo cucini da te, tanto ci sei abituato. Addio. Io torno da mamma. Agnese".

Per un momento non capii nulla. Poi rilessi la lettera e alla fine intesi: Agnese se n'era andata, mi aveva lasciato dopo due anni di matrimonio. Per forza di abitudine riposi la lettera nel cassetto della credenza dove metto le bollette e la corrispondenza e sedetti su una seggiolina, presso la finestra. Non sapevo che pensare, non ci ero preparato e quasi non ci credevo. Mentre stavo così riflettendo, lo sguardo mi cadde su pavimento e vidi una piccola piuma bianca che doveva essersi staccata dal piumino quando Agnese aveva spolverato. Raccolsi la piuma, aprii la finestra e la gettai di fuori. Quindi presi il cappello e uscii di casa.

Da *Racconti Romani*

---

5 In genere si dice di persona trascurata, trasandata. In questo caso significa disordinata, negligente.

6 Passando energicamente, strofinando.

---

e 2. Analisi

Trova nel testo i passi che aiutano a capire la personalità di Alfredo e insieme ad un compagno, con l'aiuto del dizionario, scrivi cinque aggettivi che la descrivano.

1. ....
2. ....
3. ....
4. ....
5. ....

e 3. Riflessione

In questo racconto Moravia usa una lingua più vicina a quella parlata che alla lingua scritta.
Sembra che il personaggio sia seduto di fronte a noi e ci stia raccontando la sua vicenda.
Sottolinea nel testo le parti che ti sembrano particolarmente significative di questa scelta stilistica dello scrittore.

e 4. Attività

Prova ad immaginare una lettera che Alfredo potrebbe scrivere ad Agnese per convincerla a tornare a casa.

Cara Agnese...

....
....
....
....
....
....

T71 Fabrizio De Andre': Via del Campo

Via del Campo[1] c'è una graziosa[2]
gli occhi grandi color di foglia
tutta notte sta sulla soglia[3]
vende a tutti la stessa rosa

Via del Campo c'è una bambina
con le labbra color rugiada[4],
gli occhi grigi come la strada
nascon fiori dove cammina

Via del Campo c'è una puttana
gli occhi grandi color di foglia
se di amarla ti vien la voglia
basta prenderla per la mano

E ti sembra di andar lontano
lei ti guarda con un sorriso,
non credevi che il paradiso
fosse solo lì al primo piano

Via del Campo ci va un illuso
a pregarla di maritare[5]
a vederla salir le scale
fino a quando il balcone è chiuso

Ama e ridi se amor risponde
piangi forte se non ti sente
Dai diamanti non nasce niente
dal letame[6] nascono i fior

---

1 Strada del centro storico di Genova.

2 Una persona che piace per la sua grazia; nell'espressione "fare la graziosa" cercare di attrarre l'attenzione del maschio con gesti abbastanza evidenti.

3 Entrata, ingresso di una casa o di un appartamento; la ragazza ci sta per invitare i possibili clienti.

4 Vapore acqueo che si condensa in piccole gocce nelle notti fredde.

5 Prendere marito, sposarsi.

6 Concime di sterco e urina animali.

---

e 1. Comprensione

Di che colore sono gli occhi della graziosa? .... E gli occhi della bambina? ....

Secondo te, il fatto che siano del colore della "strada" ha un significato puramente realistico o rimanda ad una altro concetto, "essere sulla strada"?

Di che colore sono le labbra della bambina? .... Ha senso parlare di quel colore? Esiste? Cosa può significare secondo te? Che cosa significa "vende a tutti la stessa rosa"? Secondo te, il fatto che parli di "rosa" è realistico o la rosa è una metafora per qualcos'altro? ....

Si parla di tre persone, o si tratta sempre della stessa persona?

e 2. Analisi

"Via del Campo c'è una puttana" / *"non credevi che il paradiso fosse solo lì al primo piano"*

Pensa agli anni Sessanta, prima della rivoluzione del '68, della liberalizzazione dei costumi, del linguaggio, dei temi delle canzoni: secondo te, che effetto poteva avere questo accostamento tra "puttana" e "paradiso" – lasciando da parte lo shock per l'uso della parola "puttana", che impedì per anni alla canzone di essere trasmessa alla radio...

"Dai diamanti non nasce niente dal letame nascono i fior"

Pensa ancora al clima culturale degli anni Sessanta, nell'Italia democristiana, in cui la Chiesa aveva ancora un ruolo fortissimo: che effetto poteva avere questa coppia di versi? Secondo te, sono solo provocatori o c'è una filosofia dietro? Cosa ne pensi?

La canzone è indubbiamente provocatoria. Eppure se tu la guardi senza conoscere la carica di ribellione che portava in sé, potresti pensare ad una poesia tradizionale: ci sono rime, i versi hanno un numero di sillabe costante...

Forse, la scelta di fare una canzone estremamente letteraria, in pieno periodo di esplosione del rock 'n roll, è la forma massima di contestazione, di ribellione!

Discutine con la classe.

T72 Fabrizio De Andre': La guerra di Piero

Dormi sepolto in un campo di grano
Non è la rosa non è il tulipano
Che ti fan veglia[1] dall'ombra dei fossi
Ma sono mille papaveri rossi

"Lungo le sponde del mio torrente
voglio che scendano i lucci[2] argentati
non più i cadaveri dei soldati
portati in braccio dalla corrente"

Così dicevi ed era d'inverno
e come gli altri, verso l'inferno
te ne vai triste come chi deve[3]
il vento ti sputa in faccia la neve

Fermati Piero, fermati adesso
lascia che il vento ti passi un po' addosso
dei morti in battaglia ti porti la voce
chi diede la vita ebbe in cambio una croce

Ma tu non udisti e il tempo passava
con le stagioni a passo di java[4]
ed arrivasti a varcar[5] la frontiera
in un bel giorno di primavera

E mentre marciavi con l'anima in spalle
vedesti un uomo in fondo alla valle
che aveva il tuo stesso identico umore
ma la divisa di un altro colore

Sparagli Piero, sparagli ora
E dopo un poco sparagli ancora

fino a che tu non lo vedrai esangue[6]
cadere a terra a coprire il suo sangue

"E se gli sparo in fronte o nel cuore
soltanto il tempo avrà per morire
ma il tempo a me resterà per vedere
vedere gli occhi di un uomo che muore"

E mentre gli usi questa premura
quello si volta, ti vede, ha paura
ed imbracciata l'artiglieria
non ti ricambia la cortesia

Cadesti a terra senza un lamento
e ti accorgesti in un solo momento
che il tempo non ti sarebbe bastato
per chieder perdono per ogni peccato

Cadesti a terra senza un lamento
e ti accorgesti in un solo momento
che la tua vista finiva quel giorno
e non ci sarebbe stato ritorno

"Ninetta mia, crepare[7] di maggio
ci vuole tanto, troppo coraggio
Ninetta bella, dritto all'inferno
Avrei preferito andarci in inverno"

E mentre il grano ti stava a sentire
Dentro le mani stringevi il fucile
Dentro la bocca stringevi parole
Troppo gelate per sciogliersi al sole

---

1 Stare svegli accanto ad un morto.

2 Pesci delle zone Alpine.

3 Chi è costretto.

4 Danza popolare africana.

5 Attraversare.

6 Sfinito, morente.

7 Morire in maniera squallida.

---

e **1. Comprensione**

Chi parla, tra virgolette, Piero o il Narratore?
Chi muore, alla fine, Piero o il ragazzo con la divisa di un altro colore. Chi è Ninetta?

e **2. Analisi**

La canzone si presenta come una semplice narrazione, supportata da una musica ancora più semplice. Eppure è molto sofisti-cata sul piano letterario: il Narratore, De André, dà consigli violenti, duri - ma sono consigli veri o rappresentano un manifesto dell'anti-militarismo? Si tratta, in altre parole, di una convenzione retorica per far capire l'opposto di quello che si dice?
Il succedersi delle stagioni è tipico della poesia popolare: che ruolo hanno in questo testo?
La scelta delle figure retoriche è delicatissima, quasi non ci se ne accorge, eppure se ne trovano varie; ad esempio vi sono varie personificazioni: come si comporta la corrente del torrente con i cadaveri?
Cosa fa il vento? Cosa fa il grano?
Oppure ci sono accostamenti davvero azzardati: cosa porta Piero in spalle, al posto dello zaino?
Cosa fa la bocca alle parole? Come sono le parole?

il secondo Novecento

Entrando nel 21° secolo

1. Gli anni Ottanta

I protagonisti della letteratura italiana degli anni Ottanta sono stati alcuni giovani autori, tutti nati fra gli anni quaranta e cinquanta, che furono subito definiti come "generazione dei quarantenni". Questi non hanno avuto alle spalle una solida tradizione di riferimento: da una parte c'era stata la cosiddetta crisi della letteratura, che aveva disperso le energie dei nuovi autori in dibattiti e discussioni teoriche; dall'altra parte, certe sperimentazioni linguistiche o strutturali (Umberto Eco, ad esempio) non riuscivano a rappresentare un riferimento o un'indicazione di scuola o di stile per altri autori. Il valore di quelle opere restava chiuso entro i limiti del loro stesso esperimento narrativo o poetico.

Intanto, i grandi nomi lasciavano vuota la scena o perché avevano esaurito la loro vena artistica (come è stato il caso dell'ultimo Moravia), oppure perché andavano fisicamente scomparendo (Elsa Morante, Italo Calvino, Leonardo Sciascia, con l'unica eccezione di Pasolini che era morto nel 1975). Di conseguenza, la generazione dei quarantenni ha dovuto inventare una 'nuova' letteratura italiana per entrare nel duemila. Per la verità, qualche indicazione generale sulla letteratura italiana del XXI secolo l'aveva già suggerita Italo Calvino nel suo libro *Lezioni americane* (il cui titolo inglese fu, dapprima, proprio *Six Memos for the Next Millennium*); Calvino, infatti, indicava tre punti importanti per lo studio della letteratura di fine millennio:

a) predominanza della poesia in versi come portatrice di valori che anche i prosatori e narratori perseguono con mezzi diversi ma fini comuni;

b) nella narrativa predominio del "racconto" e d'altri tipi di scrittura d'invenzione, più del romanzo le cui riuscite sono rare ed eccezionali;

c) gli irregolari, gli eccentrici, gli atipici si rivelano le figure più rappresentative del loro tempo.

Si potrebbe dire che Calvino abbia indicato i tre punti più importanti sotto cui riassumere il panorama attuale della letteratura italiana "entrando nel duemila". È vero che, come tutti gli schemi teorici, anche questo di Calvino non comprende tutti i fenomeni della letteratura più recente. La letteratura, si sa, è proprio il campo delle eccezioni, degli eventi linguistici particolari: e la letteratura italiana alle soglie del duemila è ricchissima di eccezioni e particolarità. Ma è vero anche che la realtà non si può descrivere se non per linee generali, per indicazioni di massima, per punti riassuntivi entro cui ognuno, singolarmente, può sistemare le proprie conoscenze.

2. La narrativa: "tradizionali" e "atipici"

La definizione di Calvino, secondo cui nella letteratura in prosa domina il "racconto" invece che il più ampio ed articolato "romanzo", può in qualche modo servire da indicazione generale anche per noi. La narrativa italiana alle soglie del duemila, infatti, sembra preferire il "racconto" al "romanzo", e questo vale anche per quegli scrittori che dichiaratamente si rifanno alla tradizione dei romanzieri classici (e non solo italiani ma europei).

Dare una definizione precisa della letteratura vivente, come si sa, è impossibile, ma si può tentare di descrivere un panorama generale entro cui collocare, più o meno esatta-

🔍 La Seconda Repubblica

Nel 1992 il gruppo di giudici milanesi (di cui **Antonio di Pietro** divenne simbolo) riuscì a denunciare tangentopoli, la città delle tangenti (cioè dei pagamenti illegali): ogni giorno veniva arrestato un industriale o un politico, che raccontava nuovi fatti e quindi faceva arrestare altri corruttori e corrotti. Gli italiani erano insieme felici per la punizione ai corrotti e impauriti nel veder cadere un sistema durato mezzo secolo. La Democrazia Cristiana e il Partito Socialista di Craxi vennero cancellati, insieme ad altri partiti minori, e iniziò un decennio di profondo cambiamento: l'ingresso in politica di **Silvio Berlusconi**, i non-politici come **Carlo Azeglio Ciampi** e **Romano Prodi** che portano l'Italia nell'area dell'Euro, i vari tentativi di modificare la Costituzione per entrare definitivamente nella Seconda Repubblica (sempre più federale e con strutture più flessibili e rapide del vecchio sistema) sono storia di oggi.

mente, i nuovi autori. In questo modo, sotto l'etichetta di "tradizionali", possiamo collocare quegli autori che, per uno stile di scrittura sufficientemente piano, elegante, lineare e "leggero", sembrano aver scelto un rapporto di continuità con la tradizione della letteratura, come **Dacia Maraini, Ferdinando Camon, Giuseppe Pontiggia, Gianni Celati** o, fra i più giovani, **Roberto Calasso, Antonio Tabucchi, Susanna Tamaro.**

Oltre a questi, però, nel panorama letterario italiano di inizio millennio ci sono tutti quegli autori che, più e meno giovani, hanno scelto di collocarsi in rapporto dialettico rispetto alla tradizione linguistico-letteraria italiana, piuttosto guardando alle esperienze americane di scrittura che vanno dalla *beat generation* a Raymond Carver e ai minimalisti. Primo fra tutti **Pier Vittorio Tondelli** che, pur se prematuramente scomparso dopo soli dieci anni di attività letteraria, ha fatto "scuola" con i suoi romanzi ed è diventato lo scrittore *cult* di una intera generazione di più giovani autori. E non può essere solo un caso che proprio Tondelli, poco prima di morire ed a dispetto di tanti romanzi già scritti e venduti con successo, in perfetta sintonia con le dichiarazioni di Calvino, aveva decretato la morte del "romanzo" individuando, invece, il "racconto" come l'unico futuro possibile della narrativa italiana. Alla dimensione del racconto, non a caso, si legano le scritture narrative dei più giovani e promettenti autori della letteratura italiana, appartenenti alle nuove correnti *Pulp* (Ammanniti, Brizzi, Nove). Esiste, infine, tutta una 'squadra' di sperimentatori e "atipici" che, dopo Gadda, continuano a lavorare sul racconto mettendo insieme un linguaggio spesso risultante da mescolanze di lingua e dialetto, lingua standard e linguaggi speciali, lingua e slang o, più semplicemente, di lingua corrente e lingua della tradizione (letteraria, dialettale, ecc.). Tra questi, spiccano alcuni autori siciliani come **Gesualdo Bufalino, Vincenzo Consolo, Andrea Camilleri**: quest'ultimo, addirittura, sta facendo parlare di sé come del più autentico "caso" della nostra narrativa contemporanea. Si tratta di fenomeni stagionali oppure di autentiche rivelazioni? Come sempre, sarà il futuro a dirci la verità.

3. La poesia: qualcosa di nuovo nell'aria, anzi d'antico

Nel panorama attuale della nostra poesia, si distingue oggi chiaramente la tendenza verso l'intimo ed il privato: la rivincita delle "piccole cose" contro le grandi sperimentazioni linguistiche degli ultimi decenni? Tutti gli sperimentalismi che hanno letteralmente investito il Novecento italiano (dal Futurismo al Gruppo '63), sembrano esauriti definitivamente. All'inizio del secolo scorso, dopo gli eccessi del Futurismo la poesia divenne ripiegamento interiore e canto solitario. Anche oggi, dopo gli eccessi delle avanguardie e delle neo/post-avanguardie, la caratteristica della più recente poesia sembra essere quella, appunto, di un ripiegamento verso la propria identità e la propria solitaria esperienza. Ma questa è solo una somiglianza: il nostro tempo è molto diverso da quello dell'inizio del XX secolo. Oggi nessuno più prenderebbe sul serio la possibilità di ritornare - come è stato, invece, nella prima metà del '900 - a tecniche espressive, metriche e stilistiche, in qualche modo "tradizionali": insomma, nessuno più, dopo gli anni Sessanta e Settanta, oggi penserebbe di scrivere poesie sotto la forma del sonetto o della canzone di Petrarca se non per parodia o per gioco poetico. Anche per quanto riguarda i motivi della poesia, poi, temi "tradizionali" come l'esoterismo o il mito sono oggi argomenti sorpassati ed impraticabili. Al contrario, la ricerca poetica di oggi si concentra sulla lingua, su quella lingua che è cristallizzata nell'uso e nelle abitudini linguistiche quotidiane: anche senza ricorrere alla lingua della tradizione poetica italiana, il linguaggio della poesia attuale può essere originale e nuovo, e raccontare l'esperienza dell'intimo di ogni poeta. Così è avvenuto per i più rappresentativi poeti degli scorsi decenni, come **Rossana Ombres, Amelia Rosselli** o **Sebastiano Addamo**. Negli anni Ottanta e Novanta, poi, la poesia più significativa è stata opera di autori che hanno quasi equamente diviso il loro impegno letterario tra versi e critica. La loro scrittura poetica, infatti, nell'ultimo ventennio si è alimentata o si è continuamente confrontata con la loro scrittura critica: tra questi, spiccano i nomi di **Silvio Ramat, Giovanni Raboni, Valerio Magrelli, Giuseppe Conte, Roberto Mussapi**. A fianco di questi "intellettuali", gli ultimi anni del millennio appena trascorso hanno visto l'affermarsi di voci poetiche che si potrebbero definire "stravaganti" o "eccentriche", come quelle di **Dario Bellezza** e **Alda Merlini**. Quest'ultima, poi, è la conferma vivente di quanto diceva Calvino: spesso gli "eccentrici" sono le figure più rappresentative del loro tempo.

Critica

Un mondo in cambiamento

Accanto e in parte parallela alla corrente che possiamo definire «vittoriniana» e alla letteratura di impegno[1], troviamo altre esperienze non rapportabili[2] ad una comune matrice artistico - culturale - ideologica, nonostante alcuni motivi comuni quali l'antifascismo e il bisogno sofferto di scavare nella realtà per ricuperarne il significato più recondito[3] e restituire dignità all'uomo.

Pertanto un discorso su questi scrittori condotto in astratto comporterebbe forzature[4], mentre solo dall'analisi diretta delle loro opere e del loro mondo artistico e umano può scaturire[5] l'apporto che hanno dato al rinnovamento della narrativa italiana. [...]

La dissoluzione degli antichi modelli di vita.
Dopo gli anni cinquanta e fino alla metà degli anni sessanta, l'Italia passa attraverso una delle più profonde trasformazioni sociali, industriali e politiche di tutta la sua storia: sono gli anni del «miracolo economico», anni che segnano la crisi e la morte di molti modelli di vita, che neppure la guerra e la Resistenza erano riuscite a intaccare.
«Abitudini e modi di vita antichi – scrive E. Galli Della Loggia – talvolta antichissimi si dissolsero; trionfarono abiti[6], ideali, oggetti, consumi, mentalità nuovi; si trasformò fino[7] il panorama umano del paese, vennero alla ribalta figure e aggregati[8] sociali per buona parte inediti, un'intera tradizione di cultura si esaurì[9] e infine si spense [...] nelle vetrine dei prodotti dell'industria capitalistica, a cavallo[10] del 1960, un'intera Italia trovò l'inebriante riscatto della sua antica miseria ».

Il «labirinto» della società industrializzata.
Di fronte al mutato panorama sociale ed economico, allo stabilizzarsi, anzi all'ingigantirsi del neocapitalismo industriale, che stritola l'uomo nella sua morsa alienante[11], si consuma[12] definitivamente l'esperienza del neorealismo, che rivela tutti i limiti del suo ottimistico, ma utopistico e velleitario credo[13] in una possibile fusione tra cultura e società in sviluppo.
«È da collocarsi proprio in questo arco di tempo (intorno agli anni sessanta) - afferma G. Luti - il progressivo affermarsi di una nuova connotazione del romanzo italiano; e questa volta la formula da adottare potrebbe essere quella del romanzo come testimonianza dello smarrimento dell'uomo di fronte al "labirinto" della società altamente industrializzata».

Tale smarrimento dell'uomo è testimoniato da quel filone della nostra narrativa che, di fronte al non senso della realtà, ne vuole riprodurre l'assurdo attraverso la mediazione del magico, del fantastico, del favoloso: è il caso di Buzzati con *Il deserto dei Tartari*, del Calvino del trittico *I nostri antenati*; oppure ancora attraverso la deformazione linguistica, come nei romanzi di Gadda.

Giovanni Getto, Gioele Solari

1 Impegno politico.

2 Che non possono essere messe in rapporto.

3 Nascosto, difficile da vedere.

4 Interpretazioni forzate, non completamente attendibili.

5 Emergere, venire a galla.

6 Modelli di comportamento.

7 Perfino.

8 Gruppi.

9 Si conclude.

10 Più o meno, intorno.
11 Termine di origine marxista che descrive l'uomo che si fa altro da se stesso, che lavora per un altro e non per sé, che vende se stesso.

12 Vive fino a consumarsi.

13 Una convinzione molto sentita ma utopica, cioè irrealizzabile perché "velleitaria", basata su dati irreali.

Critica

Pasolini

Pasolini, scartando la parola "storia" dal proprio lessico, ha fatto insorgere l'equivoco della "nostalgia", attraverso una serie di significativi, e provocatori, richiami al passato. Egli amava quel passato - il passato dei suoi anni formativi, della sua giovinezza di uomo e di poeta: gli anni orlati dall'alone[1] eroico della Resistenza - con la forza delle viscere[2]. Ma le viscere negano alla ragione giustificazioni e motivazioni che non siano estetiche.

Eppure, Pasolini sosteneva [...] che tanti mali materiali, politici e morali, scaturivano dall'essere spezzata, nella fibra della vita italiana, quella continuità di cultura di cui una compagine[3] sociale ha bisogno per vivere, crescere e mutare. Soltanto di recente si è riusciti a misurare i guasti derivati da un uso follemente terapeutico della sociologia invece che semplicemente diagnostico[4]: e solo di recente si è ripreso a parlare di "memoria storica", anche da parte di chi ha fatto di tutto per liquidarla.

Ma la "memoria storica" non si evoca a comando: essa ci educa soltanto nel momento in cui la educhiamo; privata di questa dialettica, la sua presenza latente si risolve in minaccia.

La critica pasoliniana al dispersivo, ridicolo illuminismo da "miracolo economico" - una critica che per molti è tuttora un punto obbligato di riferimento –, non si ancorò alla laica certezza della storia. Pasolini, per via del suo connaturato cristianesimo rurale, fu portato a concepire la storia come un Moloch[5] divoratore: la sua ridotta sensibilità per l'empiria[6] lo spinse a rifiutare la logica dei piccoli passi, e a dividere inconciliabilmente la vita fra un male certo e reale e un bene irrecuperabile e lontano. In Pasolini, nelle sue contraddizioni, si specchiavano tutte le contraddizioni italiane: una difficile confidenza col pensiero contemporaneo europeo, ma anche una rara consapevolezza di tale difficoltà; e in più una lacerata e geniale veggenza[7], al sommo della quale egli appariva lontano persino a se stesso, lontano da ogni sofferenza e da ogni estetismo.

Ma Pasolini è morto - è morto per il più atroce dei presenti mali italiani, di violenza assassina - e le idee che egli agitò sono rimaste come avvertimenti lasciati a futura memoria.

Enzo Siciliano

---

1 Che avevano intorno a sé la luce magica.

2 La passione violenta che nasce dall'interno.

3 Gruppo.

4 La sociologia usata per curare anziché per descrivere la società.

5 Dio mitologico crudele che divorava gli uomini.

6 La ricerca dei dati di fatto nella realtà.

7 Capacità di vedere il futuro.

Il romanzo e il patto con il lettore

A differenza della poesia, che non ha lettori, il romanzo presuppone per sua natura un pubblico, e quindi ha a che vedere strettamente con il mercato e le sue regole. Per questo l'editoria è fortemente interessata alla produzione di libri che incontrino il successo e va, quasi ossessivamente, alla ricerca del best-seller, trovandolo magari per caso, com'è successo in modo clamoroso per un prodotto, di modesta qualità letteraria ma di facile impatto emotivo, qual è il romanzo della giovane Susanna Tamaro, *Va' dove ti porta il cuore* (1994). Certo il successo interessa, e molto, anche agli scrittori, alcuni dei quali vivono dei frutti della loro scrittura, ma ciò non significa necessariamente subordinazione alle esigenze editoriali e del pubblico. Si vuole dire, insomma, che arte e mercato non sono per forza nemici, e anzi sempre le grandi stagioni artistiche sono state stagioni di forte committenza[1], come la storia insegna. È stato un sogno romantico e poi novecentesco quello di autonomizzare l'arte e la letteratura, oltre che rispetto ai valori e alle idee stabilite, rispetto alle attese dei lettori, fino alle condanne dell'avanguardia per ogni forma artistica in qualche modo legata alle esigenze del mondo borghese (e persino dell'arte d'avanguardia che diventa, come abbiamo visto, arte da museo nel mondo dei circuiti produzione-consumo). Nel Novecento la letteratura è diventata sempre di più una cosa fatta da artisti per altri artisti, lungo la strada di uno sperimentalismo che ha portato alla completa rottura del patto scrittore-lettore. La grande crisi della narrativa negli anni sessanta e settanta (a parte gli exploit degli scrittori più anziani) è legata proprio alla perdita di funzioni di racconto e alla disaffezione conseguente del pubblico; né la ventata sessantottesca era fatta per favorire rinascite letterarie, ché[2] anzi la totalizzazione della politica implicava la messa ai margini del prodotto letterario e artistico. Si è visto come, nel caso di Eco, la necessità di ristabilire il patto coi lettori si sia realizzata senza affatto andare incontro a compromessi col gusto diffuso, particolarmente degradato, tra l'altro, in virtù[3] del bombardamento massmediologico, propinatore[4] di telenovele[5]. Ma, insomma, raccontare significa creare una situazione d'interesse attraverso l'uso di certe indispensabili componenti, l'intreccio, i personaggi, la tensione patetica, la bellezza delle soluzioni espressive. Per altro verso, anche la diffusione di un minimo alfabeto comunicativo attuato dalla televisione, ha contribuito ad aumentare la richiesta del racconto scritto.

Elio Gioanola

---

1 Azione del ricco "mecenate" che commissiona un'opera, cioè la chiede all'artista e la paga.

2 Perché.

3 A causa.

4 Che offre in quantità enorme.

5 Telefilm a puntate, di scadente qualità.

oggettivo) o addirittura ad assumere come proprio il punto di vista di uno dei personaggi.

Nella narratologia di Genette si parla di *focalizzazione* intendendo più o meno lo stesso concetto.

Prosa

Testo narrativo o non (a seconda della presenza di una *fabula* [—>]) scritto in lingua corrente, senza versi [—>]. A differenza di quanto avviene nella letteratura teatrale, gli eventuali dialoghi sono concepiti per essere letti all'interno del racconto [—>], non per essere recitati da un attore su un palcoscenico.

Spesso si usa "prosa" per indicare lo stile, il modo di scrivere di un autore ("La prosa di Pasolini è nervosa, forte").

L'aggettivo "prosaico" ha una connotazione negativa: un personaggio "prosaico" è uno che bada ai soldi e non ai sentimenti, a ciò che ha più che a ciò che è; un testo "prosaico" è un testo di scadente qualità.

Talvolta viene usato anche come sinonimo di narrativa [—>]: "la prosa italiana del Novecento".

Si può avere anche "prosa poetica" o "prosa d'arte" quando la lingua usata ha le caratteristiche dei testi in poesia [—>] ma non è divisa in versi.

Quartina

Strofa [—>] tipica della poesia tradizionale ma anche della canzone [—>], in cui si alterna al distico [—>]; è composta da 4 versi che possono essere a rima [—>] alternata ABAB CDCD oppure a rima incrociata, ABBA CDDC.

Racconto

Questo termine ha due significati.

Da un lato, è una narrazione breve in prosa: sono racconti, ad esempio, quelli di Verga o di D'Annunzio. Non differisce dalla novella [—>] di classici come Boccaccio o Bandello.

Nella "narratologia" di Genette, il "racconto" è invece il discorso orale o scritto che narra un avvenimento; equivale quindi a quello che Tomasevskij chiama *intreccio* [—>].

Talvolta, tuttavia, si chiama "racconto" la narrazione che un personaggio fa di eventi precedenti a quelli che stanno accadendo in quel preciso momento del racconto, del romanzo, del poema, del film.

Rima

La rima consiste nella ripetizione dello stesso suono alla fine di due o più versi [—>], mentre nell'assonanza

[—>] i suoni si assomigliano ma non sono gli stessi.

Ad esempio, in *Siera Fiesolana* (testo 52) D'Annunzio scrive:

e da lei beva la sperata pace
senza vederla.
Laudata sii pel tuo viso di perla,
o Sera, e pe' tuoi grandi umidi occhi ove si tace.

Il primo e l'ultimo verso sono in rima, i due centrali sono assonanti in quanto il secondo ha una "e" chiusa e il terzo ce l'ha aperta.

La rima può essere "baciata" se due versi successivi rimano tra loro, o "alterna(ta)" quando il sistema delle rime è più complesso, come nelle terzine [—>], nelle quartine [—>] o nelle ottave [—>].

Nella tradizione letteraria italiana vengono ritenute scadenti le rime derivate, ad esempio *fare/disfare*, *messo/smesso*, in cui una parola deriva dall'altra con l'aggiunta di un prefisso grammaticale, basate cioè su desinenze come quelli dei verbi (*pioveva/voleva*), degli avverbi (*fortemente/grandemente*), degli aggettivi modificati (*pallidina/malatina*) in quanto sono rime ritenute "facili".

Romanzo

È il genere letterario oggi più diffuso: si tratta di una narrazione [—>] in prosa [—>], in cui si alternano sezioni narrative, descrittive e dialoghi. Di solito un romanzo è suddiviso dall'autore in capitoli.

Esistono vari (sotto)generi e categorie di romanzo:

- *giallo*, cioè poliziesco, *rosa* o romanzo d'amore, nero o romanzo duro, violento: i nomi derivano dalle copertine delle prime serie di romanzi di questo tipo nelle edizioni popolari dei primi decenni del novecento;

- *fantascienza*: è la cosiddetta narrativa; d'anticipazione, cioè quella ambientata nel futuro; oggi si confonde spesso la fantascienza con la narrativa fantastica, in cui ricompaiono personaggi delle mitologie nordiche come maghi, elfi, cavalieri, ecc.;

- *epistolare*, costituito cioè da una sequenza di lettere come quelle di *Jacopo Ortis* di Foscolo;

- *d'autore*, cioè di qualità contrapposto al romanzo *popolare* (in inglese: *literature* contrapposta a *fiction*); riprende l'opposizione tra canzone d'autore e canzone pop(olare).

- *d'azione* contrapposto a romanzo *psicologico*;

- *sperimentale, antiromanzo, d'avanguardia* contrapposto al romanzo realistico tradizionale;

- *storico, (auto)biografico, biografia romanzata*: si tratta di romanzi in cui lo spunto è una biografia oppure la ricostruzione del contesto storico [—>] è basata sulla realtà, non sulla fantasia;

- *di formazione*, con cui si traduce il tedesco *Bildungsro-man*, in cui si narra l'infanzia e la giovinezza di un perso-naggio, di solito fino al suo sfociare nella maturità. Questa elencazione è abbastanza ridotta rispetto alle categorie che si possono trovare nei testi critici, ma serve per dare un'idea della terminologia spesso associata a "romanzo". Uno scrittore di romanzi è un "romanzie-re"; l'aggettivo "romanzesco" ha una connotazione ne-gativa, che indica qualcosa di esagerato, non verosimile.

Saggistica

Si tratta di testi in prosa [—>] in cui non c'è una fabula [—>] ma una discussione su un tema scientifico, filosofico, ecc. Solitamente questi testi non fanno parte della letteratura, ma nella tradizione italiana esistono "trattati" (cioè "sag-gi") di teorie politiche e storiche, come quelli di Machia-velli e Guicciardini, o di carattere scientifico come quelli di Galileo, che vengono inclusi nella storia letteraria. Inoltre, fino all'inizio del ventesimo secolo era possibile trovare saggi scritti con una cura linguistica tale da po-terli spesso accostare a testi letterari.

Settenario

È un verso [—>] di 7 sillabe (o di 6, se l'ultima parola è tronca, cioè ha l'accento sull'ultima sillaba, come ad esempio "città"; o di 8 se l'ultima parola è sdrucciola co-me "pàllido") e ha 2 accenti principali (detti *ictus*) che possono variare a seconda dell'effetto che il poeta vuole ottenere.
Le poesie in settenari sono rare, e questo tipo di verso si trova spesso alternato agli endecasillabi [—>] e ai nove-nari [—>] in Leopardi o altri autori che usano forme me-triche più libere e flessibili.
E' abbastanza comune anche nei libretti [—>] d'opera.

Simbolo

A differenza dell'allegoria [—>], con la quale è spesso identificato, il simbolo è più limitato: una statua, un per-sonaggio, un paesaggio possono essere "simboli" di qualcosa, avere un significato simbolico, mentre le alle-gorie sono vere e proprie costruzioni simboliche di gran-de respiro.

Similitudine

È la più comune (e oggi la meno apprezzata) delle figure retoriche e si presenta come una metafora [—>] esplici-ta: *I suoi capelli erano dello stesso colore e altrettanto preziosi quanto l'oro* è la similitudine che corrisponde al-la metafora *i suoi capelli d'oro*.

Sineddoche

[—>] Metonimia.

Sinestesia

È una metafora [—>] in cui l'elemento comune è spesso difficile da trovare perché coinvolge due sensi diversi: *aprì la porta e fu colpito dall'urlo del sole* unisce udito e vista, un dolore rosso fuoco unisce sensazione tattile ("dolore" e "fuoco") e visiva ("rosso") e così via.

Sonetto

Testo poetico di 14 endecasillabi [—>] che in Italia si è sviluppato solo nella forma "petrarchesca": due quartine + due terzine e, mentre nel mondo anglofono ha avuto anche una forma "shakespeariana" che consiste di tre quartine e un distico, cioè una coppia di versi che fanno rima tra loro".
Di solito lo schema di rime [—>] è legato nelle due quartine, ad esempio ABBA ABBA oppure ABAB ABAB, mentre le terzine hanno rime del tipo CDC CDC oppure CDE CDE (più rari CCD CCD e CDD CDD).
La divisione, nel sonetto classico, è logica e non solo metrica: la prima quartina descrive la premessa univer-sale ("l'uomo è mortale") e la seconda quartina propone la seconda considerazione di carattere individuale ("io sono un uomo"), mentre le due terzine traggono le con-clusioni ("quindi sono mortale") spesso ripetendola due volte.
Nella tradizione dei sonettisti italiani questa struttura lo-gica si è andata perdendo.

Strofa

È un gruppo di versi [—>] di solito tenuto insieme da un gioco di rime, come nel distico [—>], nella terzina [—>], nella quartina [—>] o nell'ottava [—>] della tradizione italiana.
Ci sono comunque anche delle strofe di misura variabile che non si basano sulle rime ma sul concetto che viene espresso, come avviene quasi sempre in Leopardi e in molti dei poeti del ventesimo secolo.

Terzina

Strofa [—>] composta di 3 versi, imposta nella letteratu-ra italiana dal prestigio della *Commedia* di Dante; le terzine sono di solito usate nei testi narrativi [—>] in versi e non hanno un significato concluso al loro interno, ma l'una si aggancia all'altra con un sistema di rime [—>] incatenate di questo tipo: ABA BCB CDC ecc.

Glossario

Testo

È l'unità di base della comunicazione, quindi anche della comunicazione letteraria; ci sono testi molto brevi (Ungaretti scrisse una poesia di due versi: *M'illumino/d'immenso*) e molto lunghi, come certi poemi [—>] o romanzi [—>]. Comunque, una valutazione critica di un'opera letteraria può essere effettuata solo prendendo in considerazione l'intero *testo*.

Talvolta, ad esempio in antologie come queste, non è possibile dare tutti i testi nella loro completezza, quindi si possono prendere dei testi più brevi, previsti già dall'autore come sezioni autonome, in qualche modo, all'interno del testo complessivo: il *capitolo* di un romanzo, un canto di Dante o Ariosto, una *scena* teatrale.

Il testo di questo tipo va comunque inserito nel "contesto" [—>] generale del romanzo, del poema, del dramma teatrale, altrimenti il senso vero viene perso.

Quando non è possibile lavorare su un intero capitolo o canto, allora si prende un "brano", cioè una parte di testo: questa procedura è giustificata sul piano didattico (serve per far vedere come scrive un autore, come si descrive un fenomeno, ecc.) ma non sul piano estetico perché non consente di godere di un testo o di valutarlo se non nella sua completezza (il testo pieno) o almeno in sezioni che l'autore ha ritenute autosufficienti come canti o capitoli.

Tragedia

Testo teatrale [—> dramma] con un finale tragico, che di solito consiste nella sconfitta dell'eroe, nel crollo delle speranze dei personaggi – se non addirittura nella morte violenta dei personaggi principali.

Trattatistica

[—>] Saggistica.

Verso

I versi caratterizzano i testi in poesia [—>]; essi non sono "frasi", la cui lunghezza è dettata dal significato, ma pezzi di testo alla fine dei quali si passa alla riga successiva, creando un certo ritmo anche a costo di spezzare il significato [—> enjambement].

I versi possono essere legati tra loro da rima [—>] o assonanza [—>] oppure possono essere *sciolti*.

I versi possono essere di lunghezza fissata in sillabe e accenti [—> endecasillabo, novenario, settenario] oppure possono essere *liberi* da costrizioni di metrica.

Infine, i versi possono essere raccolti in strofe [—> ottava, terzina, quartina, distico].

Finito di stampare nel mese di novembre 2006
da Guerra guru s.r.l. - via A. Manna, 25 - 06132 Perugia
Tel. +39 075 5270257-8 / fax +39 075 5288244
e-mail: geinfo@guerra-edizioni.com
www.guerra-edizioni.com